AF275513

ESCOLARIZACIÓN Y ABANDONO ESCOLAR EN LA POBLACIÓN MARROQUÍ RESIDENTE EN BALEARES

Equipo de investigación

José Luis Reina Segura
Alejandro Miquel Novajra
Mustafa Boulharrak El Idrissi

©del texto:
Consejo de la Comunidad Marroquí en el estranjero (CCME)
©de la presente edición:
Ediciones La Lucerna
C/. Pare Bartomeu Pou, 18 2º
07003 Palma (Baleares)
http://www.lalucerna.net
info@lalucerna.net
Realización: Ediciones La Lucerna
Diseño de portada: Marco Spinazzola
Impresión: Romanyà Valls

Depósito Legal: PM 00786-2025
ISBN: 978-84-124036-7-1

Palma de Mallorca, octubre 2025

ESCOLARIZACIÓN Y ABANDONO ESCOLAR EN LA POBLACIÓN MARROQUÍ RESIDENTE EN BALEARES

ÍNDICE

PRESENTACIÓN

En el cumplimiento de sus objetivos de fortalecer la contribución de los marroquíes emigrados al desarrollo económico, social y humano de su país, y para consolidar las relaciones de cooperación y amistad entre Marruecos y los países de residencia, el Consejo de la Comunidad Marroquí en el extranjero (CCME) viene realizando una serie de estudios sobre las políticas públicas marroquíes y extranjeras así como sobre las políticas migratorias internacionales y los debates que generan, tanto en Marruecos como en los países de residencia.

España, con aproximadamente un millón de residentes marroquíes, es el segundo país de destino, tras Francia, de la emigración marroquí, lo que justifica plenamente el interés del CCME por conocer las condiciones de vida en que se desenvuelven. Y dentro de España, en la Comunidad Balear residen unos cuarenta mil, lo que supone que conforman el segundo colectivo extranjero más importante, después del alemán. Hay localidades en que los residentes marroquíes representan más del 10% de la población, porcentaje que, de querer, les otorgaría representación en los consistorios municipales.

En el año 2015, el CCME promovió un estudio sobre las necesidades y problemáticas sociales presentes en la población marroquí residente en Baleares. En aquel estudio se analizaron, entre otros, los problemas laborales, lingüísticos, educativos, sanitarios y de relaciones con la comunidad de acogida, a la vez que se efectuó un recorrido por los programas de acogida, inserción, soporte económico y servicios sociales puestos en marcha por las corporaciones locales y el gobierno balear. El estudio se completó con una descripción del movimiento asociativo marroquí en aquella fecha, el examen de las políticas de inmigración en la comunidad balear y las problemáticas jurídicas (las laborales, las relacionadas con la regularización y la residencia y las penales), terminando con la inclusión de propuestas para la mejora de los acuerdos bilaterales entre España y Marruecos.

Lo que se halló con la investigación fue un tanto desolador, puesto que lo que salía a la luz era un colectivo aquejado de altas tasas de desempleo, bajos niveles de cualificación profesional, con barreras culturales y lingüísticas que no acababa de franquear, con falta de soporte social debido a su aislamiento y a la debilidad de sus redes sociales, y con numerosos casos de familias con una economía precaria, algunas de ellas en situación de pobreza cronificada. Y también con una acusada problemática en la escolarización.

Los problemas de escolarización, sacando factor común de las entrevistas realizadas entonces a los trabajadores sociales, se referían a la poca implicación de los padres en el ámbito escolar y en el seguimiento de los estudios de sus hijos, a las altas tasas de absentismo y abandono escolar (entre las niñas en el momento de pasar de Primaria a Secundaria y entre los niños en esa segunda etapa educativa) y la baja escolarización en la primera etapa de Primaria, entre 3 y 6 años, por razones principalmente culturales.

Dada la repercusión que tiene la escolarización en todos los ámbitos de la vida social, pero mayormente en el empleo y la cualificación profesional, es decir, en lograr una integración laboral satisfactoria que permita elevar y mejorar las condiciones de vida, se estimó necesario realizar una investigación más específica sobre el abandono escolar, una investigación que explicara las causas y señalara posibles vías o estrategias si no para solventarlo, dada la infinidad de factores que intervienen en el sistema educativo, sí al menos para reducirlo. Por lo demás, el abandono escolar también es un problema endémico que en menor o mayor medida afecta al resto de las poblaciones escolares en Baleares.

Aquella investigación que se estimó necesaria realizar según las conclusiones del estudio de 2015 es la que aquí se presenta. Los diez años transcurridos han permitido hacer un juicio comparativo entre la situación educativa de entonces y la de ahora, situación que en muchos aspectos ha mejorado notablemente.

1

NOTA METODOLÓGICA

Considerando el abandono escolar prematuro como la interrupción de los estudios una vez finalizada la etapa escolar obligatoria, el objeto de este estudio es determinar en qué medida se da en el alumnado marroquí residente en Baleares. Es importante delimitar el concepto por cuanto que abandono no es siempre sinónimo de fracaso escolar, y menos en un entorno educativo, el balear, cuyas tasas de abandono escolar prematuro se han situado durante años entre las más altas del país. Una circunstancia que no puede ser achacable, ni siquiera mayormente, a las malas notas, a la repetición de cursos o a una pedagogía desacertada.

Delimitado el objeto, otra cuestión que interesa precisar es la del alcance del estudio. Más que una investigación exhaustiva, no planteada en ningún momento, la nuestra es más bien prospectiva. Quiere decirse que nuestro objetivo es, en primer lugar, constatar la hipótesis de partida (que en el alumnado marroquí se da una tasa de abandono muy alta), cuantificarla en la medida en que lo permitan las fuentes a las que recurrir y, más adelante, indagar sobre sus posibles causas, de las que podrían deducirse las acciones que en un futuro pudiesen minorar las tasas de abandono.

Actualmente, en Baleares residen ciudadanos de más de cien nacionalidades, lo que da lugar a un contexto de cursos escolares conformados por un alumnado muy diverso en cuanto a lenguas, culturas y hábitos, en el que el alumnado marroquí, por decirlo así, viene a representar un subconjunto significativo. En este contexto de diversidad idiomática y cultural las causas se multiplican y obligan al uso de una metodología *ad hoc*, es decir, una metodología adaptada específicamente a la complejidad del objeto que pretendemos estudiar.

En cuanto a la primera parte, la constatación y cuantificación del abandono escolar prematuro, hemos recurrido a las siguientes fuentes estadísticas:

GESTIB.- Es el programa de gestión del alumnado que utiliza la Conselleria d'Educació del Govern Balear. Es una base de datos muy completa que permite una explotación exhaustiva, aunque con la limitación de que fue instalado para su uso en 2010, lo que, al disponer de una serie histórica tan corta, reduce el alcance del estudio. Por otra parte, no hemos podido acceder a hechos relevantes para la investigación como los libros de los que el alumno pueda disponer en casa, si tienen o no ordenador o si los padres se interesan por los informes de evaluación de sus hijos, consultas que el programa GESTIB permite.

INSTITUTO NACIONAL DE ESTADÍSTICAS.- El INE, a través de sus publicaciones y series históricas, es una fuente fundamental para poder describir las características generales y el tamaño de las poblaciones, en este caso la marroquí. En lo que se refiere a la presente investigación, a nivel nacional el INE publica estadísticos referidos a colectivos concretos distribuidos por edad año a año, pero a nivel autonómico sólo lo hace por grupos de edad de cinco en cinco años, por lo que no se ha podido enlazar con los datos de la edades del alumnado, explotación que sí permite el GESTIB, a fin de poder calcular la tasa exacta de escolarizados en función de la edad. No obstante, dado el carácter obligatorio de la enseñanza, es posible suponer que el porcentaje de niños marroquíes no escolarizados es irrelevante.

UNIVERSITAT DE LES ILLES BALEARS.- Los datos aportados por la UIB han sido valiosos y relevantes por cuanto han permitido calcular, en base a los alumnos que terminaron la ESO, las tasas del alumnado marroquí que comienza, abandona o termina la enseñanza universitaria.

Dado el objetivo del estudio, no ha sido necesario traspasar las fronteras de la estadística descriptiva.

Ocurre a menudo que en sociología, como en las demás ciencias sociales, los datos constatan un hecho pero no lo explican o no lo hacen por entero. Es cierto que la correlación de datos permite detectar o delimitar algunas de las causas que lo producen, como, por ejemplo, el nivel de estudios y los ingresos económicos de la unidad familiar, pero en cuanto que tratamos con sujetos sociales entramos en un ámbito, lo social, que no es un hecho natural sino convencional, cargado de simbologías, costumbres y tradiciones que tienden a reproducirlo y que condicionan y definen la percepción de los sujetos que en él habitan. Y el análisis se complica cuando lo que se estudia es el comportamiento de una población inmigrada que procede de una cultura distante en valores, creencias y actitudes, de los que predominan en la sociedad de acogida. Y aún más, cómo esa sociedad de acogida percibe y recibe a los recién llegados.

El análisis cualitativo se nutre de la información que puedan aportar los documentos, las encuestas o las entrevistas. Naturalmente, se ha consultado la bibliografía existente sobre el tema que tratamos, que no es mucha. En cuanto al instrumento de recogida de la información, se optó por un tipo de entrevista semiestructurada, aplicable a uno o a varios expertos a la vez. Los ítems fueron previamente fijados con la ayuda de algunos expertos con el objeto de que en base a ellos, es decir, en torno a la problemática a investigar, cada entrevistado pudiese desarrollar su propia narrativa.

Se realizaron algunas entrevistas piloto a fin de asegurar que se recogía la información que se buscaba. Los sujetos entrevistados fueron seleccionados en razón de su experiencia y de que su trabajo se desarrollase en las localidades con mayor número de alumnado marroquí. Se formaron grupos con expertos que, desde uno u otro ámbito, tuvieran conexión con el proceso educativo y las circunstancias que genera el abandono escolar prematuro, de lo que surgieron los siguientes: responsables de las asociaciones vinculadas a las mezquitas, profesores, trabajadores sociales, alumnos y representantes de la administración pública. Finalmente, todas las entrevistas fueron grabadas para su posterior análisis pormenorizado.

Ahondando en lo dicho anteriormente, es importante subrayar aquí los dos criterios que han encuadrado y dirigido nuestra investigación: uno epistemológico (la construcción del objeto de estudio); el otro metodológico (la teoría sobre los métodos, los métodos en sí mismos y las técnicas necesarias según los objetos de estudio y las dimensiones de dichos objetos que pretendemos medir).

El primero nace de la propuesta de Pierre Bourdieu del *Constructivismo Estructuralista*: existe una génesis social de una parte de los esquemas de percepción, de pensamiento y de acción: los "habitus". Sintéticamente: la gente se socializa dentro del marco donde nace, donde crece, de modo que incorpora una visión y unas concepciones mediante las que ve e interpreta el mundo en el que va viviendo. Por tanto reproduce este universo de significación aunque, a la vez, va circulando por otros marcos relacionales (campos) de forma que cambia, transforma e incorpora nuevas visiones y discursos propios (capitales) de estos nuevos campos; consecuentemente también muta el habitus. Esos campos son múltiples, están articulados y pueden no darse todos en un momento determinado en una sociedad dada: el del poder, el de la educación, el de la migración, el del trabajo.

En el planteamiento de esta investigación se ha aplicado este modelo planteando tres grandes campos a) El campo de origen (las sociedades marroquíes) en el que se manejan capitales culturales (ideas, conceptos, significados) y sociales (relaciones, formas de organización, instituciones) y dentro del cual se articula el primer habitus (si ha nacido en ese lugar) o el habitus de referencia de su grupo familiar. b) El campo de residencia o nacimiento (el espacio de instalación migratoria) donde los capitales son o no adquiridos o reconocidos en función de factores complejos: rechazo, aceptación, resistencia, maleabilidad, ruptura o reproducción por parte de todos los colectivos referentes que intervienen (migrantes, residentes, nativos, aquellos que tienen intereses específicos de marcar separaciones esencialistas). c) El campo de la reconstrucción del campo de origen en el espacio de residencia migratoria: por tanto, formas de relación, construcción y conceptos de los sexos, las edades, las formas de relación inter e intrafamiliares, la idea de comunidad; la compleja y discutible idea de identidad. O la innovación, el cambio, la convivencia o ruptura con los campos de las propias reivindicaciones y proyectos de los grupos de edad en relación con la continuidad, la discontinuidad, el aprovechamiento o el fracaso educativo.

No son, indudablemente, ámbitos estancos ni separados, sino recorridos de ida y vuelta, de aceptación y rechazo que constituyen ese universo relacional, significacional, de reconocimiento que se denomina cuestión migratoria.

El segundo (el metodológico) surge de la aplicación de la propuesta de un discípulo -indirecto- del propio Bourdieu: el sociólogo español

Jesús Ibáñez: el Paradigma Complejo de la Investigación Social. Rompe radicalmente con la dicotomía cuantitativo/cualitativo para substituirla por la investigación multidimensional que implica siempre tres niveles: el tecnológico (las técnicas concretas de obtención de la información específicamente buscada), el metodológico (las teorías sobre los métodos y los métodos concretos) y el epistemológico (el preguntarse y cuestionarse el propio hecho de la investigación, que no deja de ser una situación social en la que están incluidas relaciones de poder, intereses, reticencias). Y estos tres niveles articulados en bifurcaciones, en elecciones que buscan y construyen las dimensiones del objeto de estudio: distributiva, estructural, dialéctica.

El análisis estadístico de datos primarios (elaborados para el estudio) y secundarios (las estadísticas preexistentes así como las comparadas u obtenidas en estudios anteriores y que ya han sido mencionados más arriba) nos ha proporcionado el marco descriptivo y, por tanto, un conocimiento de los elementos que componen las redes sociales que conciernen al estudio; supone la perspectiva distributiva.

Las entrevistas individuales, las entrevistas en grupo, los grupos de discusión, los análisis estructurales de textos, artículos, y por lo tanto el análisis del discurso, nos han aportado un conocimiento explicativo (el cómo y el por qué de las opiniones, de las argumentaciones, de las propuestas). Obtenemos informaciones (la función referencial del lenguaje) pero al mismo tiempo las metáforas, las jerarquías, la moral, lo interesante y lo banal, la manera de construir el mundo y su significado, que forman parte inextricable de ese lenguaje -a menudo inconsciente- y que constituye su dimensión connotativa y estructural.

Finalmente, mediante las técnicas de seguimiento y análisis discursivo, de participación etnográfica nos hemos acercado (en este caso mínimamente dado el interés de estudio) a los procesos de cambio, de transformación, de contradicción: la pragmática del discurso; no aquello que el lenguaje nos refiere para describir o informar sobre lo que preexiste, sino aquello que construye, crea. La performatividad del lenguaje colectivo. Y en este caso, muy especialmente, la elaboración de los discursos sobre la migración y sus dimensiones sociales y políticas. A menudo articuladoras de condiciones de posibilidad reales, como es el caso de la las legislaciones y las prácticas de extranjería; pero también la búsqueda de una mayor autonomía personal a través de la formación superior o, por el contrario, la inmediata incorporación a un segmento del mundo del trabajo no requerido de una especialización previa.

Las distintas dimensiones del lenguaje (pues de lenguaje oral, pensado y escrito necesariamente tratamos) ha sido adaptadas a las necesidades informativas, expresivas, narrativas de cada uno de los cinco grupos con los que hemos trabajado (asociaciones de mezquitas, profesorado, trabajadores sociales, alumnado, instituciones) aplicando una técnica que este equipo de investigación usó con éxito en otro estudio (Reina & Miquel: *Políticas de mano de obra en las empresas Baleares* (1998), *Gatos, blancos, gatos negros*, 2001) mixta entre el grupo de discusión y las entrevistas en grupo, basada en las entrevistas estructuradas por temas, dimensiones de esos temas y ámbitos de reflexión, que permiten a los interlocutores moverse y aportar por si mismos nuevos temas, o insistir en los que se sienten más seguros y soslayar aquellos en los que prefieren o tienen que mantenerse más o menos distantes. Ello nos ha permitido incluso que, en los casos de grupos amplios (fundamentalmente por lo que hace a las asociaciones de las mezquitas), la composición y el orden de intervención, así como los roles de cada interlocutor hayan sido decididos libremente por los propios sujetos de la investigación, con la subsiguiente riquísima información que ese hecho y sus resultados nos han proporcionado.

2

BREVE DESCRIPCIÓN DE LA POBLACIÓN MARROQUÍ RESIDENTE EN BALEARES

Como anuncia el título de este capítulo, no se pretende hacer aquí una descripción sociodemográfica exhaustiva de la población marroquí residente en la Comunidad Balear, tratando, por ejemplo, el origen y evolución de los flujos migratorios, los cambios en las distintas y sucesivas leyes de Extranjería y su incidencia en el arraigo, la distribución geográfica pormenorizada de los asentamientos de la comunidad marroquí, su inserción en el mercado laboral, los problemas de su inserción social o las necesidades sociales que padecen. Esta descripción ya se hizo en un estudio que precede a éste[1]. En cuanto que el objeto de este trabajo se centra en el análisis del abandono escolar y la detección de sus posibles causas, sólo trataremos aquellas variables demográficas que pueden estar implicadas en tal problemática.

Contexto

Dado que en las islas Baleares se concitan una estratégica situación geográfica, un clima templado, la belleza de sus paisajes y calas y una economía pujante, las islas ha sido desde finales de los cincuenta del

---

1 *La población marroquí residente en Baleares. Una aproximación a sus necesidades y problemáticas sociales.* Ed. CCME, 2015.

pasado siglo un polo de atracción del turismo, un deseado lugar como segunda residencia para las clases pudientes europeas y un reclamo para los trabajadores peninsulares, en primer lugar, y más adelante, paralelamente al desarrollo de la industria turística y la crecimiento del sector Servicios, para inmigrantes de todas las partes del mundo. Actualmente, hay censados en Baleares ciudadanos de 115 países. Esto ha hecho que la Comunidad Balear venga registrando durante años la tasa de población extranjera más alta del Estado Español (18,87% en 2022), por delante de Cataluña (16,23%), Comunidad Valenciana (15,39%), Murcia (14,80%) o Madrid (14,07%).

La afluencia masiva de la inmigración extranjera se constata claramente a partir del año 2000, año en que el Padrón municipal nos da la cifra de 68.888 registros; en el último informe estadístico publicado por el Instituto Nacional de Estadísticas (INE), a fecha 01.01.2022, el cómputo había ascendido a 250.785, habiendo experimentado por tanto esta población un crecimiento del 364,04%. El gráfico siguiente nos muestra su distribución por continentes (ver Tabla 1 del anexo).

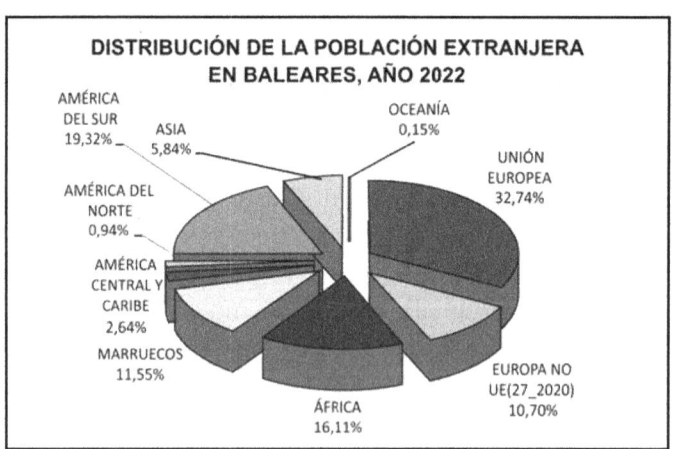

En el gráfico puede apreciarse que sobre el total de la población extranjera los ciudadanos originarios de Marruecos representan el 11,55%; sobre el total de los provenientes del continente africano suponen el 71,69%. Cabría añadir, además, que sumando los ciudadanos que provienen de países donde el árabe es lengua oficial o cooficial, aproximadamente unos 38.000, da como resultado que, tras el inglés y el alemán, el árabe es la tercera lengua extranjera más hablada en las islas.

Si bien, como hemos dicho, la población residente marroquí representaba el 71,69% de los provenientes de África y el 11,55% del total de la población extranjera, sobre los 1.176.659 censados en Baleares en 2022 suponía el 2,46%, por detrás de los porcentajes de la Región de Murcia (6,03%), Cataluña (3,01%), La Rioja (2,80%) y La Comunidad Foral de Navarra (2,49%). Exceptuamos los altos porcentajes de las ciudades de Ceuta y Melilla por razones obvias (ver Tabla 2). Con respecto al total de la población marroquí residente en España (883.243 registrados), los residentes en Baleares (28.972) significaron el 3,28%. Los datos de la evolución de ambas poblaciones quedan recogidos en la Tabla 3 del anexo e ilustrados en el gráfico que sigue, donde podemos ver un crecimiento casi paralelo, la incidencia que tuvo el periodo de bonanza económica previo a la gran crisis del 2008 y el decremento poblacional sufrido en los años sucesivos, con valores negativos en los años 2014 (-10%) y 2015 (-17, 81%), la remontada en los años 2019 y 2020 y nuevamente el descenso de los valores cuando irrumpe la pandemia del Covid.

El descenso que se registra desde 2010 a 2015 está claramente motivado por la crisis económica, pero sobre todo por las medidas de austeridad impuestas por la Unión Europea y seguidas con el máximo fervor por el gobierno del PP, cuyos recortes presupuestarios (que fueron calificados de austericidio) se dirigieron mayormente al sistema de la Sanidad Pública y a las prestaciones sociales. En esos años, las Islas Baleares no sólo dejaron de ser un destino migratorio de interés (la tasa de paro nacional llegó a superar el 25% en los años 2012 y 2013, y en Baleares el 21,82% y 24,12% respectivamente), sino que forzó a muchos residentes marroquíes a emigrar a otros Estados de la UE en busca de mayor protección social, principalmente a Francia, Alemania, Holanda y Bélgica. En cambio, en el descenso que se registra a partir de 2021 creemos que hay al menos tres razones que lo explican: la saturación demográfica de las islas, la carestía de la vida y la alta subida de los precios de alquileres y viviendas, que hacen de Baleares una zona tan tensionada que no sólo está provocando la emigración hacia la península de parte de la población peninsular de origen, sino que refrena hasta tal punto la incorporación de nueva mano de obra al mercado que empieza a haber carencia de la misma.

Podría decirse que la incidencia de estas circunstancias económicas y sociales se ven más claramente reflejadas en la evolución de la población extranjera residente, descontando a la de origen marroquí, como queda reflejado en la tabla 4 e ilustrado en el siguiente gráfico. El descenso que se registra a partir de 2012 se debe sobre todo a la deserción, por así decir, de parte de los residentes ciudadanos de la Unión Europea, que en el año 2000 suponían el 55,63% del total de los extranjeros residentes y en 2022 el 32,74%; en menor medida, los europeos no comunitarios pasaron del 16,96% al 10,70% respectivamente.

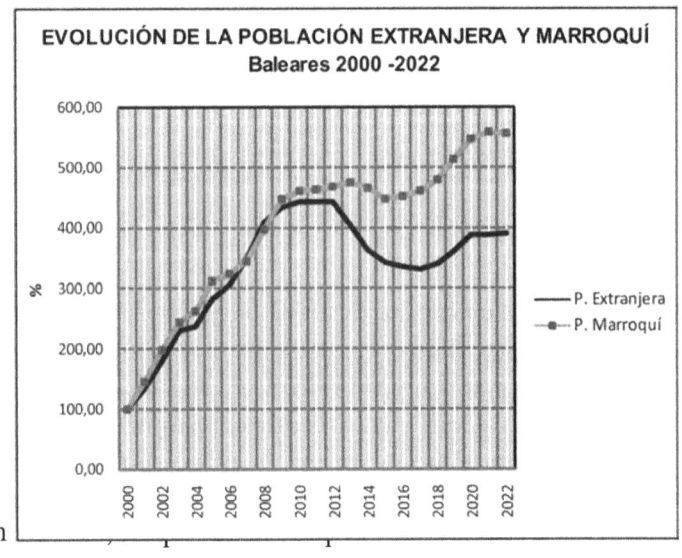

EVOLUCIÓN DE LA POBLACIÓN EXTRANJERA Y MARROQUÍ
Baleares 2000 -2022

En provenientes de América del Sur, que pasaron del 6,30% de 2000 al 19,32% de 2022, y de Asia, encabezada por la población china, cuya proporción en el 2000 era del 2,85% y en 2022 del 5,84%. Ambas corrientes migratorias mantienen causas y motivaciones que se sobreponen a la coyuntura económica del país receptor.

Variables significativas

De los datos demográficos disponibles, las variables más significativas para el estudio del abandono escolar son el sexo, los grupos de edad, el origen urbano o rural, la distribución geográfica -que determina el acceso a los centros escolares y, sobre todo, a los estudios de Formación Profesional y Bachillerato- y las ramas predominantes de los sectores económicos, que marcan el tipo de empleo y, por tanto, las especialidades formativas más demandadas.

Empezando por el sexo, la tasa media de feminización de la población extranjera para el periodo 2000-2022 fue del 49,17%, mientras que la de la población marroquí fue del 38,04% (ver tabla 5 del anexo). Del análisis de la distribución Hombre/Mujer pueden deducirse aspectos importantes de la dinámica migratoria. Por ejemplo, en las poblaciones provenientes de los países bálticos, Rusia o Ucrania la tasa de feminización es muy alta, mientras que en la población marroquí la migración fue, en primer lugar, mayormente masculina, en parte por las leyes que regulaban el reagrupamiento familiar y en parte por el tipo de demanda de mano de obra de aquellos años (el boom de la construcción). No es sino a partir del año 2012 cuando la tasa de feminización marroquí sobrepasa el 40%. Como ya se comentó en el estudio citado anteriormente, todo apunta a que las mujeres que inmigraron por causa económica y no de reagrupamiento familiar eran mayormente solteras o viudas, provenientes sobre todo de ámbitos urbanos y con mayor cualificación profesional, por lo que tendían a establecerse en los centros urbanos de mayor población.

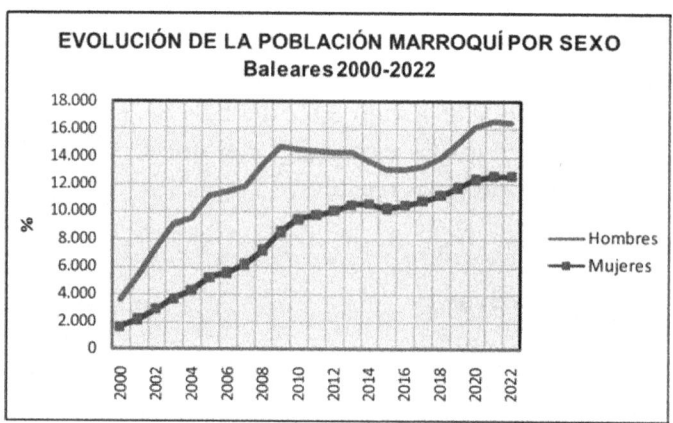

Estas tasas de feminización nos servirán para compararlas más adelante con las tasas de feminización de la población escolarizada y establecer sus concordancias o discordancias.

La edad es otra de las variables fundamentales para el estudio del abandono escolar, muy en particular la franja que va de los 6 a los 16 años, dado que son los años en los que se cursa la enseñanza obligatoria en España (Primaria y Educación Secundaria Obligatoria), y la que va de 16 a 18 años (Bachillerato o Formación Profesional). Una primera aproximación a esta variable nos la da la pirámide de edad. En la que presentaba el colectivo marroquí en 2022 son perceptibles las diferencias existentes en las franjas que van de los 30 a los 50, con predominio claro de los hombres, mientras que en las que van de 0 a 20 años las diferencias por sexo son mínimas. El 30,51% del total de la población se concentra en la franja 0-19 años, el 25,58% en la de 20-34, el 36, 13% en la de 35-54 y el 7,77% en los mayores de 55 años, lo cual viene a ser lo esperable en una población que empieza a arraigarse en la sociedad de acogida.

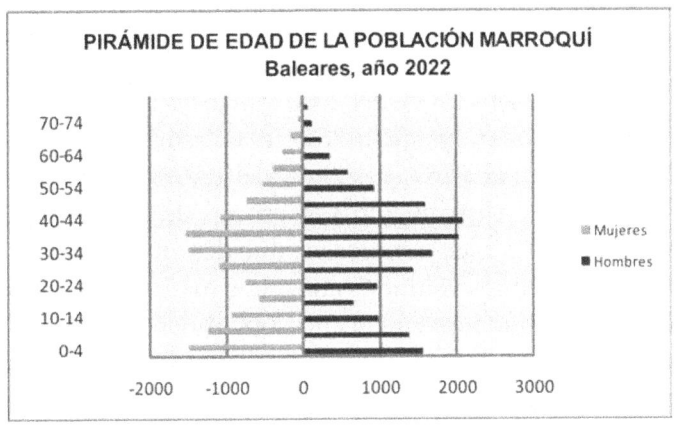

Adentrándonos en el análisis más pormenorizado de esta variable, la tabla 7 del anexo nos ofrece la distribución por edad en los años 2000, 2014 y 2022. En el año 2000 el porcentaje de los incluidos en el grupo de 0 a 4 años fue del 7,78%, en 2014 del 15,42% y en 2022 del 10,55%; este decremento se debe, como hemos visto, a la ralentización del flujo migratorio, que llegó a presentar un saldo negativo en los años 2015 y 2022. En el año 2000, los comprendidos en los años de 0 a 14 significaban el 22,24%, en 2014 el 29,72% y en 2022 el 26,19%. Esto nos habla del arraigo del colectivo y de una generación, la tercera, nacida, criada y educada en las Islas.

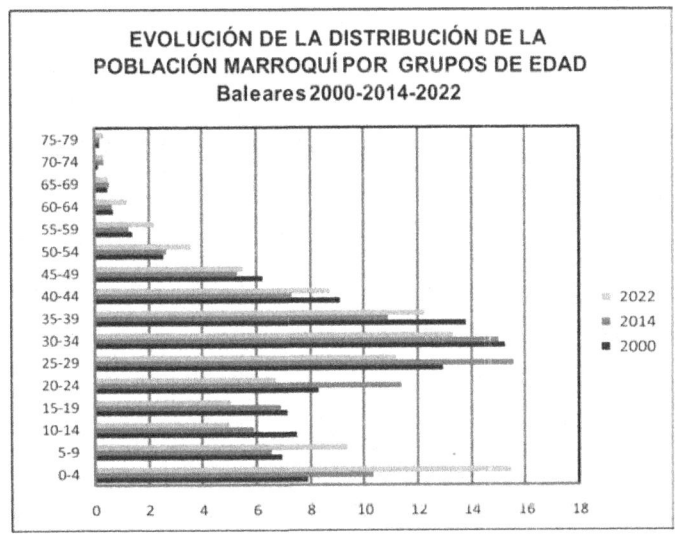

Por otro lado, los comprendidos en la franja de 25 a 44 años, es decir, la que concentra la mayor parte de la población trabajadora o en disposición de trabajar, pasaron del 41,87% del 2000 al 36,64% de 2014 y al 42,70% de 2022. Para terminar, los incluidos en las franjas de edad mayores de 50 años suponían el 5,25%, el 7,89% y el 12,69% respectivamente.

Si analizamos la distribución por grupos de edad en relación a cada sexo podemos ver los cambios producidos en la composición del colectivo en los últimos veintidós años. Los más significativos se dan en las mujeres, ya que respecto al año 2000 muestra mayor envejecimiento, en cuya causa influye la incorporación a los flujos migratorios de mujeres no vinculadas al reagrupamiento familiar.

DISTRIBUCIÓN % POR GRANDES GRUPOS DE EDAD Y SEXO.
Población marroquí. Baleares, 2010-2023

	2000		2022	
	Hombres	Mujeres	Hombres	Mujeres
0-24	31,47	51,3	33,37	40,16
25-49	62,21	45,83	53,27	47,54
Mayores de 50	6,32	2,87	9,46	12,29

Fuente: INE

El asentamiento geográfico del colectivo es una variable que puede relacionarse con la escolarización y el abandono escolar en tanto que es determinante para el acceso a los centros escolares, muy particularmente a los que imparten formación profesional y bachillerato. Exceptuando las capitales de las islas y algunos núcleos urbanos importantes, 37 de los 67 pueblos de las islas tienen menos de 7.000 habitantes, lo que supone que la mayoría de ellos carecen de Centros de Formación Profesional y el alumnado que quiera cursar alguna especialidad debe desplazarse a la localidad más cercana que posea ese tipo de centro de formación y, más en concreto, la especialidad elegida.

La primera que se impone es la distribución por islas. El colectivo marroquí se distribuye de manera muy similar a como lo hace la población total, siendo ésta una tónica que se repite cada año. Por otro lado, respecto a los valores que el colectivo presentaba en 2014 las diferencias también son mínimas, siendo la más significativa la pérdida porcentual de 3 puntos entre los residentes en Ibiza, que es lo que aumentan en Mallorca.

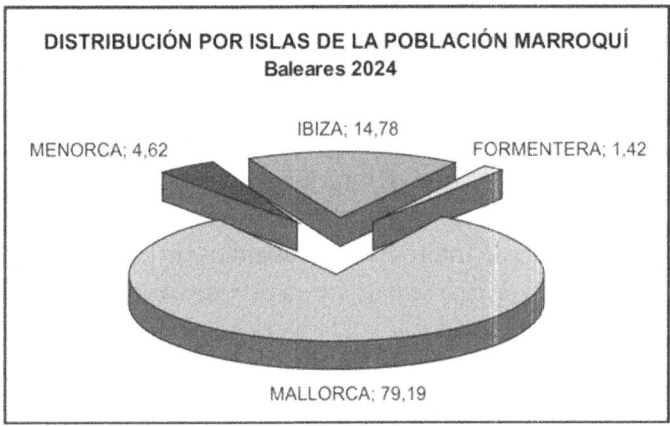

DISTRIBUCIÓN POR ISLAS DE LA POBLACIÓN MARROQUÍ
Baleares 2024

IBIZA; 14,78
MENORCA; 4,62   FORMENTERA; 1,42
MALLORCA; 79,19

La distribución de la población marroquí por localidades tampoco ha sufrido cambios significativos desde 2014. Los residentes en Palma (14,48%), Manacor (14,39%), Felanitx (7,79%), Sa Pobla (5,43%), Inca (6,99%), San Antonio de Portmany (5,22%) e Ibiza (4,87%) suman el 59,14% del total, porcentaje muy aproximado al 60% de 2014 (ver Tabla 7). Las tres cuestiones que determinan el asentamiento por localidades creemos encontrarlas en lo siguiente: a) las redes sociales migratorias, que determinan en gran medida el punto de llegada; b) el origen urbano o rural del lugar de origen (las poblaciones de origen urbano tienden en los grandes núcleos urbanos); y c) las actividades económicas principales de las localidades (por ejemplo, Sa Pobla, Manacor y la comarca del Plá –centro de la isla de Mallorca- por la Agricultura, por la Construcción en las urbes mayores, o por la actividad turística en zonas urbanas cercanas a calas y playas. La población marroquí mantiene presencia en la práctica totalidad de los núcleos urbanos de Baleares. El análisis de los datos de los últimos veinte años lleva a concluir que, en gran parte, las nuevas remesas migratorias se fueron asentando en los pueblos de interior.

Por otra parte, resulta interesante considerar el peso del colectivo marroquí respecto a la población total de cada localidad, que marca su mayor o menor visibilidad e incrementa la posibilidad de que aparezcan problemas de interculturalidad entre poblaciones tan disímiles por cultura, hábitos o religión[2]. También, para el objeto de este estudio, resulta interesante ver si la mayor presencia del colectivo en la localidad –y por consiguiente en los centros educativos- correlaciona, y en qué sentido, con el absentismo, el abandono escolar o la continuación de los estudios. Los núcleos urbanos con mayor presencia marroquí son los siguientes: Porreres (12,40%), Felanitx (12,30%), Sa Pobla (11,23%), Manacor (9,19%), Inca (5,49%), LLoseta (5.01%) y Campos (4,22%).

El origen urbano o rural del punto de partida del inmigrante nos resulta una variable interesante por cuanto vendrá a determinar en buena parte el grado de interés por los estudios de los hijos, el mayor o menos seguimiento de que se haga de su progreso escolar, la relación de los padres con el centro educativo, la participación o no de éstos en las asociaciones de padres y madres de alumnos, el apoyo pedagógico que los padres puedan ofrecer o las actividades extraescolares que quieran o puedan permitirse, entre otras cuestiones.

Hay publicadas muy pocas monografías al respecto, y los datos estadísticos son escasos[3]. En el estudio ya citado (*La población marroquí residente en Baleares. Una aproximación a sus necesidades y problemáticas sociales.* Ed. CCME, 2015) se recurrió a los datos consignados en el *Atlas de la inmigración marroquí en España* (UAM Ediciones, 2004) y en *Desarrollo y pervivencia de las redes de origen en la inmigración marroquí en España* (MTAS, 2004), cuya fuente eran los registros del Consulado de Marruecos en Barcelona. Por su interés y pertinencia conviene citarlos de nuevo:

"Las primeras inscripciones de marroquíes en Baleares a principios de los setenta provienen de Tetuán, Nador y Larache, provincias del antiguo protectorado español en el norte de Marruecos. Los oriundos de Chauen, también en el norte, llegan algo más tarde, de manera continuada, en red. Más tarde, a finales de los ochenta, aparecen los de Tánger. Las cuatro provincias de Tetuán, Nador, Chauen y Tánger contabilizan el 78,9% de los llegados antes de 1991, según

---

2 Por ejemplo, mientras se realizaba el trabajo de campo para esta investigación se nos habló del rechazo vecinal a que se abrieran mezquitas en las localidades de Porreres y Sant Joan.

3 De Baleares sólo hay un estudio destacable y no es reciente: "*Un soc al plà. Una aproximació a la població magrebí de Sa Pobla*", Alejandro Miquel Novajra. Ed. C.S CCOO de les Illes Balears, Palma 1996.

los archivos del Consulado de Barcelona. La regularización de 1991 modifica un poco este mapa de origen, traduciendo las regiones de partida de los inmigrados más recientes y aún ilegales en la fecha. Así resulta que, entre los trabajadores regularizados, se reduce el peso de los oriundos de Yebala, que pasan del 67,6% al 48,7%, a causa sobre todo del descenso de los llegados de Tetuán, y aumenta el porcentaje de los rifeños, que crecen del 18,3% al 41,1%. Paralelamente se observa una diversificación de orígenes, con una tímida entrada de otras provincias y regiones que hasta ese momento no habían estado presentes. Es el caso de Uxda, que es el lugar de donde vienen el 4% de los trabajadores, o de Casablanca, de donde proceden el 4,3%, lugares hasta ahora ausentes. En el primer caso, Baleares parece estar dentro de la órbita mediterránea, donde los uxdíes aparecen y consolidan su presencia después de la regularización, sobre todo en lugares como Murcia. Casablanca, sin embargo, está presente como gran emisor de trabajadores hacia todos los lugares del territorio del Estado, y así se advierte también para el caso de Baleares.

El periodo 1992-2000 consolida tendencias que ya se advierten en el primer periodo, y que los datos de la regularización ayudan a apuntalar. Éste es el caso de Nador, que aparece en este periodo como emisora de más de un tercio de la población residente en Baleares, aumentando su importancia con respecto al periodo anterior. La proximidad de Cataluña, donde los nadoríes constituyen el 30% de la comunidad marroquí, no es casual. Tánger y Tetuán se mantienen más o menos al mismo nivel, aunque pierden definitivamente importancia con respecto al periodo 1970-1990. Será a partir de 1991 cuando las provincias que no han estado presentes antes de esa fecha, y que apuntan tímidamente en la regularización, parecen consolidarse como lugar de origen a tener en cuenta, siendo el caso más notorio el de Taza, con un 7,8%".

A juicio del autor del capítulo "La comunidad marroquí en las Islas Balears"[4], fue en la segunda oleada de inmigrantes que se dio en los años ochenta la que provenía mayormente del medio rural marroquí, sobre

---

4 Seguí Llinás, Miquel, "la Comunidad marroquí en las Islas Baleares", *Atlas de la inmigración marroquí en España*, Ed. UAM, Madrid 2004.

todo de la zona de Nador y por la vía de Cataluña.

Por último, otras variables a considerar para el estudio del absentismo y el abandono escolar son, sin duda, la estructura y la pujanza de la economía balear, que determinarán el tipo y la cantidad de demanda de la mano de obra y, por consiguiente, las especialidades formativas que el sistema educativo pueda ofrecer y el grado de empleabilidad de las mismas. Por ejemplo, durante años la facilidad para encontrar empleo en el mercado laboral (en particular, en los meses de temporada alta, es decir, en los de mayor actividad turística) hizo que muchos escolares abandonaran los estudios al terminar la enseñanza obligatoria, con lo que Baleares presentaba una tasa de abandono escolar que duplicaba a la tasa media del Estado.

La de Baleares es una economía pujante que en los últimos veinte años ha llegado a duplicar su PIB anual, pasando de los 16.493 millones de euros de 2000 a los 35.465 de 2022 (Tabla 8 del anexo), como puede verse en el gráfico que sigue:

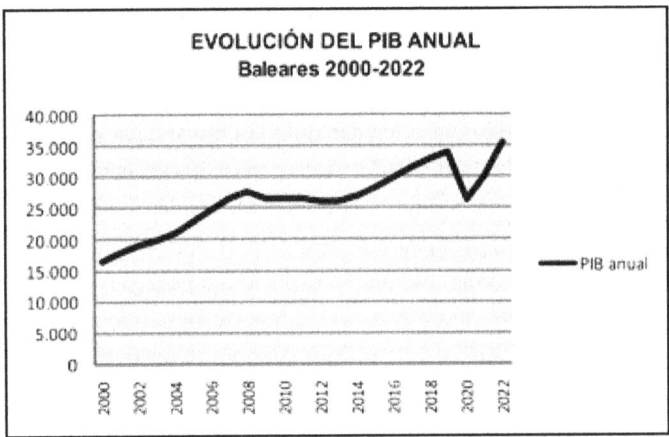

Su estructura económica está totalmente polarizada hacia el sector terciario, el de Servicios, cuyo peso, en el año 2023, representaba el 87% del PIB; un sector en que la actividad turística representaba casi el 40%, seguido del Comercio y los Servicios Personales (sanitarios, domésticos, de dependencia, etc.). La Agricultura tiene ya una presencia insignificante, alrededor del 1%, y mantiene su presencia gracias al cultivo intensivo de la patata, en Sa Pobla, y la actividad vitivinicultora (el Plá de Mallorca).

Ya veremos más adelante en qué medida la oferta formativa, tanto de formación profesional como universitaria, responde a las necesidades de la estructura económica y hacia dónde se decanta la población escolar marroquí

3

DATOS DE ESCOLARIZACIÓN
UN ANÁLISIS CUANTITATIVO

1. Un poco de contexto

Antes de empezar con el análisis de los datos de escolarización de la población marroquí residente en las Islas Baleares, conviene contextualizarlos. Nos sirve, para este caso, conocer la distribución de la población balear mayor de 18 años en razón del máximo nivel educativo alcanzado, que es lo que muestra la tabla siguiente.

PERSONAS ENTRE 18 y 69 AÑOS DE EDAD SEGÚN MÁXIMO NIVEL EDUCATIVO ALCANZADO. Año 2022	Nacional	Baleares
Educación primaria o inferior	4,20	4,10
1ª etapa de educación secundaria	29,00	28,80
2ª etapa de educación secundaria: Bachillerato y similares	17,30	18,10
2ª etapa de educación secundaria: enseñanzas con orientación profesional	11,40	12,80
Formación profesional de grado superior	11,50	11,60
Grado universitario (240 créditos ECTS), diplomatura	10,10	9,30
Grado universitario (más de 240 créditos), licenciatura	9,20	7,90
Máster, especialidad en Ciencias de la Salud y doctorado	7,30	7,30
Total personas	100,00	100,00

Fuente: INE, 2022

Puede apreciarse que las que la diferencia entre las dos poblaciones, la total nacional y la balear, son mínimas. En ambas, aproximadamente el 35% de la población no ha pasado de la primera etapa de la Educación Secundaria (ESO), y casi el 48% terminó sus estudios cuando éstos dejaron de ser obligatorios. Es decir, que partimos de una situación general muy lejana del 9% de abandono escolar previsto en 2021 para el año 2030 por el Consejo de la Unión Europea.

La comunidad Balear mantuvo durante años el luctuoso record de tener la tasa de abandono escolar más alta del Estado[5], alcanzando su máximo histórico, para ambos sexos, en el año 2008, cuando su valor llegó al 44,7%[6]. Sin embargo, desde 2014 a 2021 la tasa pasó del 32,1% al 15,4%, muy próxima a la tasa media nacional de 13,3% en ese último año. En cambio, en 2022 parece invertirse esa tendencia decreciente al experimentar de nuevo un aumento hasta el 18,2%. Eso hace que Baleares (tras Murcia, con el 18,7%) sea la segunda comunidad autónoma del Estado con la mayor tasa de abandono escolar temprano.

TASAS DE ABANDONO ESCOLAR PREMATURO
Año 2022

Total Nacional	13,9
01 Andalucía	15,3
02 Aragón	11,4
03 Asturias, Principado de	11,5
04 Balears, Illes	18,2
05 Canarias	11,7
06 Cantabria	8,9
07 Castilla y León	9,9
08 Castilla - La Mancha	15,1
09 Cataluña	16,9
10 Comunitat Valenciana	15,7
11 Extremadura	10,8
12 Galicia	9,9
13 Madrid, Comunidad de	13,2
14 Murcia, Región de	18,7
15 Navarra, Comunidad Foral de	5,7
16 País Vasco	5,6
17 Rioja, La	11,3
18 Ceuta	15,6
19 Melilla	12,7

Hay que tener presente, tal como señalan la práctica totalidad de los estudios, que el problema del abandono escolar no tiene causa exclusi-

5 O Abandono Escolar Prematuro (AEP), por decirlo con la terminología que usa el Instituto Nacional de Estadísticas.

6 CLADERA SALVÀ, J.V. "Principals factors de risc d'abandonament escolar prematur. El capital cultural i la desigualdad educativa". *Anuari de la Joventut*. Ed. Universitat de les Illes Balears (UIB), 2022. Pg. 334.

vamente ni en el sistema educativo ni en el alumnado. Antes bien, en nuestro caso es el modelo económico balear, caracterizado por tasas bajas de desempleo, ocupaciones en el sector Servicios y un tipo de oferta de trabajo de baja cualificación, el que propicia que tantos jóvenes abandonen tempranamente los estudios ante la perspectiva, muy probable, de poder encontrar empleo. De hecho, la tasa vuelve a repuntar tras la pandemia, cuando el sector turístico empieza a batir nuevos récords históricos. Es decir, que lo económico (unido, naturalmente, a la clase social) aparece como una de las causas más significativas del abandono escolar.

Jacques Delors, en su informe de 1999 para la UNESCO[7], exponía que el fracaso escolar tiene varias caras, tales como la repetición de cursos, el abandono escolar, la relegación a especialidades que ofrecen pocas perspectivas o la finalización de los estudios sin que se hayan adquirido las competencias y certificaciones reconocidas y deseables. Por su parte, Fernández Enguita[8], en su ensayo sobre el fracaso escolar, simplifica el concepto y lo centra en el hecho de no haber obtenido ningún tipo de título postobligatorio, es decir, no haber seguido cursando, como mínimo, el bachiller o un ciclo formativo de FP de grado medio. Para este autor, pues, el fracaso es prácticamente sinónimo de abandono.

Considerándose la importancia de la Educación en el contexto de la globalización, la interculturalidad y la necesidad de adaptar los modelos educativos a los nuevos tiempos en los que la información y las nuevas tecnologías han adquirido rangos primordiales, e independientemente del concepto de abandono del que se parta, los debates académicos giran en torno a las variables que influyen y determinan el fracaso escolar, para acabar elucidando el grado de responsabilidad que en ello pueda tener el sistema educativo y el propio alumnado. Debates que vienen encuadrados en el desarrollo del angelical paradigma educativo postmoderno (aprender a aprender, aprender a hacer, aprender a ser, aprender a convivir juntos) en respuesta a un sistema productivo que fomenta la muy neoliberal ideología del esfuerzo, la meritocracia y la competitividad y que reclama una mano de obra muy formada, flexible, adaptable, maleable y cooperativa. O el que

---

7   DELORS, J. *La educación encierra un tesoro*. Informe a la UNESCO de la Comisión Internacional sobre la Educación en el siglo XXI. ED.96/WS/9. Ed, Santillana/ UNESCO, Madrid 1999.

8   FERNÁNDEZ ENGUITA, M., Mena, L. y Riviere, J. *Fracaso y abandono escolar en España*. Ed. Fundación "La Caixa Barcelona", Barcelona 2010.

arrastra el propio modelo educativo intercultural, que en muchos casos se desvía hacia un modelo compensatorio, donde la diversidad cultural del alumnado se tiene en consideración sólo en su relación con las dificultades que el alumno pueda tener para seguir con el ritmo escolar establecido.

A más de la responsabilidad que pueda tener el alumno en su propio fracaso y de las formas en que se organicen los centros y se establezcan las metodologías pedagógicas y sus contenidos, es obligado considerar, en términos generales, variables como la clase social de origen, los recursos familiares y las políticas gubernamentales y, en cuanto a la población extranjera se refiere, cuestiones como el problema lingüístico, el sistema educativo del que parten, la cultura de la que proceden, los recursos familiares, las normativas legales vigentes o los prejuicios sociales con los que se encuentra en la sociedad de acogida.

Naturalmente, todos estos problemas o dificultades a los que se enfrenta la población escolar extranjera, en nuestro caso la marroquí, tan presentes en los estudios y monografías de la sociología de la Educación de los años ochenta y noventa, se han ido atemperando a medida que las poblaciones se han arraigado y han nacido una segunda y hasta una tercera generación en suelo español. El problema lingüístico, por ejemplo. En Baleares coexisten dos lenguas oficiales, el catalán y el castellano, que son a la vez las dos lenguas vehiculares del sistema educativo y que, en general, son habladas con total corrección por los jóvenes marroquíes de segunda o tercera generación al haber sido escolarizados desde temprana edad. De hecho, como veremos más adelante, buena parte de la formación impartida por las asociaciones de las mezquitas tienen por objeto la enseñanza del árabe, tanto por su vinculación por la religión islámica como por reforzar la permanencia de la lengua familiar. Sólo en los casos, cada vez menos numerosos, de los recién llegados se plantean clases compensatorias de apoyo para el aprendizaje de las lenguas vernáculas.

Lo mismo ha pasado con las políticas sobre inmigración y las normativas desprendidas de ellas, empezando por la muy restrictiva, y de claro carácter policial, Ley Orgánica 7/1985 de 1 de julio, que dificultaba el acceso a los servicios sociales básicos, contándose la Educación entre ellos; el reglamento de esta ley fue modificado en 1998. Posteriormente vendría la Ley de Extranjería 4/2000, que sufriría dos reformas sucesivas que abrieron definitivamente las puertas a la reagrupación familiar y a los permisos de residencia de larga duración. Todo ello vino en paralelo, o mejor dicho como respuesta, al periodo de fuerte expansión que experimentó la economía española en los años del aquelarre del boom inmobiliario y a la necesidad perentoria de reclutar nueva mano de obra, con lo que la población extranjera pasó de los 923.879 censados en 2000 a los 5.268.762 de 2008[9].

La normativa legal actual, por seguir con la influencia que tiene sobre la escolarización de la población extranjera, y más en concreto la marroquí, que procede de un sistema en el que hasta no hace mucho años no era obligatoria la asistencia a la escuela en los primeros tramos de la Educación, hace posible la asistencia igualitaria por sexo en Primaria y en primer ciclo de la ESO[10]. Esto supone que la población marroquí en edad de escolarización obligatoria esté sujeta a un mayor control administrativo a través de los servicios sociales, por lo que cabe esperar, como analizaremos más adelante, que en estos ciclos educativos la tasa de abandono escolar en este colectivo sea muy similar a la tase media de la población autóctona.

Otro factor que, si bien no es determinante sí afecta a la socialización del alumnado y, por tanto, a su mayor o menor integración en el sistema educativo e indirectamente a sus actitudes y al rendimiento escolar, son los prejuicios sociales, que acaban tomando forma en la etiqueta social y el racismo; prejuicios sociales que se dan, además por ambas colectividades, la de acogida y la de llegada. Por ejemplo, es habitual que los marroquíes nacidos en Baleares de segunda o tercera generación, con nacionalidad española y un dominio correcto de las lenguas vernáculas, sigan siendo percibidos, y tratados, como inmigrantes. Este fenómeno no es exclusivo de la sociedad española, se puede ver, incluso con más

---

9   De 2009 a 2023 la cifra de extranjeros censados se mantuvo en torno a los cinco millones y medio, aunque las pateras y los cayucos no dejaron de arribar a las costas españolas. Recientemente, en abril de 2024, una Iniciativa Legislativa Popular (ILP), que pedía la regularización de 500.000 inmigrantes, fue presentada al Congreso de los Diputados, donde se aprobó para su tramitación con el apoyo unánime de la Cámara salvo los 33 votos en contra del partido de ultraderecha VOX.

10 Enseñanza Secundaria Obligatoria, Tiene como objetivo preparar a los alumnos de entre doce y dieciséis años para estudios posteriores o el mercado de trabajo. Puede cursarse en los institutos de Educación Secundaria (IES), en los centros o colegios de Enseñanza Obligatoria (CEO) o en centros privados y concertados.

intensidad, en países como Francia, donde la comunidad magrebí tiene mucho mayor arraigo[11]. O cómo, entre las jóvenes marroquíes nacidas y nacionalizadas en España, y en muchos casos totalmente integradas social y laboralmente, hay un resurgir del uso del velo (Hiyab). Al respecto, numerosos estudios coinciden en que el mayor éxito escolar lo consiguen aquellos hijos de inmigrantes que son biculturales o multiculturales, es decir, los que consiguen una acomodación sin asimilación o, como se etiqueta en la sociología anglosajona, una acumulación aditiva. A su vez, en cuanto que la escuela fracasa como mecanismo de nivelación social, el éxito queda determinado en buena medida por la familia y los factores extraescolares[12]. En el análisis cualitativo tendremos ocasión de profundizar más sobre estas cuestiones.

Por último, conviene matizar que ni todo fracaso escolar concluye en abandono ni todo abandono es fruto del fracaso escolar. Sin entrar en variables como el absentismo, la repetición de cursos o las notas académicas, más vinculadas con el fracaso escolar, el análisis cuantitativo que haremos a continuación se centrará exclusivamente en qué medida se da el abandono en la enseñanza obligatoria y en los niveles educativos posteriores.

2. El abandono escolar en la enseñanza obligatoria

En 2022, la población marroquí escolarizada en Baleares registró la cifra de 6.723 alumnos, que respecto a los 28.972 censados supuso el 23,2%. Como vimos en el capítulo anterior, las pirámides de edad reflejaban un crecimiento en los grupos en edad escolar. Ese crecimiento, como explicamos, se debe a los reagrupamientos familiares, al arraigo en la comunidad balear y la tasa de natalidad del colectivo (una media

---

11 El caso español, no obstante, presenta peculiaridades propias. Toda una Edad Media caracterizada por la expansión islámica, el esplendor de Al Andalus y las guerras de reconquistas contra el "moro" dejaron su impronta racista en la cultura popular, al igual que, más recientemente, lo hicieran las guerras contra Marruecos (1859-1860; 1911-1927) o la Marcha Verde de 1975.

12 FERNÁNDEZ CASTRO, Felix. "Desigualdad educativa. El alumnado inmígrate en el sistema educativo andaluz. Un estudio de caso". *Praxis Sociológica*, nº 17, Universidad de Castilla-La Mancha, Toledo, 2013. Pg. 187. La igualdad social antecede a todo tipo de integración, y en particular a la escolar.

de tres hijos por matrimonio[13]), que casi triplica la tasa de natalidad de la población autóctona. Como muestra el gráfico siguiente, mientras la población marroquí total creció el 121,11% entre los años 2010 a 2022, la escolar lo hizo el 165,02%.

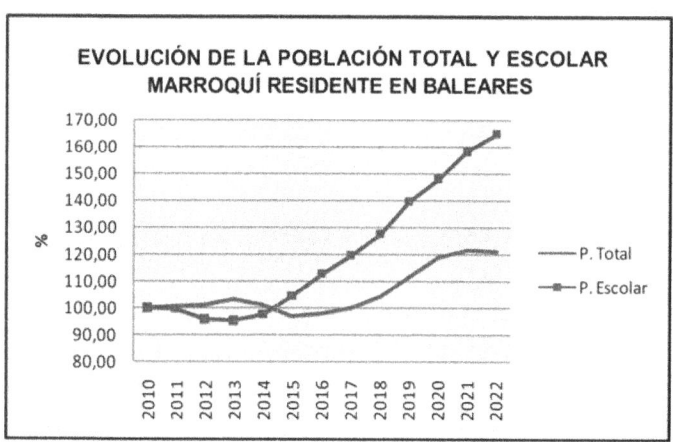

Los valores por debajo de 100, que se registran en los años 2011, 2012, 2013 y 2014, son reflejo de la gran crisis económica de 2008 y de la estrategia de algunas familias de mandar a sus hijos a Marruecos para minorara sus costes de mantenimiento.

El crecimiento de los escolarizados marroquíes también se percibe en su relación con el crecimiento de la población total escolarizada en las islas (ver tablas 10 y 11 del anexo). Entre los años 2010 y 2023, mientras la primera creció el 173,91% la segunda lo hizo el 114,95%. El gráfico siguiente muestra dicha evolución.

---

13 Es un dato estimativo, ya que no hay estadísticas publicadas al respecto. La estimación está sacada de las entrevistas a los trabajadores sociales y el profesorado.

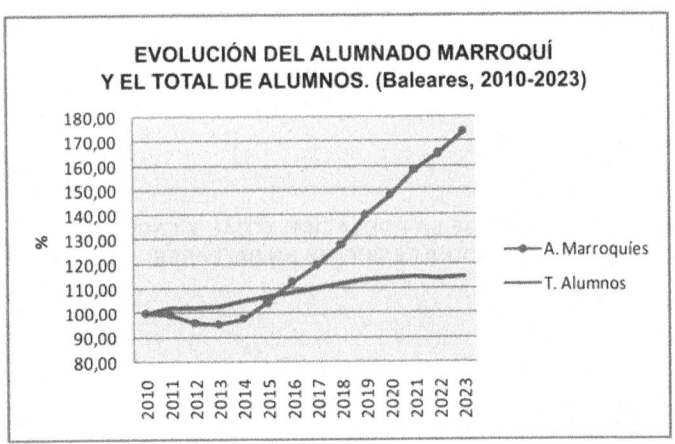

La distribución del alumnado por islas responde, como es natural, a la distribución de los asentamientos familiares. Sabiendo que, entre 2010 y 2022, la población marroquí supuso el 2,25% de la población total residente en Baleares (media de esos años, ver tabla 9), la tabla siguiente nos permite ver con claridad, por islas, el crecimiento del que estamos hablando.

PORCENTAJE DEL ALUMNADO MARROQUÍ SOBRE EL TOTAL DE ALUMNOS

Año académico	Mallorca	Menorca	Eivissa	Formentera	Sobre Total
2010	2,62	1,55	2,44	4,03	2,51
2011	2,52	1,54	2,46	4,34	2,44
2012	2,42	1,46	2,51	4,00	2,35
2013	2,41	1,31	2,45	3,56	2,32
2014	2,44	1,19	2,36	4,41	2,33
2015	2,57	1,22	2,44	4,79	2,45
2016	2,71	1,28	2,74	5,59	2,61
2017	2,81	1,38	2,88	5,32	2,72
2018	2,97	1,45	2,89	5,80	2,85
2019	3,23	1,58	2,94	5,65	3,08
2020	3,41	1,73	2,98	5,61	3,25
2021	3,61	2,06	3,22	5,04	3,45
2022	3,78	2,11	3,34	6,11	3,61
2023	3,95	2,33	3,49	6,59	3,79

Fuente: GESTIB

Salvo en el caso de Menorca, donde la presencia de la población marroquí es menor, en todos los demás casos los valores son superiores al 2,25%. Nótese cómo se acelera el crecimiento desde 2020, consecuencia de progresiva escolarización en los tramos de la Educación Secundaria Obligatoria, la Formación Profesional y el Bachillerato.

Por último, las tablas 13 y 14 del anexo estadístico nos permiten ver la distribución del alumnado marroquí y del total de alumnos por año escolar y municipio. Respondiendo, como decíamos a los asentamientos familiares, el 60,04% alumnado marroquí se distribuye entre Palma (11,32%), Manacor (15,79%), Felanitx (9,84%), Inca (8,19%), Sa Pobla (7,34%), Eivissa (3,84%) y Sant Antoni de Portmany (3,77%). En el resto de los 62 municipios que constituyen el mapa municipal balear en muy pocos casos se llega al 2%. Eso supone que ese 60,04% que vive en grandes localidades tienen acceso al ciclo completo de la formación preuniversitaria, y que el resto, en muchos de los casos, tiene que desplazarse a otra localidad para continuar los estudios.

Educación infantil y Primaria

En el actual sistema educativo español, la Educación Infantil viene conformada por dos ciclos educativos de tres cursos académicos cada uno. El primer ciclo, de 0 a 3 años, se imparte en escuelas infantiles (guarderías) y no entra en la oferta del Ministerio de Educación, Formación Profesional y Deportes (MEFPD), es decir, la oferta viene cubierta por los centros infantiles privados (con una tarifa media de 175 euros) y por los centros gestionados por servicios municipales tales como el *Patronat Municipal d'Escoles d'Infants* de Palma, que no es enteramente gratuita[14]. El segundo ciclo (de 3 a 6 años) sí que queda incorporado a la oferta del MEFPD y las comunidades autónomas españolas a través de los centros de Educación

---

14 En Palma, las tarifas aprobadas por la normativa municipal en 2023 para los centros educativos de Primer ciclo de Infantil gestionados por el Patronat Municipal d'Escoles d'Infants eran las siguientes: 155 euros por la gestión de expediente de admisión, 30 euros por el servicio de acogida por la mañana de 7.30 a 8.30 h, y 40 euros por el servicio de tarde de 15 a 16 h. La normativa contemplaba la bonificación al 100% del servicio entre las 8.30 y las 15 h. incluida la alimentación.

Infantil y Primaria, siendo completamente gratuito. La asistencia a este ciclo es voluntaria, y los alumnos pueden incorporarse a él en cualquiera de los cursos según su edad y competencia.

Le enseñanza obligatoria empieza con la Educación Primaria, impartida en los centros de Infantil y Primaria, tanto públicos como concertados, y es totalmente gratuita[15]. Cubre la formación del alumnado desde los 6 a los 12 años, y su fin es asegurar la correcta alfabetización, esto es, aprender a leer, a escribir, a realizar cálculos básicos y adquirir algunos conceptos culturales imprescindibles.

Desafortunadamente, el Instituto Nacional de Estadística no publica los datos censales por comunidades autónomas referidos a los censados por nacionalidad y la edad contemplada año a año, sólo por grupos de edad, por lo que no resulta posible calcular la tasa exacta de niños escolarizados sobre el total de la población infantil en edad escolar. De manera indirecta, como ya hicimos en la tabla 9, el porcentaje de alumnos marroquíes sobre el total del alumnado (ver tabla 18 del anexo) nos indica que la tasa de escolarización tanto en Infantil como en Primaria es muy alta. De hecho, la progresión es más que notable: de los 804 inscritos en 2010 en el segundo ciclo de Infantil a los 1.542 de 2023, lo que supone un incremento del 91,79%; y de los 1.730 inscritos en Primaria en 2010 a los 3.373 de 2023, un crecimiento del 94,97% (ver tablas 16, 18 y 19). Estas progresiones quedan ilustradas por el gráfico que sigue.

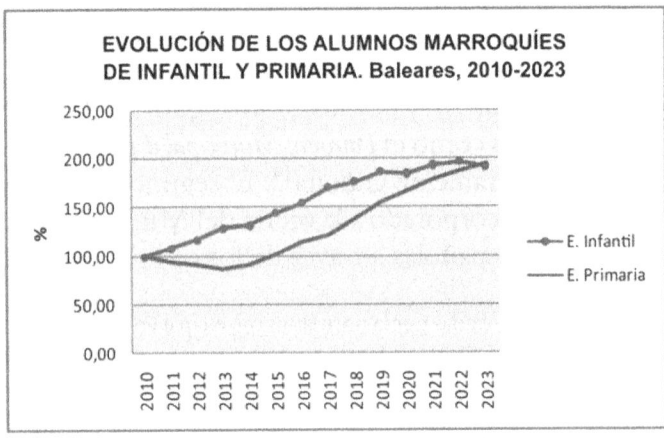

EVOLUCIÓN DE LOS ALUMNOS MARROQUÍES DE INFANTIL Y PRIMARIA. Baleares, 2010-2023

15   En algunas comunidades autónomas incluyen, además, los libros de texto.

En cambio, el total del alumnado balear de Infantil experimentó en el mismo periodo un crecimiento del 8,37%, y en Primaria del 5,59%.

Hay que recordar que, aunque actualmente el sistema educativo marroquí contempla la enseñanza obligatoria desde Primaria, la enseñanza Preescolar mantiene grandes diferencias con el sistema español. Por una parte subsisten dos subsistemas, por así decir, el urbano y el rural. Para el primero se disponen de dos tipos de centros, los colegios "maternelle" (maternales, equivalentes a las guarderías, de clara influencia francesa) para niños entre 2 y 6 años, y las escuelas coránicas, para alumnos entre 4 y 7 años, orientadas hacia una enseñanza religiosa y moral a la vez que da comienzo, a través del Corán, al aprendizaje de la lectura y la escritura en lengua árabe. En el medio rural pervive lo que se llama enseñanza tradicional (o también enseñanza original) en la que los niños ingresan a partir de los cuatro años. Es una enseñanza centrada en las disciplinas islámicas y de clara trayectoria religiosa. Como veremos más adelante y ya hemos comentado, del tipo de formación que los niños marroquíes reciben en las escuelas coránicas, extraña por entero en el sistema español, se encargan las mezquitas.

Siendo obligatoria la enseñanza Primaria, es factible suponer que, salvo casos aislados, la casi totalidad de los niños marroquíes en edad de cursarla están escolarizados. Además, los Servicios Sociales mantienen protocolos muy estrictos al respecto. En cambio, el notable incremento de la escolarización en el segundo ciclo de Infantil, tanto en referencia a sí misma como en comparación con la población total, tiene varias causas, entre ellas el hecho de las poblaciones emigradas son jóvenes, y por tanto en edad de procrear, el que la tasa de natalidad de la población marroquí residente casi triplique la tasa de la población autóctona, y que, fundamentalmente, la escolarización de los niños en edad temprana permite trabajar a las madres, lo que redunda en el aumento de los ingresos familiares.

La Educación Secundaria Obligatoria (ESO)

La Educación Secundaria Obligatoria (ESO) es el sistema educativo español tiene por objeto dotar a los alumnos de entre 12 y 16 años de una cultura general básica que les permita proseguir estudios superiores y prepararles para el ejercicio de un oficio o una profesión, bien sea a través de la Formación Profesional o el Bachillerato. Consta de cuatro cursos, y puede cursarse bien en centros públicos, como los Institutos de Educación Secundaria (IES) y los centros o colegios de Enseñanza Obligatoria (CEO), o bien en centros concertados con el MEFPD y en centros privados homologados.

También aquí el sistema educativo marroquí presenta diferencias. Pasado Primaria, la educación obligatoria termina con la Enseñanza Colegial, que comprende tres cursos para alumnos entre los 12 y 15 años. Terminada esta etapa el alumno puede optar entre la formación Profesional o la Secundaria, que sería el equivalente al Bachillerato español.

Es en la ESO donde se detectan los primeros casos de abandono escolar en el alumnado marroquí. No obstante, y de manera general, la tasa respecto al total del alumnado sigue manteniendo los valores medios; en concreto, en el periodo que tratamos (2010-2023) fue del 2,53% (ver tabla 18 del anexo). El número de alumnos que cursaron por año académico se recoge en la tabla siguiente, donde hemos incorporado a los alumnos de Formación Profesional Básica por razones evidentes. En la actual legislación educativa española, la Formación Profesional Básica (FPB) tiene una duración de dos años, es de carácter voluntario, y está dirigida a alumnos que no han terminado la ESO y quieren proseguir con la formación reglada para obtener una titulación que les permita trabajar o seguir estudios posteriores. El alumno debe cumplir con los siguientes requisitos: tener 15 años o cumplirlos mientras cursa el primer año, haber cursado 3º de la ESO y debe ser el equipo docente o el propio alumno, con el beneplácito de familia o tutores, quienes propongan su incorporación[16].

---

16 Como veremos más adelante en las conclusiones del trabajo de campo, los profesores sitúan en 3º de ESO el momento más frecuente del abandono escolar, Por otra parte, la Conselleria d?Educació i Universitats del Govern balear no publica, ni considera, ningún tipo de estadísticas referidas al abandono escolar por nacionalidad del alumnado, por lo que nuestro análisis sólo puede ser estimativo y orientativo.

| Año Académico | DISTRIBUCIÓN DEL ALUMNADO MARROQUÍ POR AÑO ACADÉMICO Y ETAPA EDUCATIVA | | | |
	Educación Secundaria	FP Básica	TOTAL	Evolución
2010	1.357		1.357	100,00
2011	1.345		1.345	99,12
2012	1.101		1.101	81,13
2013	1.016		1.016	74,87
2014	923	98	1.021	75,24
2015	887	133	1.020	75,17
2016	887	159	1.046	77,08
2017	899	132	1.031	75,98
2018	915	108	1.023	75,39
2019	1.000	132	1.132	83,42
2020	1.087	129	1.216	89,61
2021	1.263	112	1.375	101,33
2022	1.439		1.439	106,04
2023	1.640		1.640	120,85

Fuente: GESTIB

Esta tabla admite varias lecturas. Por un lado, como ya vimos en la pirámide poblacional, dado el aumento experimentado en las franjas de edad escolar, sería esperable un aumento progresivo constante en el alumnado de ESO, como así sucede en Primaria. Lo que vemos en la tabla, sin embargo, es una disminución del alumnado que en algunos años llega casi el 25%. Considerando que hablamos de familias con bajo poder adquisitivo, parece evidente la repercusión de la crisis económica, pero si comparamos estos datos con los que presenta el total del alumnado veremos que eso no lo explica enteramente (ver tabla 21).

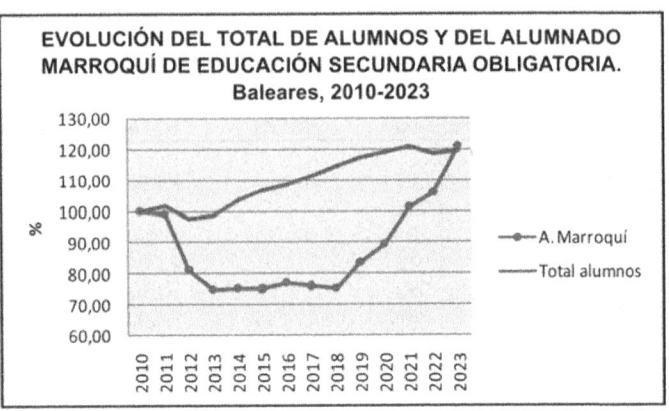

EVOLUCIÓN DEL TOTAL DE ALUMNOS Y DEL ALUMNADO MARROQUÍ DE EDUCACIÓN SECUNDARIA OBLIGATORIA. Baleares, 2010-2023

Sin embargo, sí podría explicarse la recuperación que se da a partir de 2021. La pandemia, y durante los dos años siguientes a ella, provocó el cierre temporal de muchos pequeños comercios, un parón de la oferta de trabajo y una pérdida de empleo que, en el caso español, puso frenarse gracias a las medidas adoptadas por el gobierno para la aplicación masiva de los ERTEs[17]. Es decir, que la dificultad para encontrar empleo facilitó la permanencia escolar.

Por otro, sí resulta evidente que la razón económica determina el cambio de la ESO a la FPB, en cuanto que expresa el deseo del alumno de entrar cuanto antes en el mercado laboral con una titulación que, aunque básica, le permita trabajar como aprendiz de un oficio o una profesión. Si repasamos la tabla 21 del anexo estadístico veremos que la tasa del alumnado marroquí en la FPB triplica la media del 2,25% que mantiene en las etapas de la educación obligatoria. También es significativo el hecho de que de los alumnos que concurren a esta opción aproximadamente el 70% sean hombres y el 30% mujeres (ver tabla 29)[18].

---

17 El Expediente de Regulación Temporal de Empleo (ERTE) queda regulado en el Art. 47 del Estatuto de los Trabajadores. Es un precepto al que puede acogerse una empresa en una situación excepcional para poder suspender los contratos con sus trabajadores o reducir su jornada temporalmente, pero sin poder despedir definitivamente a una parte o la totalidad de la plantilla. Se entiende la excepcionalidad cuando una empresa atraviesa dificultades técnicas y/u organizativas que ponen en riesgo su continuidad.

18 Dado el carácter obligatorio de las etapas de Primaria y ESO no se ha considerado relevante el análisis de la distribución del alumnado por sexo e islas, aunque pueden consultarse los datos en las tablas 22 a 30 del anexo estadístico.

Formación Profesional y Bachillerato

Tras la Enseñanza Secundaria Obligatoria, y una vez obtenido el título correspondiente, el alumnado tiene, en España, cuatro vías para poder continuar sus estudios: la Formación Profesional de Grado Medio, las enseñanzas profesionales de Artes Plásticas y Diseño de grado medio, las enseñanzas Deportivas de grado medio y el Bachillerato. Todas constan de dos cursos. Con el título de Bachillerato, y tras superar un examen de acceso (comúnmente llamado selectividad), el alumnado puede ingresar en la Universidad.

De querer proseguir su formación, el alumnado del Formación Profesional de grado medio puede elegir entre el Bachillerato o, lo más común, pasar al Grado Superior, con el que podrá obtener un título de Técnico Superior en la modalidad que haya cursado, título que le permitirá acceder al mercado laboral con una alta cualificación profesional o ingresar en la Universidad sin ninguna prueba de acceso. Por su parte, el título de Grado en Enseñanzas Artísticas Superiores de Artes Plásticas en la especialidad que corresponda, es equivalente, a todos los efectos, al título universitario de grado, lo que no ocurre con las enseñanzas Deportivas de grado superior[19].

Comentábamos al principio de este capítulo que en Baleares el abandono escolar viene caracterizado desde hace tiempo por las altas tasas que presenta. Este problema, como veremos a continuación, se recrudece en el caso del alumnado marroquí. De manera general, y en una primera aproximación, el gráfico siguiente nos muestra el porcentaje de alumnos que cursan estudios posobligatorios[20].

---

19 Es tan insignificante estadísticamente el número de alumnos marroquíes que cursan Artes Plásticas y Diseño o enseñanzas Deportivas que no incluirlos no afecta en nada a nuestro análisis sobre el abandono escolar.

20 Es decir, la suma de los alumnos matriculados en FP de Grado Medio, FP Grado Superior y Bachillerato.

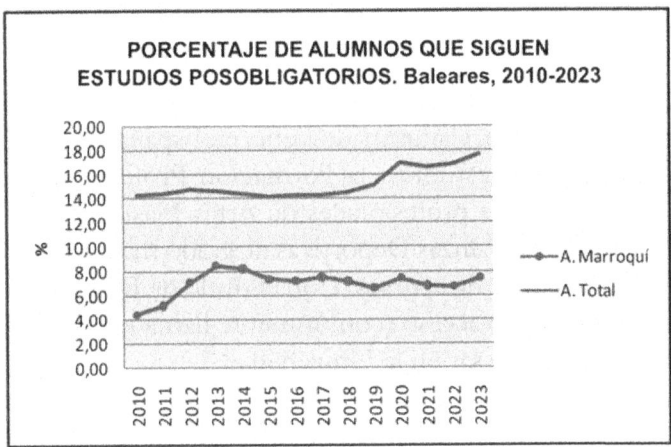

Teniendo en cuenta que hablamos del porcentaje de alumnos de estudios posobligatorios sobre el total de alumnos matriculados, si analizamos las tablas 31 y 32 del anexo veremos que tanto en el alumnado marroquí como en el total de alumnos hay una tendencia creciente en los inscritos en el Grado Medio de Formación Profesional; también, más evidente, en el Grado Superior, y unos porcentajes de alumnos que estudian Bachillerato que apenas han cambiado en el periodo de tiempo que estamos tratando.

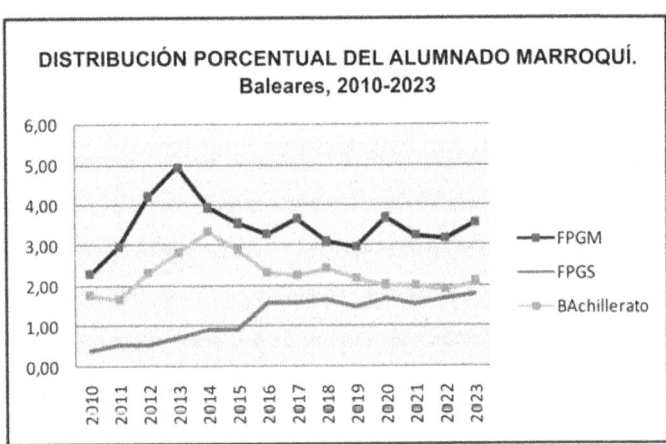

Formación Profesional de Grado Medio

Si analizamos la ratio de alumnado marroquí sobre el total de alumnos matriculados en la Formación Profesional de Grado Medio (ver tabla 18) veremos que la media de 2010-2023 fue de 2,18, muy próxima al 2,25 general. Esto no supone que no haya abandono escolar en esta etapa educativa no obligatoria, sino que, en todo caso, se da, de manera general, en proporción similar a la que lo hace el resto del alumnado. Decimos de manera general porque esta ratio cambia mucho según la isla: en Mallorca es de 2,00, en Menorca de 1,92, en Ibiza de 3,84, y en Formentera de 8,69. El caso de Formentera es especialmente llamativo, dado que la población marroquí sólo representa el 3,54% de la población total de esa isla[21].

Aunque son proporcionalmente pocos los que cursan esta etapa educativa, el crecimiento es notable. Este crecimiento, al igual que el que se da en el Grado Superior y en menor medida en el Bachillerato, marca una tendencia ascendente que obedece a varias causas. Primero, el fuerte crecimiento en las etapas obligatorias, que va repercutiendo numéricamente en las siguientes; segundo, que el alumnado educado ya por entero en el sistema educativo español, pese a las especificidades culturales y sociales del colectivo al que pertenece, van adquiriendo pautas sociales más integradoras que se reflejan también en sus comportamientos escolares y laborales; tercero, el contexto de un mercado de trabajo cuya oferta de empleo está muy polarizada hacia el sector servicios, con empleos poco cualificados y, por lo mismo, sobresaturados de demanda, lo que viene a suponer que un título de FP abre las puertas a un empleo de mayor cualificación, más estable y mejor remunerado.

De los 94 matriculados en 2010 a los 253 de 2023, un crecimiento porcentual del 169,15%. La evolución queda registrada en el gráfico

---

21 El dato de Ibiza es congruente, dado que el colectivo marroquí supone el 4,47% y el 5,22% de las poblaciones censadas de Ibiza y Sant Antoni de Portmany respectivamente, localidades donde se concentra mayormente el colectivo. En cuanto a Formentera, dada la peculiaridad de que esta pequeña isla de unos 12.000 habitantes vive casi exclusivamente del turismo estacional, las especialidades de FP de Grado Medio de los sectores de Hostelería y Restauración garantizan un empleo cualificado y más seguro.

siguiente, y nos muestra dos momentos de inflexión: uno provocado por la crisis económica y el otro por la pandemia, cuyas razones hemos comentado ya anteriormente.

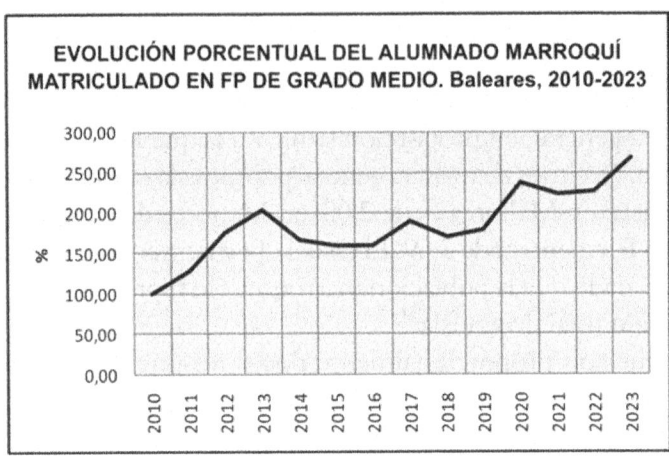

En tanto que hablamos de una etapa educativa no obligatoria, el sexo del alumnado se revela ahora para el análisis como una variable de primer nivel. Primero porque, como veremos a continuación, determina la elección de las especialidades formativas, y segundo porque, considerando la cultura de procedencia, el porcentaje de alumnas que cursan este grado es, a más de revelador, muy indicativo de su nivel de integración o, si lo preferimos, de su nivel de acomodación con o sin asimilación. En el periodo que estamos contemplando, de 2010 a 2023, la media de participación femenina fue del 51,38%, y la masculina del 48,62%, y es revelador, decimos, por cuanto en la totalidad del alumnado esos porcentajes son, respectivamente, del 47,39% y el 52,61% (ver tabla 34 A y B). Como nos muestra el gráfico que sigue, la tendencia es la de que vaya incrementándose el porcentaje de alumnas.

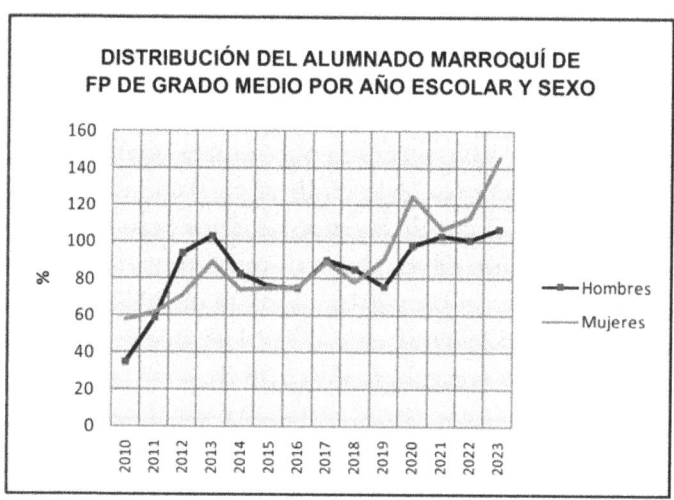

DISTRIBUCIÓN DEL ALUMNADO MARROQUÍ DE FP DE GRADO MEDIO POR AÑO ESCOLAR Y SEXO

Ente las especialidades con más matriculados, las alumnas se decantan por Gestión Administrativa (74,72%), Técnico en Actividades Comerciales (61,42%), Farmacia y Parafarmacia (89,12%), Cuidados auxiliares de Enfermería (90,98%) y Atención a personas en situación de discapacidad (96,55%), y copan casi el 100% en las ramas de Peluquería, Cosmética, Estética y Belleza y Horno, Repostería y confitería. Los alumnos, por su parte, se inclinan por Guía en el medio rural y tiempo libre (95%), Instalaciones eléctrica y automáticas (99,66%), Cocina y Gastronomía (52,27%), Sistemas microinformáticos y redes (94,74%), Carrocería (100%), Electricidad de vehículos y automóviles (100%) y, en general, en todas las especialidades de mantenimiento y Reparación (ver tabla 33 C). En esencia, esta distribución del alumnado marroquí por especialidades y sexo difiere poco de la que presenta el total del alumnado (ver tabla 35 C).

Formación Profesional de Grado Superior

Como ya hemos apuntado, la Formación Profesional de Grado Superior puede cursarse o bien una vez terminada la de Grado Medio o bien terminado el Bachillerato; en todo caso estamos en un nivel educativo no obligatorio que consta de dos cursos y cuyo alumnado, salvo excepciones, lo inicia con 18 años.

Volviendo al indicador que estamos utilizando, la ratio de 2,25, vemos que subiendo de nivel educativo su valor disminuye. Para el total de alumnos marroquíes inscritos en toda Baleares, entre 2010 y 2023, el valor fue de 1,05, una cifra que cambia según la isla: 0.87 en Mallorca, 2.05 en Menorca, 2.48 en Ibiza y 0.0 en Formentera.[22]

Pese a los bajos valores de la ratio, los datos permiten constatar la creciente incorporación de los alumnos marroquíes a este nivel educativo. De los 17 inscritos en 2010 a los 128 de 2023, lo que supone un incremento del 652,94%, frente al 112,11% que se experimentó en el total del alumnado (ver tablas 36 A y 36 B).

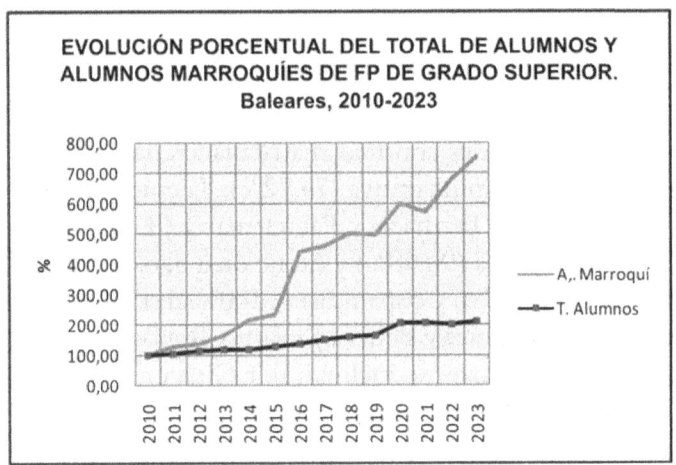

EVOLUCIÓN PORCENTUAL DEL TOTAL DE ALUMNOS Y ALUMNOS MARROQUÍES DE FP DE GRADO SUPERIOR. Baleares, 2010-2023

Analizando el alumnado por sexo vemos que no sólo es mayor el porcentaje de mujeres (57,57% frente al 42,43% de hombres), sino que se ha incrementado respecto a la distribución que se daba en el Grado Medio, lo que indica una mayor perseverancia de las alumnas marroquíes en proseguir sus estudios. La distribución en el total del alumnado está proporcionalmente más equilibrada (52,74% mujeres, 46,27% hombres).

---

22 Ver tablas 22, 23. 24 y 25. Los alumnos de Formentera que desean cursar una FP Superior en régimen presencial deben hacerlo en Ibiza. En la isla sólo hay un centro que imparta FP, el IES Marc Ferrer, que para el curso 2024-2025 ofrece sólo seis especialidades, y de ellas únicamente una de FP Superior, la de Técnico Superior en Administración y Finanzas.

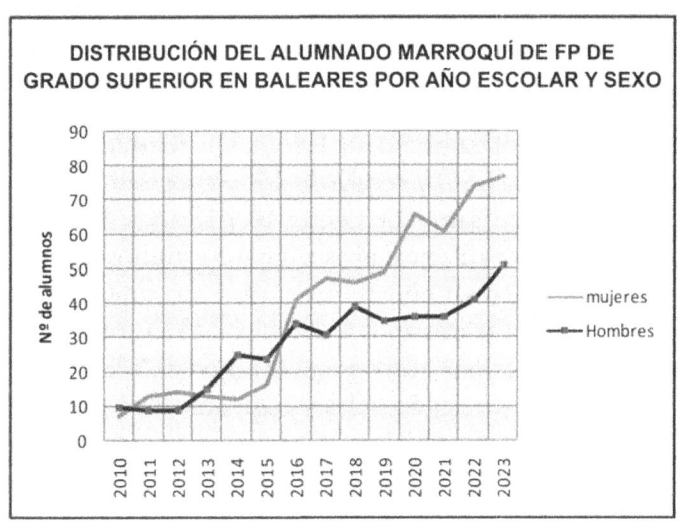

DISTRIBUCIÓN DEL ALUMNADO MARROQUÍ DE FP DE GRADO SUPERIOR EN BALEARES POR AÑO ESCOLAR Y SEXO

La elección de las especialidades por sexo varía poco de lo que ya vimos en el Grado Medio. Las alumnas marroquíes se inclinan por Asistencia a dirección (68%), Administración y finanzas (74,52%), Marketing y Publicidad (83,33%), Comercio Internacional (67,83%) y las referidas a la sanidad y el trabajo asistencial: Dietética (65,38%), Documentación y Administración Sanitarias (100%), Higiene bucodental (94,74%), Laboratorio clínico y biomédico (100,00%), Educación infantil (91,78%) e Integración social (83,33%). Los alumnos se decantan por Sistemas electrónicos y sistematizados (100%), Sistemas de telecomunicaciones e informáticos (100%), Administración de sistemas informáticos en red (87,50%), Desarrollo de aplicaciones webs (88,52%), mantenimiento de instalaciones térmicas y de fluidos (100%) o automoción (100%).

En términos relativos, pese al notable incremento registrado en este nivel educativo, si lo comparamos con los datos del total de alumnos, veremos que la elección de las especialidades del alumnado marroquí sigue siendo muy limitada, lo que hace pensar que en la elección de la especialidad resulta de una combinación de vocación y perspectivas de empleabilidad (ver tablas 37 C y 38 C del anexo estadístico).

Bachillerato

En el actual sistema educativo español, el Bachillerato es considerado una etapa posobligatoria de la Educación Secundaria, puede ser cursado después de la ESO y consta de dos cursos. Salvo excepciones, los alumnos que lo cursan tienen entre 16 y 18 años. Una vez terminado, éstos pueden optar entre proseguir sus estudios con una FP de Grado Superior o ingresar en la Universidad tras superar una prueba de acceso. Durante esos dos años académicos, el alumnado tiene cuatro materias comunes por curso y cuatro modalidades entre las que escoger: Ciencias, Ciencias Sociales y Humanidades, Artes (Plásticas o Artes escénicas) y una modalidad General en la que los estudiantes pueden elegir asignaturas de las otras tres modalidades.

En este ciclo formativo, y sobre el total del alumnado en Baleares, los alumnos marroquíes presentan, en el periodo 2010-2023, una ratio de 0,87, muy lejos ya del 2,25 de las etapas educativas obligatorias. Esta ratio cambia, además, según las islas: 0,76 en Mallorca, 0,84 en Menorca, 1,55 en Ibiza y 3,23 en Formentera[23]. Lo anterior puede expresarse de otra manera y quizás de manera más clara: de los 184.334 alumnos que cursaron el Bachillerato entre 2010 y 2023, sólo el 0,85% eran marroquíes o de nacionalidad española de origen marroquí.

Aunque numéricamente poco importante, los datos nos muestran la incorporación progresiva del alumnado marroquí en el Bachillerato. De los 72 inscritos en 2010 a los 149 de 2023, lo que supone un crecimiento del 106,94%, mientras que el total del alumnado sólo alcanzó el 12, 59%. También en la distribución por sexo de los alumnos hay diferencias notables: 62,63% de mujeres y 37,07% de hombres en los primeros y el 55,52% y 44,48%, respectivamente, en los segundos (Ver tablas 41 y 44 del anexo). Merece la pena ilustrar la distribución por sexo para ver claramente la presencia preponderante de las alumnas, como ya hemos visto que también ocurre en la FP de Grado Superior.

---

23 Ver tablas 18, 22, 23, 24 y 25 del anexo estadístico. Dada la escasa oferta de Formación Profesional que hay en Formentera, es factible suponer que el alumno que quiera proseguir sus estudios lo haga cursando alguna de las modalidades del Bachillerato.

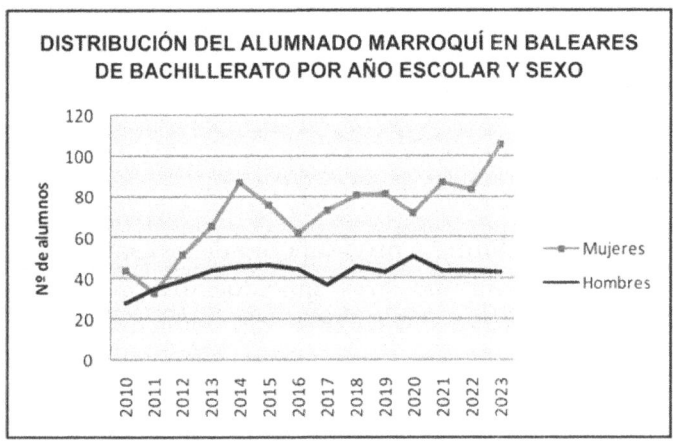

Las tablas 40 y 43 recogen la distribución porcentual del alumnado marroquí y del total de alumnos de Bachillerato por modalidades, curso y sexo inscritos en el periodo 2010-2023[24]. En primero de bachillerato, los alumnos marroquíes se decantan abrumadoramente hacia las Humanidades y Ciencias Sociales (62,12%) y las Ciencias (34,44%), y en ambos la presencia femenina es preponderante; en el mismo curso, el total del alumnado presenta una distribución más equilibrada, el 42,27% y el 49,62% respectivamente, equilibrio que está presente también en la distribución por sexo. En el segundo curso, de manera consecuente, el alumnado marroquí mantiene prácticamente la misma distribución -60,93% y 35,05%- y el grado de presencia femenina, al igual que ocurre con el alumnado total, la cual es del 41,29% y 50% respectivamente. Pero lo más interesante de estas tablas es que nos permite calcular con bastante aproximación la tasa de abandono de ambas poblaciones. En el alumnado marroquí, cursaron el primer año 903 inscritos y 645 el segundo, lo que supone una tasa de abandono del 28,57%; en el total del alumnado, respectivamente, fueron 93.888 y 84.931, lo que sitió

---

24 En el último de los tres apartados que contienen las tablas se registran los alumnos que no tenían curso asignado en los datos que nos suministró la Conselleria d'Educació i Universitats. Como el porcentaje de estos alumnos es muy similar para ambas poblaciones, 3,06% para la marroquí y 2,99% para el total, las comparaciones entre los alumnos registrados en Primero y Segundo de Bachiller son estadísticamente válidas. Las tablas 39 A-B y 42 A-B recogen los mismos datos año por año.

la tasa de abandono en el 9,54%. Esto es, que la tasa de abandono entre el alumnado marroquí triplicó la tasa general.

Universidad

Y llegamos, por último, al nivel superior de los estudios universitarios, al que tan pocos alumnos marroquíes logran acceder[25]. El alumno universitario, si proviene del Bachillerato, comienza sus estudios a los 18 ó 19 años, y si éstos son presenciales requieren de dedicación, tiempo y recursos, lo que supone una doble selectividad para acceder a la Universidad: aprobar la prueba de acceso y tener recursos familiares suficientes como para mantener al estudiante desocupado cuando ya está en edad de trabajar[26]. Según datos de la propia Universitat de les Illes Balears (UIB), desde 2020 a 2021 se matricularon un total de 33.263 alumnos, de los que sólo 138 fueron marroquíes (ver tabla 45 del anexo estadístico). Eso supone el 0,42% sobre el total. Como hemos visto, y nos muestra el gráfico siguiente, el porcentaje del alumnado marroquí sobre el total de alumnos desciende notablemente a partir de la Formación Profesional de Grado Medio.

---

25 Con las miras puestas en la creación de un Espacio Europeo de Educación Superior, los ministros de varios países miembros de la Unión Europea, entre ellos España, y algunos que no lo eran como Turquía y Rusia, firmaron en Bolonia, en 1999, un acuerdo que tenía por objeto la convergencia de la educación universitaria a fin de propiciar el intercambio de titulados y de adaptar su contenido a las nuevas demandas del mercado. El *Plan Bolonia* fue el fruto de tal acuerdo, que provocó una reforma tanto en las carreras universitarias como en sus contenidos y duración (en general, se pasó de la licenciatura de 5 años al Grado de 4 para seguir con másteres especializados). También en lo que respecta a la financiación de la universidad pública, con un claro espíritu de mercantilización. Este plan, plenamente vigente en la actualidad, sigue teniendo muchos detractores en el ámbito académico.

26 Hay beca y ayudas para los estudios, aunque siempre son insuficientes para los que provienen de las familias más desfavorecidas económicamente.

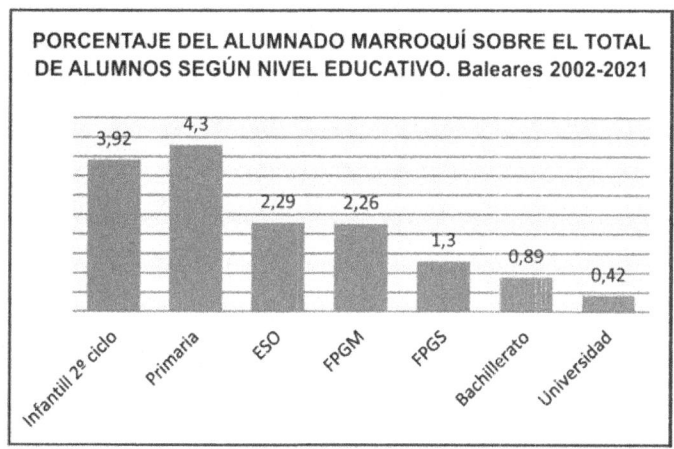

PORCENTAJE DEL ALUMNADO MARROQUÍ SOBRE EL TOTAL DE ALUMNOS SEGÚN NIVEL EDUCATIVO. Baleares 2002-2021

Siguiendo la pauta que ya hemos visto en los estudios posobligatorios, la presencia femenina en el alumnado universitario marroquí también es preponderante: el 61,59% son mujeres y el 38,41% hombres. En el alumnado no marroquí la distribución está mucho más equilibrada: 57,53% y 42,47% respectivamente.

Los datos suministrado por la UIB nos permiten calcular la tasa de abandono que se da en este nivel educativo en el periodo 2010-2021, que es, como muestra la tabla siguiente, del 49,28%. Esto es, que de cada dos alumnos que comienzan un grado, sólo uno logra terminarlo.

DISTRIBUCIÓN POR AÑO ACADÉMICO Y SEXO DEL ALUMNADO MARROQUÍ INSCRITO EN LA UNIVERSIDAD DE LES ILLES BALEARS (UIB)

	Alumnos graduados			Alumnos que abandonaron sus estudios			TOTAL ALUMNOS
	Hombre	Mujer	Total	Hombre	Mujer	Total	
2010-11	1	5	6	2	2	4	10
2011-12	3	2	5	3	4	7	12
2012-13	2	4	6	4	5	9	15
2013-14	1	3	4	2	1	3	7
2014-15	3	4	7	4	2	6	13
2015-16	1	7	8	2	1	3	11
2016-17	2	5	7	2	3	5	12
2017-18	3	3	6	5	6	11	17
2018-19	1	11	12	4	6	10	22
2019-20	1	5	6	2	2	4	10
2020-21		3	3	5	1	6	9
TOTALES	18	52	70	35	33	68	138
% H/M	25,71	74,29	100,00	51,47	48,53	100,00	
Tasa de abandono							*49,28*

Fuente: UIB

Esta alta tasa de abandono parece no ser exclusiva del alumnado marroquí, ya que en el resto del alumnado presenta un valor del 44% (ver tabla 47).

Aunque el periodo temporal con el que trabajamos es corto, la conjunción de los datos de la Conselleria d'Educació (GESTIB) y los de la UIB nos permiten calcular, de manera estimativa, el número de alumnos marroquíes que terminada la ESO acabaron un grado universitario[27]. Es lo que recoge la tabla siguiente.

---

27 Como ya se ha comentado en el capítulo sobre metodología, el programa GESTIB comenzó a aplicarse en 2010, por lo que no pudo trabajarse con series más largas. Para la estimación del número de alumnos que terminó ESO hemos dividido el total de estudiantes anuales entre los cuatro cursos, y sabiendo que el abandono se suele dar a partir de 3º, al 4º curso le hemos aplicado una reducción del 10%. Después hemos contabilizado los alumnos que se graduaron 6 años más tarde.

**PORCENTAJE ESTIMADO DE ALUMNOS MARROQUÍES
DE 4º DE ESO QUE TERMINAN UN GRADO UNIVERSITARIO
Baleares 2010-2021**

Año Académico	Educación Secundaria	A Estimación alumnos 4º ESO	B Alumnos graduados en la UIB	% A/B
2010	1.357	305		
2011	1.345	303		
2012	1.101	248		
2013	1.016	229		
2014	923	208		
2015	887	200		
2016	887	200	7	2,29
2017	899	202	6	1,98
2018	915	206	12	4,84
2019	1.000	225	6	2,62
2020	1.087	245		
Media				2,94

Fuente: GESTIB y UIB

La media de los últimos cuatro años universitarios consignados es de 2,94, lo que quiere decir, en números enteros, que de todos los alumnos marroquíes que terminan la enseñanza obligatoria sólo tres acaban graduándose en la universidad. Para el resto del alumnado, la cifra es de doce[28]. En cuanto a los grados que cursan, destacan Derecho (14), Administración de empresas (6), Educación Social (6), Educación Primaria (5) y Turismo (5), y en ellos la mayoría son alumnas. Los hombres sólo son mayoría entre los que se gradúan en Ingeniería Telemática (4). (Ver tabla 49). Aunque pocos, los hay también que cambian de carrera y acaban graduándose con un grado distinto al que comenzaron sus estudios.

---

28 No contamos el curso académico 2020-2021 por ser el año de la pandemia y el aislamiento, lo que provocó una distorsión en la evolución de la serie histórica.

ALUMNADO MARROQUÍ QUE COMENZÓ UNA ESPECIALIDAD, LA ABANDONÓ Y CAMBIÓ A OTRA. Baleares 2010-2019

	Grado	Sexo	Nuevo Grado	
2011-12	Derecho	Hombre	Lengua y Literatura españolas	1
2012-13	Administración de Empresas	Hombre	Turismo	1
2012-13	Derecho	Mujer	Trabajo Social	1
2013-14	Lengua y Litratura catalanas	Hombre	Lengua y Literatura españolas	1
2014-15	Matemáticas (Plna 2009)	Hombre	Administración de Empresas	1
2016-17	Administración de Empresas	Hombre	Derecho	1
2017-18	Administración de Empresas	Hombre	Historia	1
2017-18	Economía	Hombre	Derecho	1
2018-19	Estudios Ingleses	Mujer	Filosofía	1
2018-19	Historia	Hombre	Economía	1

Fuente: UIB

4

LA MEZQUITA Y LA EDUCACIÓN POSTOBLIGATORIA EN LA DIÁSPORA MIGRATORIA. EL ABANDONO ESCOLAR VISTO DESDE SUS ASOCIACIONES. LA FORMACIÓN IMPARTIDA EN LAS MEZQUITAS: OBJETO, NATURALEZA Y FUNCIÓN.

Breves apuntes contextuales sobre Mezquita, religión y educación en Marruecos

Marruecos es un Estado Confesional y por tanto el Islam, la religión oficial, influye en el estatuto personal de sus ciudadanos. La práctica de otros cultos religiosos está permitida pero el proselitismo está prohibido. No obstante ser una religión unitaria en sus principios, la manera en la que se vive, se profesa y se practica depende en gran medida de las diferentes escuelas que históricamente se han ido desarrollando. En el caso de gran parte del Magreb, y muy especialmente en Marruecos, la vigente y oficial es la Maliquita -Malik ibn Anas (711-795 de la era cristiana-europea)-: se basa en el Corán, en la *Sunna* (la tradición) y la *Ijihad* (la reflexión, la contextualización) aplicada al *Fiqh* (jurisprudencia islámica). El Estado y el rey a su cabeza velan para que esta específica forma de enseñar, practicar y transmitir el islam no se desvíe; fundamentalmente que no se vea impregnada del wahabismo (derivado de la escuela Hanbali -Ahmed Ibn Hanbal.

780-855- la forma del islam suní oficial y obligatorio en Arabia Saudita) reacio a cualquier modernización, interpretación o razonamiento. De ahí que el propio rey aparezca como *Amin al Mumiddin*, comendador de los creyentes, en su condición de miembro de la saga del linaje del profeta, y todo lo concerniente al funcionamiento, la preparación, las enseñanzas islámicas en mezquitas y madrazas y, sobre todo, la preparación de los imanes, dependa formalmente de normas, leyes e instituciones estatales.

La mezquita es el espacio para la oración en comunidad de los fieles miembros o simplemente de los musulmanes; por ello la mezquita, y en su seno el papel del imán, guía espiritual, intervienen sin duda de manera central en la formación moral, la pertenencia a la comunidad (y por ende, su control) y en la transmisión de la tradición. Ahora bien, no por ello en el caso marroquí oficial– y centralizado-la mezquita interfiere en o substituye la educación reglada. La organización de la enseñanza obligatoria y la postobligatoria marroquí no difieren de manera profunda de las españolas. De hecho, si bien es cierto que existen problemas importantes de posibilidades reales de escolarización, de acceso a la enseñanza efectiva en función de los espacios y las condiciones de vida, puede afirmarse que la educación pública marroquí es formalmente homologable a la de muchos países europeos: enseñanza pública gratuita, a la que acude un 97% del alumnado matriculado, que convive con una privada -siempre que las situaciones socioeconómicas lo permitan- ahora en crecimiento. Sin embargo la tasa de alfabetización de adultos se mantiene en un 77% oficial, con grandes diferencias en función de las regiones y del dualismo campo/ciudad (lo rural acumula aún una muy baja tasa de alfabetización que alcanzaba hasta hace poco a las 2 quintas partes de la población) actualmente en proceso de clara mejora, pero aún insuficiente con relación a las previsiones declaradas.

Hay una evidencia en la diferenciación político-administrativa de las competencias entre el ámbito estrictamente religioso y el educativo en el gobierno Marroquí: en el marco de los actuales 16 ministerios, sólo el de *Hadús y Asuntos Islámicos* se centra en el papel formativo (y su ámbito restringido) de las mezquitas. El terreno estrictamente educativo se estructura en los ministerios de *Educación, Formación Profesional, Preescolar y Deportes, Ministerio de Enseñanza Superior, Investigación científica e Innovación, Ministerio de Juventud, Cultura y Comunicación.*

Mezquitas e imanes en Marruecos

En Marruecos no todas las mezquitas son iguales, Hay sencillos orato-rios, mezquitas pequeñas, grandes, importantes, históricas; incluso algunas privadas; no se les confiere la misma importancia y su papel y ámbito de influencia se restringe a la comunidad local o se extiende mucho mas allá en función de si están en el centro o en la periferia de las ciudades, en el campo, las montañas o en el desierto. En cualquier caso, sea cual sea su tamaño, el hecho de que una mezquita permanezca permanentemente "abierta" (es decir que haya un imán que se cuide de ella) supone la última prueba de la existencia de un *duar* (un pueblo), aunque prácticamente toda su población haya emigrado. De lo que se deduce su papel no sólo religioso, sino identificador de la comunidad y de su pervivencia. Las mezquitas, en definitiva, se naturalizan en la vida cotidiana: forman y conforman el paisaje moral, cultural, referencial; consciente e inconsciente. Aprendido y absorbido. Las mezquitas pueden contener o no madrazas de educación equivalente a la primaria cuando las condiciones no permitan una escuela normalizada y autónoma o ésta sea difícilmente accesible; incluso puede substituir parcialmente los centros oficialmente homologados de educa-ción secundaria en determinadas zonas apartadas del país. En ocasiones los servicios a la comunidad pueden incluir gimnasios, espacios de reunión de ocio e incluso pequeñas clínicas. En cualquier caso la impartición de lengua árabe y, centralmente, la enseñanzas del Corán y las otras fuentes del islam suní maliquita constituyen su núcleo, y las pautas de consolidación y cohesión de la comunidad de creyentes (mediante la oración grupal, el sermón del viernes, la receptación y distribución del *sakat* -limosna- ecau-dación de redistribución-, el apoyo a los necesitados, la celebración de las festividades, las cenas comunales del Ramadán) su objetivo.

La figura del imán-guía de la comunidad de creyentes obedece a una serie de normas y prescripciones generales, pero tampoco aparece de forma unitaria ni con las mismas características en todas las mezquitas de Marruecos. Y esas peculiaridades son muy significativas no sólo en ori-gen, sino de manera clara (como veremos) en los espacios de instalación migratoria. En principio, se trata de un dignatario de prestigio reconocido por las instituciones y por los miembros de la Mezquita; dirige la oración ante los fieles y pronuncia -aunque no siempre- el sermón de los viernes. De él se espera una buena dicción, que conozca perfectamente las diferentes fases de la oración, que infunda autoridad. El resto de las funciones dependen de otras autoridades y especialistas islámicos (adules, ulemas, alfaquíes…religiosos o juristas); la educación reglada, de los profesores y las profesoras. Aún así, no todos tienen el mismo perfil. La esquemática clasificación que sigue tiene un valor que va más allá de la mera descripción sucinta, por cuanto tiende a repetirse en la diáspora cuando las formas de instalación migratoria reproducen similares espacios sociales, culturales, de vínculos familiares y vecinales a los que existían en origen.

1) En las pequeñas comunas o en los barrios periféricos de las ciuda-des son a menudo voluntarios (con pocos e inconstantes ingresos derivados de sus tareas religiosas) o contratados por la propia comunidad, con una fuerte supeditación respecto a la presidencia de la asociación de la mezquita. A pesar de lo estatuariamente establecido, no es raro que estos imanes tengan autoformación, o la procedente de una madraza, elemental y poco especializada. Su papel suele restringirse a la dirección de la oración y el sermón de viernes…que en ocasiones suele requerir de otro Imán de mayor prestigio si la capacidad económica de la asociación lo permite. Tampoco es infrecuente que lleve a cabo la formación religiosa (y algunos conocimientos más) de niños y niñas con dificultades para acceder a otras instancias educativas y con escasos medios sociales y económicos.

2) El imán de ciudades, de barrios de clases altas o de otras poblaciones grandes o medianas, suele ser contratado en mejores condiciones, preferentemente si procede de El-Azar (la universidad islámica de referencia en Egipto) o de otras, particularmente de Al-Qarawi-yyīn de Fez y, sobre todo, de la específica en formación de grandes imanes y ulemas, Dar Al-Hadid de Rabat. Su formación, pues, es universitaria y se vincula a las grandes escuelas. Mantiene una interacción con otros imanes, ulemas y demás autoridades además de establecer una relación más horizontal con la presidencia y la asociación de la mezquita; la tensión asociación-imán tanto en la mezquita de origen como en la migratoria, marcará –o lo intentará– de forma no desdeñable su funcionamiento también en el ámbito formativo de las segundas generaciones. En este caso suele dirigir el sermón del viernes e incluso ser requerido por otras mezquitas

para pronunciarlo en celebraciones importantes. Interviene igualmente en disputas jurídicas y teológicas, revertiendo su prestigio a la propia mezquita y a la comunidad.

3) Finalmente los circulantes, de aún mayor prestigio y consideración, que pueden ser incluso extranjeros (egipcios, de *levante* aunque, como indicamos al inicio, la peculiar relación entre islam sunita Maliquita y Estado marroquí fluye en todas estas interacciones).

Mezquitas e imanes en la diáspora

La construcción y el funcionamiento de las mezquitas en los espacios de residencia o instalación migratoria, sobre todo cuando éstos no son específica ni centralmente islámicos, presentan una doble paradoja. La primera entre lo que se pretende y lo que resulta. La intención inicial es la de reproducir, en la medida de lo posible, las funciones y los significados de origen; no obstante la mezquita termina por adquirir dos funciones nuevas que impiden en principio la concreción de dicha intención. La mezquita se instala en un espacio social y jurídico donde el islam no es oficial ni tiene funciones estatales; máxime cuando el país de migración es laico o -como el caso de España- aconfesional; incluso en este segundo caso (y en gran parte también en el primero) la presencia y la impregnación de otras religiones, particularmente las diversas iglesias cristianas, sitúa al islam en una posición de mayor esfuerzo cuando no de cierta dificultad para ocupar sus derechos, casi siempre constitucionalmente reconocidos. En los últimos años, con una creciente presencia en la esfera pública de discursos abiertamente xenófobos y particularmente islamófobos (a veces en las propias instituciones) que favorecen que la mezquita adquiera un papel defensivo del que carecía en origen. La segunda paradoja nace en gran medida de esta primera: la mezquita asume el nuevo rol de representación identitaria y de reivindicación en el espacio publico de la comunidad musulmana, pero al tiempo debe construir mecanismos de integración y de inserción social, buscando la inmersión sobre todo de las segundas generaciones. No sólo, sino que las propias mezquitas marroquíes, aún presentándose como centros de oración y reunión de la *Umma* (la comunidad de creyentes) y no de la nacionalidad de origen, tienden a cerrase en alguna medida a otros musulmanes; incluso inconscientemente. El monolingüismo árabe de muchos imanes supone, de hecho, cierto obstáculo cuando la competencia en este idioma de otros musulmanes se reduce a menudo al recitado del Corán, pero son incapaces de seguir el sermón y la interacción cotidiana. La lengua del país de instalación, muy frecuentemente, se instituye en *lingua franca* también en el seno de la comunidad musulmana.

Mezquitas e imanes en España

La legislación que rige la presencia y la práctica de los imanes y de las mezquitas en España es más reciente que la existente en otros países de la UE. De hecho, a diferencia de Centroeuropa y Europa del Norte, los países del sur, y de manera muy especial España, se incorporan al menos dos décadas más tarde como receptores de migración extracomunitaria y migración procedente de Marruecos. La relación entre ambos países y poblaciones es muy anterior, pero la migración que incluye reagrupación familiar, asentamiento estable e incluso fijo/definitivo y el nacimiento de las denominadas "segundas generaciones" no se remonta mucho más allá de la década de los noventa. En el caso balear, incluso, a finales de dicho decenio.

El primer texto jurídico que atañe a los imanes en el estado español es de 1992, misma fecha en la que se constituye la Comisión Islámica Española, cuyo papel en la regulación desde entonces es, al menos formalmente, central. El imán es definido junto con sus tareas en el artículo 3, incluyéndose su papel fundamental como guía de la oración y de asistencia religiosa a la comunidad, para lo cual se establece la necesidad de un certificado que acredite su formación (hay 51 universidades españolas que ofrecen un currículo al respecto, además de las propias marroquíes y de otros países con religión islámica regulada) así como la imprescindibilidad de su relación contractual con la mezquita y su preceptiva alta en la Seguridad Social. Igualmente en el 2001 la ley Orgánica de Universidades (y se mantiene en la LOSU de 2023) permite la posibilidad de crear centros universitarios de estudios teológicos, además de la UNED a distancia y la Camilo José Cela que han establecido cursos de Religión y Cultura Islámica.

¿Qué ocurre en realidad? Según los estudios consultados (y que coinciden con nuestras observaciones y análisis en Mallorca) el rol de los imanes en España sigue en alguna medida lo que hemos comentado para las distintas tipologías y tamaños de mezquitas y asociaciones en Marruecos, pero con algunas especificidades que ya hemos adelantado. Los imanes aparecen como intermediarios entre la cultura de partida (o al menos esa parte de la cultura que aparecerá intensamente vinculada a la práctica del islam) y la (las) del espacio migratorio. Pero lo hacen en tanto representación institucional para la que-sobre todo en el caso de pequeñas mezquitas y asociaciones- no reúnen las capacitaciones formativas. Así pues, se enfrentan a hándicaps (en ocasiones puede que ventajas) que implican sustituciones o competencia de las funciones de otros especialistas: en apoyo social, en educación religiosa reglada y requerida de formación especifica en los colegios, en disputas entre los miembros de la comunidad. No todos los imanes, como hemos visto, gozan de alta formación religiosa especifica y son escasos lo que proceden -o han sido enviados- desde universidades como Quarawiyin, en Fez (probablemente la más antigua universidad conocida) o la prestigiosa El Azahar en Egipto.

Mezquitas e imanes en Mallorca

Nuestro estudio se ha centrado en la isla de Mallorca. Y ya sabemos (ver cap. I) que la migración marroquí es una de las más establecidas y de las que más antigüedad tienen en la isla. Actualmente, tras más de treinta años asentándose, la comunidad marroquí empieza a tener características específicas que incluyen la adquisición y la conformación de las propias de la sociedad y las culturas isleñas. Las mezquitas hace tiempo que se están constituyendo. A nivel del archipiélago se calcula que hay aproximadamente 42; en Mallorca unas 34. La mayoría son locales preexistentes cuyo interior ha sido adaptado a la estética y a las funciones correspondientes al islam sunita, y sólo muy recientemente se ha empezado a plantear la construcción de edificios específicos mediante la adquisición de terrenos y la obtención de la necesaria inversión.

Leyendo la literatura especializada, nos hemos documentado con un estudio de un autor de larga trayectoria en el trabajo de estas cuestiones, que precede en unos años a este estudio mallorquín y cuya metodología, descripciones y conclusiones nos han ilustrado a la hora plantear algunas premisas para esta parte de la investigación: el del antropólogo marroquí Rachid El Quarqui sobre las mezquitas y las sociedades migratorias marroquíes en Extremadura. No se trata en absoluto de aplicar mecánicamente los conceptos, las observaciones y los hechos presentados por el autor, sino de armar esta parte de nuestra investigación con aquellos elementos. Como veremos, de hecho, las diferencias entre sus estudios y el nuestro no son pequeñas: a) En primer lugar por el objeto del estudio. Las propias mezquitas y su funcionamiento en su caso; la relación, discurso e intervención de las comunidades articuladas en torno a las mezquitas por lo que hace a la educación postobligatoria en el nuestro. b) La comunidad marroquí se desarrolla en la isla de Mallorca lógicamente en correlación con los cambios económicos, sociales, laborales de la compleja sociedad mallorquina (una sociedad turística) en comparación con el caso extremeño (una sociedad con un gran peso agrario continuado). Pero también se producen coincidencias interesantes: 1) La procedencia agraria de muchas de las personas inmigradas (que en el caso de Mallorca lo son en parte directamente, en parte de derivación en segunda migración de comunidades de origen rural marroquí desde Cataluña) 2) Las diferencias en el asentamiento, la adopción y la consideración de los estudios reglados, sobre todo los medios y superiores, entre procedencias urbanas y rurales, así como en las formas de organización social general y 3) Los procesos de inserción y de establecimiento de instituciones propias (las mezquitas) y sus ritmos en los nuevos espacios de residencia.

Y así, junto con las categorías que vimos en Marruecos, hay otras específicas derivadas de la forma de migración e instalación que El Quarqui ha sistematizado de forma muy útil para nuestro propósito[29].

1) No es infrecuente que los imanes tengan una íntima correspondencia con la comunidad de origen, presentándose como una especie de "imán colectivo" con vínculos familiares y tribales con la comunidad de la mezquita en la migración.

2) El más habitual en el caso de pequeñas mezquitas de espacios mi-

---

29 El excelente trabajo de Rachid El Quarqui de 2021 respecto a la figura del imán en la migración marroquí en Extremadura. El Quarqui, R. (2021), *La figura del imán en Europa. Una aproximación etnográfica a los imanes de Extremadura (España)* Antropología Experimental. Universidad de Jaén. Pp. 189-205 (http.// revistaselectronicas.ujaen.es/dx.doi.org/10.17561/rae.v21.6564) nos sirve aquí para situar de manera aproximada, al menos, los primeros años de la instalación de mezquitas de la migración en la Isla de Mallorca.

gratorios laborales es el imán obrero, que combina ambos trabajos. Muchas veces las mezquitas iniciales no pueden contratar a un verdadero imán por falta de recursos económicos; algo que se va paliando con la consolidación en el tiempo de la comunidad migrada.

3) Muchos son inicialmente voluntarios (aquél que tenga o al que se atribuya una mayor formación comparativa religiosa)

4) Algunos imanes proceden de zonas rurales, por lo que además de -como hemos presumido en 1- proceder del mismo vecindario o familia de los fieles, aplican discursos y prácticas religiosas basadas en el islam popular marroquí rural.

5) La ya mencionada incomunicación con la comunidad musulmana de colectivos no árabes por falta del dominio de la lengua española.

6) La comunicación con las mujeres, no infrecuentemente, a través de los esposos, otros varones de la familia o la esposa del imán.

7) Problemas de relación con la juventud a partir de la postadolescencia.

8) Según se va asentando la comunidad y la asociación tiene mayor capacidad de gestión, se puede producir una cierta ruptura con esta dinámica, buscando alguno de mejor formación, que imponga mayor respeto y, a la vez, jugando más específicamente el papel del imán. Como expresivamente, y haciendo uso de un ocurrente préstamo cultural, nos dijo un informante: *"al cura del pueblo no se le besa la mano".*

9) Y, adelantamos, transgrediendo hasta cierto punto esa separación educación general/educación religiosa, presentan opiniones, concepciones y propuestas explicativas a la continuidad o la ruptura de la escolarización postobligatoria de las y los jóvenes de la comunidad en la diáspora.

10) Se tiende a producir un conflicto, sólo en parte generacional, entre imanes -sobre todo cierto tipo de imanes- y jóvenes nacidos y/o socializados en los espacios de migración.

11) Las mezquitas en la migración tienden a presentarse más como clubes de hombres, siendo poco frecuente la existencia de espacios específicos para las mujeres. No es infrecuente, y en alguna medida y casos, más que en el origen, la -ya mencionada-comunicación con el imán a través del esposo o mediante la esposa del imán mismo. En el caso de las mujeres jóvenes se pueden unir los dos conflictos: el de género y el generacional.

12) El problema con los no árabes; en principio por la competencia en el idioma, pero quizás con algún componente más de cierre grupal.

El trabajo de campo

En origen, el papel de las mezquitas con respecto a las y los adolescentes es relevante. Y, a pesar de la diferenciación legal, administrativa y organizativa de la educación reglada -fundamentalmente la secundaria y la superior- de la estrictamente religiosa, el marco moral y en buena medida el cultural deben ser tenidos siempre presentes; de forma directa o, al menos, a través de las generaciones precedentes. Cuál sea éste en la instalación migratoria mallorquina es precisamente el objeto de esta parte de la investigación. Partimos del conocimiento de los datos obtenidos y elaborados desde la perspectiva distributiva (ver caps. 3 y 4 y el anexo etadístico) y era necesario contrastarlos con el conocimiento, la acción y la opinión de las comunidades en torno a las mezquitas: las asociaciones, los imanes, las interacciones familiares y, directamente, las de los y las estudiantes en esas edades (de los 16 en adelante) matriculados o no de formación profesional, bachillerato y universidad. Para ello decidimos trabajar con las mezquitas más relevantes de Mallorca y, de manera prevalente, las que se han constituido en comunidades de origen o referencia marroquí.

Como aquello que nos interesa son fundamentalmente las interacciones, las relaciones y los discursos nacidos en el seno de las propias comunidades comprendidas en el ámbito de acción de las mezquitas, hemos aplicado la técnica de la entrevista en grupo, articulada con formas del grupo de discusión apoyándonos en la ya comentada variante de las entrevistas semiestructuradas con un mayor grado de apertura (las personas interpeladas eligen sus propios recorridos temáticos en función del interés, la oportunidad o la posición que sostengan respecto a la cuestión tratada (ver capítulo 2).

Hemos trabajado a dos niveles de intensidad:

1) Un primer nivel más inclusivo pero mucho menos intensivo, se ha centrado en obtener respuestas a un cuestionario simple sobre los ítems que determinamos más relevantes para el tema tratado. Nos

proporciona un amplio mapa de las relaciones de las mezquitas con su comunidad en general y de su intervención en los niveles educativos de forma directa.(véase el anexo de cuadros al final del capítulo).

2) Un segundo nivel, más selectivo pero mucho más intensivo, ha consistido en 5 entrevistas de una media de 120 minutos de duración, que incluyen 8 de las más importantes mezquitas mallorquinas por lo que hace a las comunidades comprendidas y al grado y tiempo de su asentamiento. Nos aportan los discursos, las diferentes hablas, las interacciones.

Cómo se establece la cita y como y dónde se desarrolla la sesión

Dos de las normas de la organización del Grupo de Discusión son la de buscar un espacio neutral en el que llevar a cabo la sesión, y la de evitar que los miembros del grupo constituyan en la cotidianidad social un grupo. Hay una variante y es cuando el tema de debate requiere de cierta cohesión previa (todos comparten un lenguaje común, una parte considerable de las relaciones sociales de origen) pero se sabe que el argumento de debate no constituye como tal una discusión habitual en el seno de esa agrupación (en las instituciones y grupos en los que, en gran medida"se nace", el *habitus*, la forma de vivir, de ver y tender a reconstruir el mundo -o al menos una parte del mundo- no es completamente consciente: todos la conocen, la comparten; pero, precisamente por ello, no hablan, no necesitan hablar de ella). Por esa razón se decidió dejar a la libre elección de las personas contactadas la organización de la reunión, el espacio en el que se llevaría a cabo (sensación de seguridad y confort asegurada) así como quienes participarían.

La hipótesis sobre la idoneidad de esta específica metodología de aplicación de la técnica se demostró muy acertada, tanto por la fluidez en la elaboración del discurso colectivo (que es el objetivo central del Grupo de Discusión: que se produzca un discurso elaborado exprofesamente durante la sesión) como por la interesante conformación de los grupos y su desarrollo.

En todos los casos el grupo resultante incluyó: imán, presidente de la asociación (o en plural en los de participación de más de una mezquita en la misma reunión) y miembros más relevantes de la comunidad; uno o dos jóvenes en edad de cursar educación postobligatoria que presentaban dos perfiles: el éxito relativo o notable de sus estudios y el del fracaso, la exclusión o la limitación de acceso a los mismos. El interés añadido de esta constatación se deriva del hecho (declarado o no) de la escasa cuando no nula interacción entre diversas mezquitas de localidades distintas o, en ocasiones, incluso las de una misma localidad. Por lo tanto, una repetición de pautas por parte de específicas agrupaciones sociales que no se han reunido en ningún momento para acordarlas.

En dos de los casos la reunión se celebró en la propia mezquita (doble anfitriona en dos de ellos: el equipo investigador y sendas representaciones de las otras mezquitas) en una sala al margen de la de oración, y en la tercera en un local municipal aduciéndose algunos problemas de espacio en la mezquita.

El desarrollo de las reuniones se inició en los tres casos de la misma manera: explicación por parte del grupo investigador del objeto del estudio y de la importancia de la opinión de las mezquitas. En ningún momento se añadieron hipótesis u opiniones iniciales. Esta presentación se hizo siempre en árabe (a veces con algún inciso en thamazig) y en español. Aparte de la obligada deferencia hacia nuestros anfitriones, el uso del árabe era preceptivo dada la confirmación de una de las hipótesis previas señaladas en la introducción de este capítulo sobre la característica iterada de los imanes en la migración: nula o escasa competencia en español y monolingüismo expresivo en árabe. La segunda premisa inicial, igualmente documentada en la introducción, fue la ausencia absoluta de mujeres en las reuniones, excepto en los momentos de ofrecimiento de pastas y te, o saliendo y entrando en la sala de oración o de las clases.

La conclusión de la reunión se estableció igualmente y de forma cortés y amable por parte de nuestros anfitriones a partir de la llamada al *Asr* (oración de la tarde) o al *Maghrib* (oración de la puesta de Sol), realizadas por un muecín... cuya voz procedía del teléfono móvil del imán.

Las posiciones, el discurso y las opiniones

Las posiciones

Recapitulando: en dos casos las reuniones se desarrollaron con la presencia de dos o tres imanes y las correspondientes asociaciones de las mezquitas; en el tercero, aunque inicialmente se nos anunció que tendría un carácter similar, sólo participaron los titulares de la mezquita en la que tuvo lugar la entrevista[30]. Recordemos que las respectivas reuniones fueron solicitadas por el equipo investigador, pero los emplazamientos, los participantes y el día y hora fueron decididos directamente por las Asociaciones de las mezquitas[31].

Algunas puntualizaciones previas necesarias para encuadrar lo que

---

30 Así, en el caso de la reunión de Sa Pobla también están presentes imanes y presidencias de las Asociaciones de Santa Margalida y de Muro; en la celebrada en Porreres, además de las correspondientes a la propia mezquita, los de la de Llucmajor. En el caso de la de Manacor parece que había sido convocada también la de la cercana Felanitx pero, por razones que no se explicaron, no se presentó. Puede que sea un simple problema de imposibilidad o de confusión, pero no nos parece gratuito recordar aquí que ambos municipios (Manacor y Felanitx), vecinos, han aparecido históricamente en franca oposición. Algo, por otra parte, muy común entre poblaciones cercanas en Mallorca y otros lugares de España. Parecería como, si en cierta medida, las mezquitas hubiesen heredado la controversia. Una señal interesante de proceso de inserción y acomodación social, cultural y simbólica en el espacio migratorio.

31 Las citas literales no tendrán referencia directa indicativa de quien es el autor. Cuando ha sido estrictamente necesario se ha indicado la reunión de la que procede mediante el pueblo en el que se desarrolló la sesión, pero no la representación estricta de la mezquita de procedencia. También se observará que en ocasiones se subraya el hecho de si se trata de un imán o un miembro de asociación; esta excepción se vincula directamente a la importancia que conferimos más arriba al papel de cada uno en el funcionamiento y las relaciones de la mezquita, tanto con otras comunidades y mezquitas como con las diversas administraciones y la sociedad en general. Es una práctica ética y metodológicamente habitual en los trabajos etnográficos y sociológicos. No usamos estas prevenciones cuando se trata de informantes de carácter técnico, dado que nos están refiriendo hechos, normas, protocolos e incluso sus propias perspectivas, pero no están involucrados vitalmente en aquello que nos narran: no nos hablan de sí mismos (al menos no conscientemente). En esta parte de la investigación con las mezquitas es precisamente ese protagonismo lo que más nos interesa.

sigue: los imanes aparecen como guías espirituales de la mezquita, como directores de su funcionamiento; sin embargo quienes deciden su organización, establecen y manejan las relaciones con las administraciones (tanto españolas como marroquíes) y con los distintos aspectos y ámbitos de la sociedad de instalación son las Asociaciones de las Mezquitas; en concreto sus juntas directivas con sus presidentes a la cabeza. El imán es el representante de la mezquita hacia dentro y hacia fuera; resulta pues imprescindible como figura religiosa y simbólica, pero tiene escasa interacción con la parte no marroquí o de ascendencia marroquí de la comunidad. A diferencia de las direcciones de las asociaciones, no suele hablar español ni catalán, restringiéndose a menudo al árabe, en ocasiones también al tamazigh, por lo que la comunicación se ve dificultada y, cuando se produce, aparece mediada por algún otro miembro de la comunidad que ejerce de traductor-interprete. Por último, el hecho de que aquí se hable de marroquíes (o de ascendencia y referencia marroquí) y no de musulmanes obedece a la constatación (por informaciones y por evidencias etnográficas) de la centralidad de esta procedencia entre los fieles y frecuentadores de estas mezquitas. En las entrevistas estos aspectos se han visto continuamente refrendados.

El discurso y las opiniones

Todos los intervinientes en las tres entrevistas coinciden en reconocer una alta incidencia del abandono escolar prematuro, distinguiendo de manera precisa el que se produce antes de 4ª de ESO (casi anecdótico, *"muy poco"*) del que tiene lugar en el paso de la finalización de la enseñanza obligatoria a la postobligatoria. Es muy relevante la existencia de discursos (algunos, iniciales, expresamente preparados para la ocasión y escritos y pronunciados por presidentes de las Asociaciones) que vinculan, incluso sin diferenciarlos, abandono y fracaso; pero lo es aún más la circulación durante las sesiones de una identificación aún más interesante: el fracaso con el hecho de cursar Formación Profesional.

"Gracias por invitarnos a este estudio sobre el abandono del estudio a la edad temprana[...] yo, por mi experiencia y conocimiento, soy padre y mis hijos son estudiantes. Mi opinión es: el fracaso escolar son varias cosas: dentro de las causas están los factores personales, sociales, educativos. Lo que está relacionado

entre los padres y los alumnos, luego lo que está relacionado con los centros escolares y con los estudios. **Hay un fracaso muy fuerte; aquí en la comunidad marroquina tenemos un 14% de los abandonos** *escolares entre los centros de primaria y secundaria; pero si miramos la universidad encontraremos una tasa muy baja. Esto significa un fracaso"*[32].

En este discurso inicial de un presidente de asociación de mezquita (véanse notas 3 y 4) se contiene prácticamente el conjunto de los puntos sobre lo que se opina al respecto en las tres sesiones; y casi en su totalidad -habrá variaciones, mayores y menores intensidades- las respuestas en relación a la concepción del abandono/fracaso escolar (equiparados): su volumen general, una mayor intensidad en el caso de

---

32 *(.....) Esto significa un fracaso: La causa, de donde viene, eso no lo sabemos. Yo he participado en varias mesas, siempre la misma pregunta, siempre sin respuesta- Primero: los padres son responsables también, no lo vamos a negar; porque los padres tienen que saber como animar y apoyar a sus hijos; y el segundo, falta de comunicación de algunos padres con los funcionarios escolares. La temporada escolar sin reunir, sin saber del comportamiento de sus hijos. Esto afecta a los niños. Otro, educación en el hogar: es parte de la educación: tienen que controlar y vigilar tanto interior como exterior, en sus casas y fuera de sus casas. Relacionado sobre todo con institutos, cuando los alumnos son adolescentes. Porque es donde hay más fracaso, no en primaria. La mayoría de ellos no lo tienen, la mayoría, cuando van a trabajar en el campo y artesanos.*

Nosotros no vamos a acusar a los centros y a los funcionarios, porque sabemos que algunos padres, algunas partes acusan esto, Pero nosotros no sabemos, sin evidencia no podemos. Ustedes sois el comité de investigadores: la solución está de la mano de los padres, de los centros escolares siempre con los investigadores educativos.

Formación Profesional, el FP es bueno también pueden enviar algunos alumnos si no tienen capacidad ni estudios, si no tienen las notas, tienen las notas bajas. Bien. pero hay alumnos que tienen notas buenas, que tienen capacidad y posibilidad de que pueden continuar, llegaran a más lejos. pero ellos, no sabemos por qué motivo, sin faltar a sus actividades en los mercados laborales o no lo sé, esta es la pregunta que se queda así...Yo no había de acusar, eso es lo que queremos saber, queremos las reformas en la educación, que los niños tienen que poder continuar sus estudios hasta que logran. algunos, que lo ven que no tiene la capacidad, bueno. esta es mi opinión ... y gracias.

la población de origen marroquí y algunas de las causas, a veces centrales, a veces concomitantes de esa situación. Y, de forma velada -en ocasiones explícita- la intuición de que, sin poner en duda los problemas internos, la actitud de los propios alumnos, la procedencia y las condiciones económicas, sociales, culturales, formativas de partida de los padres, las necesidades de conseguir lo más pronto posible entradas económicas por parte de los hijos una vez acabado el período obligatorio, hay factores sistémicos e institucionales que no favorecen la continuidad educativa.

a) Causas del abandono y del fracaso

> *"La causa, de donde viene, eso no lo sabemos. Yo he participado en varias mesas, <u>siempre la misma pregunta, siempre sin respuesta</u>"* (Sa Pobla).

Entre las causas señaladas están la situación y la capacidad económica, la circunstancia familiar y la formación y procedencia de los padres, en un marco (la sociedad turística mallorquina) en el que existe la sensación para los chicos de que el acceso rápido al mercado de trabajo puede ser más atrayente y rentable que los estudios y que pueden paliar las insuficiencias económicas de la familia. En las reuniones aparecen combinadas de diversas maneras. En un discurso que incluye reflexiones morales sobre la propia comunidad marroquí en la migración, es esta vez un Imán quien las expone: *"¿Por qué no llegan a la universidad? A nosotros nos interesa de verdad: vivimos en la sociedad y observamos lo que está pasando. Se trata de que la gente, hace mucho tiempo, en un 80-90% se desplazan de otros países y vienen: pero en el entorno en el que vivimos no vemos movimientos que ayuden a los alumnos a seguir los estudios. Los chicos ven a otros que ganan dinero, que han comprado coches, que están bien y van y se integran en el mercado de trabajo para ganar ese dinero y estar como el otro. Falta apoyo del estado a los padres de los alumnos con necesidades económicas. Cuando los niños tienen que trabajar sus deberes en casa, pero si los padres no los fuerzan en casa para seguir los deberes en casa, no se habían preparado y no sube fuerte...."*

Esas tres ideas se repiten sistemáticamente: 1) La ausencia de incentivos para los alumnos frente a la atracción de conseguir dinero rápido, emulando a los que lo hicieron antes que ellos, porque *"un chico para seguir estudiando tiene que tener un objetivo, pero si no tienes apoyo dentro de casa y no tienes apoyo escolar, no vas a seguir"*; máxime cuando *"ves que los de alrededor están avanzando"*[33]. Al tiempo, 2) Los padres *deben hablar con el tutor*. La responsabilidad de los padres es reconocida, así como la escasa preocupación en el seguimiento del desarrollo escolar de sus hijos (como veremos, poca o nula participación en las AMIPAS) pero en cierta medida, si no eximidas, sí son relativizadas a partir del origen, el grado y nivel de formación de la generación que inició el proceso migratorio familiar, así como de las condiciones de partida y de llegada en que lo hizo: *"Sinceramente, la mayoría aquí venimos del campo, no vienen de la Ciudad. Hasta los padres que la mayoría no tienen estudios. En el campo los padres no tienen enseñanza ¿cómo van a enseñar a los hijos?"* (Imán). Incluso cuando los padres sí han tenido una educación media en origen, su responsabilidad se limita porque los programas y los temarios no son los mismos: *"Es verdad que en otros hogares es más sencilla la parte de tener que ayudar a tu propio hijo porque la mayoría ya reconoce el temario. Pero en bachillerato ya la mitad de los padres no reconoce el temario. Pero en cuanto a la sociedad marroquí el recibir esa ayuda desde casa es bastante más difícil, porque el padre, la madre, no tiene base del estudio que se hace aquí"*[34]. Aún así, comentan, la familia sigue dando el apoyo, persevera; el sistema escolar, el instituto, no. También el dominio del idioma supone un obstáculo no imputable a los padres: *"el catalán, hablan en catalán y ya no entienden"*. Pero también el castellano, fundamentalmente en el caso de las madres, a menudo con menores contactos con la sociedad en general y con el ámbito escolar en particular. *"Qué se sientan cuestionados porque no se les enseñe el idioma de ellos, no, este problema no..."*[35] aunque

---

33 *"Y como él (un compañero) dijo antes, tú ves que tus compañeros empiezan a tener coche y tal. .qué pasa, que dejas de estudiar para conseguir el dinero. Y esto está mal entre comillas pero es de cada uno"* a lo que se añade *"los padres deben apoyar más, deben colaborar más, deben ir más a las reuniones escolares, deben seguir el caso de sus hijos.*

34 *"Yo tengo mi hermano mayor que también cursó bachillerato pero no terminó. No le gustó lo que hacia. Nunca recibió ayuda por parte del instituto de sigue adelante, inténtalo... Más adelante, cuando se realizó, ya sí que terminó. Recibió apoyo de la familia, pero por parte del instituto no recibió ningún tipo de incentivo"* (Porreres)

35 *"En mi casa hablamos sólo árabe. Lo primero que quieren es que hablen árabe (preguntamos: o sea, que el thamazig queda como una lengua familiar...) Entre los mayores. A los niños les enseñan a hablar y les enseñan a hablar en árabe. Para aprender el islam y esto, con*

en la práctica parece que sí lo es; incluso en pasos previos a la propia instalación migratoria. La enseñanza obligatoria se cumple; también por imperativo legal: la falta de escolarización, a menudo involuntaria, cuando era descubierta por la junta de escolarización en los primeros noventa, supuso más de un inconveniente legal y una cierta puesta en peligro en el proceso migratorio. Pero el imperativo de resolución de las necesidades inmediatas empuja a priorizar el ingreso seguro: *"Los padres quieren una garantía rápida. Si su hijo sale de los estudios, un trabajo rápido"* (Manacor).

Finalmente, 3) Los *profesores deben apoyar más en la motivación de los alumnos:* Y precisamente en este punto adquiere una importancia capital la división entre bachillerato y F.P. Una opinión extendida en todas las sesiones, con matices en cuanto a la intensidad de las afirmaciones, es la de que la Formación Profesional no es sólo una opción de estudios inmediatamente aplicados al terreno ocupacional frente a los bachilleratos, dirigidos a una profesionalización más compleja y a más largo plazo que tiende a desembocar en la universidad, sino un aspecto central del fracaso, incluso identificado a veces con el abandono y con la discriminación. *"Yo pienso que las principales causas de abandono es recursos económicos y también alternativas. No hay orientación a los padres de los orientadores. No hay guía sobre lo que tiene que hacer por las notas que tiene. No hay conexión con los padres"* (Manacor). La sensación es la de que, de alguna manera, se termina por construir una línea de direccionamiento hacia la FP *"cuando está en primero de ESO ya tiene que ir a profesional, no hay motivación: directamente a profesional"[36]*. Se trata de una línea de argumentación que, con matices

---

un niño más hablar árabe, mejor para aprender el Corán y el islam y esto" (Profesor de secundaria, reunión de Porreres). La cuestión del idioma no salió como tema en las sesiones, excepto para hacer una velada crítica al uso del catalán en reuniones escolares y las ya señaladas carencias en algunas madres, en las personas ancianas reagrupadas y en la ya consabida característica de casi todos los imanes. Sin embargo cabe señalar el hecho de la conspicua mayor competencia lingüística de los jóvenes intervinientes en las dos lenguas oficiales de Mallorca (español y catalán) y en el creciente uso y dominio del inglés en la enseñanza postobligatoria entre las alumnas y los alumnos. Por último, en los casos de familias en las que los padres han tenido una formación primaria y secundaria reglada, el francés sigue funcionando como segunda (o tercera en los espacios de influencia amazigh) lengua en Marruecos.

36   *"Entonces el niño no hace ningún esfuerzo. Está esperando que termine 4º de ESO, ya tiene*

o de forma abierta, sale en todas las sesiones: *"Que la responsabilidad es compartida, de los padres tanto como de los centros educativos. Hay una parte que es el nivel bajo de cultura de los padres, están esperando que el niño se hace mayor para ir a trabajar y si apoyan a sus hijo, llegan. Por la parte de los centros educativos quizás la falta de los centros educativos es la orientación. Estaba conversando con ella, insistían para que la llevara a formación profesional, una chica con 15 años, que insisten para que la lleve..."* (Imán en reunión de Sa Pobla). Junto a esa derivación del reparto de responsabilidades que puede presentar alguna contradicción (hay que defender el derecho a la propia cultura y forma de hacer, pero gran responsabilidad del fracaso escolar se deriva de la mala información por parte de los centros y el profesorado que debería frenar la tendencia a la entrada temprana en el mercado de trabajo sin formación), aparecen dos factores en cierta medida soslayados.

El primero es la actitud y la predisposición de los alumnos[37]. En

---

solucionado. Yo le voy a decir una cosa: cuando se trata de formación profesional el centro hace un esfuerzo".

"Yo estudié en santa Margarita y los profesores y el subdirector decían a los alumnos lo que tenían que hacer, y la mayoría trabajaban para una FP realmente. No les apoyaban para hacer el bachillerato. Decían que sería mejor un grado medio, que es más fácil. Pero por unas notas no hay que limitar a un alumno, hay que incitar que siga estudiando... yo considero que los profesores deben ayudar más y dar una mano más" (Sa Pobla). Aunque también tenemos situaciones opuestas: *"En casa tuvimos la posibilidad de tener suficiente condición económica de irme a una academia aparte del instituto en la que formarme en los aspectos en los que peor iba"* (Manacor). La "condición económica" parece soslayar las otras diferencias planteadas: Nada nuevo bajo el sol

37 *"Si quiere estudiar, permitírselo; si no, a trabajar. **No está mal ir a la profesión**, no estamos hablando de eso. **Queremos gente que llegue a la universidad.** Si ves que es verdad que no quiere o que no tiene condiciones de estudiar, no tengo nada en contra, que vaya a una profesión: se pone a trabajar y ya está. Pero si él tiene ganas de estudiar y tú lo estás orientando a otra cosa que no es lo suyo, entonces me estás haciendo algo que no lo veo bien"* (Santa Margalida). Sin duda es una afirmación correcta y absolutamente representativa de una posición partidaria de la libre elección del propio futuro. En el contexto de un proyecto migratorio más o menos colectivo de no más de dos generaciones, basado fundamentalmente en el trabajo de la construcción, cada vez menos el agrícola y el pequeño empresariado además de otras ocupaciones "de complemento" vinculadas a servicios en pequeñas escala (cuidados, apoyos, acompañamientos), se asemeja de manera muy interesante a una actitud muy frecuente entre la población nativa de Mallorca: que alguien de la familia sea universitario. El prestigio se distribuirá entre quienes no lo llegaron a ser.

las tres sesiones se llegó a un cierto consenso respecto a la tendencia relativamente frecuente entre los chicos (no, como veremos, las chicas) a no seguir los estudios. A la ya comentada atracción por el rápido alcance de la capacidad de gasto, se une la mala disposición del profesorado, su incapacidad o el mal sistema legislativo y normativo de la educación en España. Un primer caso de Llucmajor: *"Estuve para ir a Manacor... iba superbién. Para Guardia Civil. Llegué a segundo y ya... Dos opciones: ser maestro o Guardia Civil. No pudo ser, no me dejaron entre comillas. Yo hasta llamé para estudiar, seguir estudiando pero no pudo ser. No pude tener la oportunidad de la nacionalidad. No tengo, pero quiero tenerla. Me dijeron que tenia que tener la nacionalidad para seguir estudiando para guardia civil"* Un caso perfectamente normal de fracaso relativo: carecer de un requisito indispensable para poder ingresar en un cuerpo de seguridad del Estado; sin embargo, al ser interpelado sobre el proceso, la respuesta adquiere un sentido mucho más interesante en el orden de la construcción social del protagonista al ofrecernos nuevos factores de interpretación *"¿Cuánto tiempo llevas aquí?- Llegué a España con 3 años. ¿No tienes la nacionalidad?- No. –O sea, que tú eres de Porreres-. Toda mi vida.-¿No la has pedido?-No la he pedido, osea que no ha habido la voluntad de pedir*[38].

A pesar de reconocer abiertamente que no se ha intentado acceder al requisito (al que casi seguro que se podría haber accedido) la situación se presenta con un velado contenido de discriminación que nos repetirán de manera explícita más adelante.

El otro caso es el de un chico de unos 20 años de edad que había estudiado en Porreres y se pasó en 4º de ESO a un centro de secundaria en Manacor (era el periodo del confinamiento por la COVID). *"tuve una profesora que era mayor, a una compañera no le iba el ordenador en clase de informática. La profesora lo estaba viendo y tiene que ser la primera en saberlo. Tocaba un cable y otro. Le dije que no tiene nada que ver con el wifi. -Si tanto sabes, vienes y lo haces- me dijo. 2 Horas de viaje, te pasa eso con las profesoras... al año siguiente me quedaban 3 -asignaturas pendientes-. Al*

---

38 *"Tampoco nos ofrecieron como a todo el mundo. Lo primero que nos ofrecieron fue jardinería o electricidad, como todo el mundo sabe. No tuvimos la mejor vida como todo el mundo, para tener un buen puesto de trabajo...pero no. A todo el curso, Fueron eligiendo, digamos, a alumnos..para la reunión nos explicaron como era la cosa. Ha habido algunos que no querían...pero no apretaban. Todo el mundo a trabajar en jardinería..".*

siguiente me volvieron a poner a esa profesora de informática, comunicación y tutora. La ultima gota de vaso lo derrama todo, la profesora, dos meses después le dieron de baja. Tiene demasiada edad, no aprendes nada, te tratan así. El trato con los profesores te influye mucho. si algún profesor no tiene el nivel, lo pueden cambiar"[39]. La responsabilidad es de los profesores y del propio sistema educativo español *"que aquí, si no sabe se queda". No lo pueden quitar"* (Presidente Asoc.) Y dejemos que concluya con una magnífica exposición que introduce al tiempo los temas del siguiente punto: la cultura propia, la manera ser y relacionarse por una parte, y el racismo por otra *"Tampoco creo que sea como soy yo, sino como son los profesores, lo dejé por los profesores... **en los árabes no es tan fácil.** Yo tengo confianza con mi madre; con el padre, es el respeto que se tiene. Si yo tengo más complicaciones de hablarlo en casa y voy al instituto y te lo complican más... Porque aunque quieras seguir estudiando no puedes".*

Ese constante velo de trato diferencial se mantiene incluso en casos de éxito y continuidad en la formación. El debate va sobre si la FP es un destino preferente para todo el mundo que presente ciertas características formativas, de tendencia, de posibilidad o se trata de una salida a la que son empujados alumnos por su procedencia o referencia cultural *"No puedo acusar a nadie, pero cuando los profesores te incitan a hacer una FP es porque dan más trabajo, etc., etc. No diría que lo hacen a los marroquíes, pero la mayoría, el 90% de mis amigos han acabado en una FP, de mi entorno. Y eso no ha pasado con los compañeros mallorquines"* La posición de este joven, que además actúa como monitor en la Mezquita, es especialmente interesante en este punto ya que *"desde mi experiencia personal, yo hice bachillerato y estoy opositando a Policía Nacional. Desde mi punto de vista la oportunidad es la misma, esto no se lo quito a nadie, pero cuando estaba en el aula... o marroquí como de otro destino, he tenido muy fácil socializar. Pero dentro*

---

39 Lo dejó en segundo y no continuó estudiando: *"Un bar de Porreres, las horas que dejé de estudiar estuve trabajando ahí, El tiempo que gastas en el trabajo consigues algo de pasta...la mayoría de los alumnos tiene depresión y si no se viene el mundo encima y es por los estudios, porque ve que no llega. Puedes estudiar a los 22 años, no tienes trabajo y para qué vas a estudiar, la inflación y eso, viviendo en el mundo capitalista, el bus, pasa el bus y no consigues nada. En mi caso fue por la profesora: de 60 años, 62 años no te puede enseñar nada. De los 20 alumnos no quería estudiar nada [...] Hace dos años hemos hablado todos, toda la clase, Porque se hace un poco pesao, llegas los lunes, tenías tres horas seguidas de informática, normalmente tienes 5 minutos de descanso entre clase y clase, En los grados medios te lo pasan directo".*

del aula, la parte de socializar de diferentes partes, el alumnado de aquí como el alumnado marroquí, que he sido parte siempre de este alumnado, no puedo fijarme en mí. He tenido amistades de todo tipo". Tanto su experiencia como su buena trayectoria de integración en lo que podríamos definir como un núcleo central de la pertenencia a la sociedad española, no quita para que nos reconozca que *"no incita mucho el buen estudio que una persona, un grupo estudiante que se siente más cómodo, integrado original de aquí, que es el caso del español medio, no puede decir que la sociedad marroquí que está estudiando en los institutos...la diferencia social es muy grande, no se hace una integración. Esto lo he visto, lo he vivido. En el patio estás más relajado, más en confianza, es como lo que separan a marroquíes por un lado y los españoles por otro. No existe esa integración".*

Es decir, entramos directamente en la posibilidad (segundo factor) de que se trate de una discriminación específica, consciente respecto a la comunidad marroquí. Las declaraciones al respecto no suelen ser explícitas, aunque en conversaciones informales y experiencias académicas y personales del equipo investigador son y han sido mucho más frecuentes y contundentes.

Una vez más debemos volver a la epistemología y a la metodología: el formato del grupo de discusión y el de la entrevista en grupo nos han aportado información tanto referencial (aquello que se dice, de qué se habla) como estructural (la manera en la que se habla, qué figuras, metáforas, términos e intensidades se emiten), pero no debemos olvidar que toda investigación es en sí misma una situación social: el equipo de investigación tiene componentes de origen europeo y de origen magrebí; al tiempo todo el equipo -aunque intente evitar continuamente que se tenga esa sensación- representa una posición de autoridad que incluye un cierto poder imaginario como parte de la sociedad de instalación migratoria. Con todo ello, esta *reflexividad* bourdieuniana no excluye algunas interesantes intervenciones. En un momento dado el equipo solicita a un participante una aclaración sobre la continua aparición de la idea de que los alumnos marroquíes, a diferencia del resto, son sistemáticamente dirigidos hacia la FP. Se introduce a partir de recordar que *"no sé si sabéis que desde algunas FPs se puede pasar a la universidad, hay un reconocimiento de los créditos"* (equipo de investigación). Oigámosle desde el inicio: la lógica mediante la que se conectan problemas en principio generales de funcionamiento educativo con la discriminación es importante: "*yo tengo gente que me cuenta esto. Tengo un niño en la universidad, en 4º de ingeniería, y una niña que está en 2º de bachillerato pero ahora no sabe qué va a hacer, no hay orientación [...] está perdida y no sabe qué va a hacer. No hay mucha conexión entre padre y alumno. Y le voy a decir una cosa: cuando se trata de formación profesional,* **el centro hace un esfuerzo enorme, en ese caso quiere** *que el alumno tenga todas las informaciones para elegir ese camino.* **El centro lo está conduciendo a ese camino**. *Me pasa con mis hijos. [....] tiene, no digo la culpa,* **pero tiene una responsabilidad en lo que está pasando, y sé que no van a contar la verdad: porque no es igual, no, de este país o un extranjero** *(...) porque a mi hijo le han hecho una cosa y al otro, que tiene la misma nota, no lo ha dirigido hacia la FP"..."todos tenemos el mismo derecho pero en este tema, hay muchos extranjeros que lo están notando.*" (universitario en Marruecos (licenciatura) y en España -UIB Mallorca- (postgrado)).

¿Hay racismo, xenofobia, migrofobia, islamofobia o, más específicamente, marroquinofobia? Sin duda sí en los discursos y los comportamientos cada vez más extendidos en la esfera pública; en los hechos concretos de los que estamos tratando debe matizarse y cabe diferenciar entre normativa general, su aplicación y la percepción de que no se aplica o se aplica desigualmente según la procedencia o, mejor, la construcción social del otro. El rechazo, el trato y la relación desigual y discriminatoria en el ámbito laboral continúa[40]. Nos explica

---

40 La actual legislación de extranjería en el estado español (1985) discrimina; en el sentido propio del término: tratar de forma diferente según clasificación previa derivada de -en este caso- la nacionalidad de origen. Las sucesivas pequeñas reformas a veces mejoran algunos aspectos y crean al tiempo más dificultades en otros ámbitos. Pero es la tendencia cada vez más restrictiva respecto a derechos de los extranjeros extracomunitarios de los reglamentos de aplicación (la última modificación de este mismo año, 2024) la que afecta de forma mas negativa la inserción. Los acuerdos y planeamientos generales sobre extranjería, refugio y migración de países terceros en la UE son aún y cada vez más restrictivos y limitadores; particularmente por su tendencia a identificar la migración regularizada con la vigencia de los contratos de trabajo, buscando -a veces de manera explícita y pública en concordancia con el crecimiento de los discursos de la extrema derecha y su influencia en los gobiernos de Europa- evitar la inserción, la permanencia, la reagrupación y la normalización de las migraciones como la forma en la que siempre se ha construido el mundo. La normativa escolar, la protección de menores y los protocolos y reglamentos de funcionamiento escolar, desde primaria a la universidad, sin embargo, no discriminan excepto por las convalidaciones y

un miembro de la asociación en la reunión de Porreres "(racismo al buscar trabajo) *sí, sí, hay mucho. Siempre, cuando ves que hay un nombre en árabe, ves Mohamed, siempre hay un poco"[41]*. Pero, dentro de la misma conversación, reconecta de inmediato con el trato respecto al redireccionamiento hacia la FP: "*muchos padres también dicen que les obligan a ir a la FP, que le ha llamado la profesora durante la COVID: tu hijo tiene que ir a grado medio, y él dice que quiere que siga, **que no pare**...le llaman una segunda vez e insiste en que se desvíe al grado medio. Su hijo se lo ha comentado: - cuando le he dicho que <quiero>, su cara ha cambiado, la reacción se ha quedado riendo. No sé por qué- **no sé si hay alguien detrás que hay alguna norma que los empuja a estos maestros que obligan a los alumnos -.** Que les dicen que en acabar ESO no les van a dar el título, no sé por qué*".

En la reunión de Manacor se corrobora esta opinión aplicándola incluso a la admisión o rechazo velado en los centros de escolarización preferencial "*se va estereotipando y a poco a la comunidad marroquí: vosotros tenéis necesidades especiales, los otros no* (glosando la actitud extendida (según su perspectiva y experiencia) entre el profesorado). ***Pero se aprovecha para seleccionar:*** *los que sólo hablan árabe o chino o ruso, los distribuyen: no necesariamente en el* (el nombre de un instituto de la población con mayor prestigio) *aunque vivas en esa zona y te corresponda*".

La sensación de rechazo por la procedencia y el problema de la inserción en la sociedad a pesar de la voluntad, la actitud y su expresión, queda finalmente subrayada en esta declaración de Manacor "*Yo intento integrarme donde sea. Tengo un hijo que está jugando en el Básquet Manacor desde que tenía 4 años. La integración la estamos buscando **pero cuando te ven de otro ojo, tengo que pensar: no me quieren, no me quieren.** Esa cosa pasa, a mi me pasa muy poco, tengo mucho respeto con gente de aquí, tengo amigos españoles, no tengo ese problema, pero estoy viendo otra gente que sí. Otra gente que le provoca el sentido de que no puede. Problema de comunicación, del idioma y de los malos entendidos crean problemas de comunicar bien con ellos. Y esto*

---

el reconocimiento de créditos de titulaciones y estudios superiores con ámbito que incluye casi a todos los países no comunitarios e, incluso entre éstos, aquéllos que no se enmarcan en el llamado Acuerdo de Boloña, del Espacio Europeo de Educación Superior, universitaria. Por ahora y si nos atenemos a las leyes tal y como están actualmente redactadas y firmadas; a nivel estatal, europeo y de la propia ONU.

41 Y añade que "*esto no es sólo aquí, en España, por toda Europa*".

provoca que el otro no lo acepta, porque no comunica bien. O no le sabe hablar, o a lo mejor tiene un poco de nervio, porque como no sabe explicar una cosa...no es así la persona: todos tenemos hijos y queremos lo mejor para nuestros hijos. Como tienen los sistemas de tratamiento que te traducen. Los centros no tienen eso".

b) AMIPAS y sistema educativo. La universidad también presenta problemas

Esta pequeña lección magistral sobre cómo se vive y se produce la discriminación, incluyendo la vieja idea del "malentendido cultural" y el dislate autobiográfico que recalifica como situación que le han contado, nos trae al cómo se establece y se desarrolla la comunicación entre los padres y los centros educativos.

La participación en las AMIPAS (asociación de madres y padres de alumnos) supone un marco esencial de transvase de comunicación y de propuestas de seguimiento y acción entre los padres y los centros educativos (profesores, tutores, directores). Sin embargo parece que también en este punto surgen algunos problemas que reconocen los propios miembros de las mezquitas *"a algunos por las condiciones económicas* (habla de familias de ascendencia o referencia marroquí y su relación con el sistema educativo), *necesitan apoyo económico... pero participación en las AMIPAS muy poca, lo vemos, muy poca. Cada trimestre se llevan reuniones. Algunos no asisten. A alguno falla la comunicación con los funcionarios... la culpa, porque los funcionarios también deberían citar a los padres, tampoco los pueden dejar..."* (Manacor)[42].

En Porreres las percepciones y propuestas no difieren demasiado aunque el *"Ninguno, muy pocas"* sobre participación de padres y madres en las AMIPAS subraya el absentismo parental: *"yo no sé si algún padre alguna vez va a ver cómo va su hijo. Yo no he visto nunca esto. Un señor*

---

42 En ese limbo entre quién tiene la responsabilidad y quién no... o no del todo, insiste *"...Yo me puedo preocupar, pero los funcionarios también deben interesarse en dar la información* (recordemos que acaba de afirmar que los padres van muy poco a las AMIPAS y a las citas con los tutores). *Porque hay junta escolar, y los padres también tienen responsabilidad. **Por eso desde el principio la solución está en los padres, en los centros y en los señores del comité de los investigadores** <*nosotros> *Sin estas cosas, nunca. **Los éxitos no vienen por casualidad, sino con trabajo"***. Sabia conclusión, sin ningún género de dudas.

que me acompaña –señala a un hombre de mediana edad a su lado, que entiende pero no se maneja bien en castellano- **FP no les dan lo que quiera. Incluso apuntado en la misma fecha que otros.** *No sé por qué, que lo mandan a otro sitio. La primera opción, la segunda y les dan la tercera. Cuando fue a reclamar le dijeron: no hay plazas, pero él se ha presentado en la misma fecha que los otros que han presentado la plaza"*[43]. Y sin embargo se subraya una vez más la intención patente de participación, de integración, de colaboración: *"Para entrar en la PIMA* (sic por AMIPA), *siempre pago la PIMA a mis hijos. La comunicación de la PIMA con nosotros es nula"*[44].

Obviamente se está produciendo una confusión de funciones y de organismos entre la Asociación de Madres y Padres de Alumnos/ AMIPA) y Juntas de Escolarización, profesores Tutores, Claustro de Profesores; confusión que se repite en intervinientes que tienen formación suficiente para discriminar entre unas y otras *"la mayor parte de los problemas para los padres es la cultura: no pueden apoyar a sus hijos. Aunque hayan estudiado la cultura es diferente. Y algunos, no todos, a lo mejor no les importa porque lo que necesita es apoyo económico. Participación en las AMIPA... y algunos falla la comunicación por el catalán"* (Sa Pobla). Por lo que cabe presumir que hay una cierta responsabilización general al "sistema" de escolarización y a la ausencia de consideración del hecho de las condiciones iniciales y las dificultades específicas de la población migrante: *"Los problemas de falta de información son para machacarte. Cuento*

---

43 Y añade tras la explicación de uno de los investigadores sobre que eso ocurre en general, que afecta a todos los alumnos y que en el mercado laboral mallorquín suele ser la norma dada la carencia de puestos para licenciados " *Puede ser uno de los problemas que los alumnos no llegan a la universidad. Que el profesor admite y dice que es lo que acabará haciendo tu hijo"*

44 *"A través del GESTIC* (una aplicación oficial), *la única comunicación. no hay otra, no hay teléfono. No puedes llamar al centro. Desde la pandemia, Hace que la cosa se ponga más grave porque no hay comunicación. Cuando están mis hijos en primaria, puedo llamar al profesor, puedo hablar con él. Ahora* (la secundaria) *ya son muchos profesores, hay un tutor y sólo nos dan los lunes de tal hora a tal hora. Si no lo coges no puedes verlo,* **y si yo trabajo a esa hora...** *No hay manera el problema de la conciliación".* Dos observaciones: lo que narra es cierto y es motivo de protesta también por parte de los profesores mismos; sin embargo parece reivindicarse como agravio específico a la comunidad marroquí. Segundo, no hay madres, no hay mujeres a las que (en éste y en todos los demás campos) les afecte la conciliación.

los cambios de las leyes educativas y la LOCSE[45]. Los profesores no saben lo qué hacer, no sabemos lo que tenemos que hacer. Sobre todo las AMPAS: que se exija que las escuelas den cursos sobre todo esto. Derechos y oportunidades, posibilidades bien informadas" (Porreres). Responsabilización que, finalmente, se extiende a la enseñanza superior y especialmente a la universitaria: *"cuando llegué aquí, a España, en Marruecos tenia la licenciatura Relaciones Internacionales y cuando llegué aquí me matriculé aquí en Mallorca. La isla está en el turismo y matriculas, claro, en Derecho de Turismo en ese momento. Nivel más alto, licenciatura y después programa de doctorado y todo esto. Aquí había un montón de especialidades. Pero mi punto de vista tenemos que pagar la matricula importante:* (se comparan los dos sistemas universitarios*): gratuito en Marruecos, pagar la matrícula aquí no son ricos para pagar la matrícula. Cada año tiene que pagar la matricula, venimos de un país donde los padres no son ricos para pagar la matrícula, en su momento que me costaba, en 2011, unos mil euros, no tenemos. Saco una tarjeta de estudiante y entonces hay obstáculos para trabajar. Aquí hay alumnos que han salido al mercado de trabajo, porque tienes una edad, hay unas responsabilidades ves una familia, ves una cosa delante, claro otros estudiantes que han ido que aquí para salir adelante es un poco imposible y van a otros países que son Alemania, Holanda, Francia Bélgica, son los países estos... todas las personas que conozco yo, 95% han llegado al objetivo: porque aquí no pueden seguir. Según los ejemplos que tengo, llega un estudiante preparado hasta un nivel. llega a otro país. Qué hay ahí, el estudiante preparado. Te da una oportunidad de seguir estudiando y la misma universidad busca un mecanismo que el estudiante puede trabajar también, ganar dinero. No gasta, invierte. Para que éste no abandone tenemos el interés que puede seguir estudiando y el apoyo. y sin pagar la matrícula. y terminan sus estudios y acaban en niveles muy altos. Yo tengo aquí mis niños estudiando también. ¿Si los padres no tienen la base, puedo ayudar en matemáticas? España no tiene este mecanismo y los padres tiene que gastar en esto... y están con el alquiler y todo esto... tienen para dar comida a los niños y ya está. Los que han ido en esos otros países han avanzado mucho más y aquí no. ¿Por qué? y aquí no van bien"* (Santa Margalida). Larga pero sustanciosa cita que coincide casi al cien por cien con viejas reivindicaciones de los propios nativos.

---

45 Se trata de una vieja ley ya superada por otras. La vigente es la LOMLOE. Probablemente se trate de un error involuntario en una conversación relajada, o icluso de oído del transcriptor de la grabación.

c) Dentro de las Mezquitas: la otra educación y la socialización

Hemos visto las opiniones desde la mezquitas, la visión y la descripción de la situación educativa, del abandono, de la sensación de encarrilamiento preferencial de las y los jóvenes de ascendencia o referencia marroquí hacia la Formación Profesional con relativa independencia de sus capacidades y deseos (con matices, sin duda en la insistencia sobre esta idea), pero hasta ahora no nos hemos adentrado en *el habitus*, en esa visión del mundo que toda institución (familia, mezquita-iglesia, colegio, juegos, trabajo, oficio) genera en el proceso de socialización y que "compite" con las que otras instituciones, vivencias, realidades e interacciones sociales "pugnan" por instaurar. Cada *campo social*, nos dice Bourdieu, supone un espacio de competición, de lucha en la que se es o no admitido y se circula y se consiguen mejores posiciones en función de los dominios de los diversos "capitales" propios de cada campo y de cada momento histórico: el *capital económico*, el *capital cultural*- y dentro de éste el institucionalizado bajo forma de títulos y reconocimientos- el *capital social* (las relaciones, las redes sociales, las pertenecías y las exclusiones, los recursos interactivos) y, finalmente *el capital simbólico*, En este último radica, fundamentalmente, la posición en las relaciones de poder: cómo se es considerado, cuáles son los espacios y los ámbitos en los que se puede entrar o no, cómo se es construido desde la sociedad en la que se reside.

La mezquita y su comunidad es constitutiva de un específico *habitus*; o, al menos, pretende constituirlo, reproducirlo; su mundo constituye un *senso comune*, un sentido común gramsciano[46], es decir, un marco común dotado de un sentido único dóxico para todas y todos, tal que ni se puede pensar en ser cuestionado y que en realidad está compitiendo con otros muchos sentidos comunes y, por tanto, con muchos más *habitus* de los considerados o dominantes en los espacios y marcos sociales de origen: la mezquita busca eso en un nuevo universo en el

---

46 Aunque en el lenguaje habitual no se suele entender precisamente lo qué se está diciendo con este termino, sino *aquello que debe ser la norma incontestable y universal de comprensión, pensamiento y comportamiento...* O sea, lo mismo pero sin la conciencia crítica de su contextualidad, de su temporalidad y de su función de dominación y disciplinamiento que los individuos y los grupos tienden a asumir en sus vidas cotidianas.

que no es "connatural", absorbida; un mundo que ya no es aquél que ya *estaba allí* cuando se nacía, como las rocas, los árboles, el viento y el sol. Y que articula un capital en exclusiva: el capital religioso, que no se restringe a esa parte que Mircea Elíade marcaba como *lo sagrado* frente a *lo profano*, sino que incluye a ambos, a la moral, al sentido de la justicia, del deber y del poder ser y hacer. Y, a la postre, que de una u otra manera y con diferentes intensidades marca el hecho de continuar siendo marroquí en otra tierra; al menos en parte (y de forma diferente). Fatema Mernissi lo expresaba muy claramente en su sociología emancipadora que, para serlo, no podía prescindir del mundo simbólico y espiritual del que procedía.

"Tal y como lo dice el Corán: hay que estudiar, empuja a la gente a reflexionar sobre esta vida y a pensar: Buscar conocimiento es una obligación para todo musulmán" (Imán, Manacor). El primer objetivo de la Mezquita y del Imán es el de transmitir el conocimiento del islam, del Corán, de la Sunna, los Jadices a la comunidad. Eso es lo que le confiere su sentido específico como Umma, comunidad de creyentes. Por ello todas las mezquitas con cuyos miembros hemos hablado (en la investigación en profundidad y en contactos generales, en el cuestionario reflejado en los cuadros anexos) insisten primordialmente en este hecho así como en la importancia de su transmisión a través de la enseñanza desde muy pequeños (normalmente al menos desde los 6 a los 16 años). Y ésta se lleva a cabo en árabe (la lengua del propio islam) y se materializa a través de la recitación de las suras coránicas. La oración, individual (la oración de cada fiel no necesita de la mezquita: todos los creyentes son equidistantes de Alá y se relacionan con él directamente) no exime de la colectiva, al menos los viernes, en el recinto sagrado de la mezquita: la oración colectiva es la culminación del sentido de comunidad. Así, la Asociación de la Mezquita sólo tiene la función de *"llevarla y ordenarla"*, *"-no tenemos otros derechos de mandar fuera, nada"* No ofrece informaciones sobre ofertas de trabajo, cuestiones legales *"No. Sólo enseñar a los niños que vienen a aprender árabe, Corán y eso. Todo lo del Islam. Pero todo dentro de la Mezquita, no tenemos derecho fuera"* (Porreres). Todas las sesiones, sin excepción, insisten en señalar esos límites espaciales y de contenido. Probablemente los crecientes discursos islamófobos requieran de estas aclaraciones delimitadoras de los ámbitos legítimos de influencia.

Los niños, a veces desde los 4, otras a partir de los 6, son el objetivo central de las enseñanzas coránicas; realmente como ocurre en casi todas las religiones -las abrahámicas sin duda- que declarativamente son de conversión, pero en la práctica de transmisión. En todas las mezquitas (ver cuadro) las agrupaciones suelen ser mixtas y sólo se observa la división por edades y por niveles de conocimiento y competencia idiomática y de comprensión de los textos sacros. A partir de los dieciocho, como máximo *""no, no vienen a aprender árabe. No, vienen a oraciones sólo"* (Porreres)[47]. En cierta coherencia con estos límites de edad, junto a otros factores que hemos indicado antes, los no islámicos lógicamente suelen tener poco contacto con las mezquitas estudiadas; pero incluso los que sí lo son, aunque *"sí, sí, todas, todas vienen* (nacionalidades), *sirios, todos los árabes... Había algún español. Aceptamos a todos"*, suelen acudir a otras mezquitas.

Una cuestión ineludible es la de la conciliación: no sólo -ni principalmente- entre padres y alumnos, sino entre horarios escolares y horarios de las enseñanzas de la mezquita: *"Sí, horas extra, por la tarde, que no influya en el descanso. Prefieren el sábado o el domingo. Las tareas de miércoles y viernes de una hora y media para no cargarlos"* (Llucmajor) con la ineludible competencia espaciotemporal, no de la propia escuela, ni siquiera de alguna otra actividad que los alejase de la enseñanza y creencia de sus padres, sino del deporte *"El problema es con las actividades extraescolares, deportes, etc.: ni un día libre. No estamos cerrados en la Mezquita, trabajamos un poco en el ayuntamiento por los niños..."* Pero del inconveniente de la hiperocupación se llega al gran problema al que las mezquitas se enfrentan: la pérdida de tiempo[48]: *"Hemos encontrado*

---

47 *"De cinco para los quince: a los quince también abandonan. Solamente la oración a partir de los 15 es la relación que queda con la Mezquita"*(Muro) Los grupos de edad, las generaciones y los marcos culturales de ruptura, tan universales como cabía esperar. Y estamos esperando de unos 120 alumnos de 5 a 15 años divididos en 4 grupos.

48 Lamentamos no haber transcrito ni haber conseguido lo que un miembro de la asociación de Llucmajor nos dijo en árabe, y que sería el equivalente al castellano "Cuando el diablo se aburre, con el rabo mata moscas". La más clara y expresiva descripción de lo que nos está refiriendo. La ocupación del tiempo, la evitación del ocio, impedir el aburrimiento, son mecanismos educativos-reproductivos que la cultura judeo-cristiano-árabe cultiva en sus diversas formas, constituyendo la base del comportamiento moralmente prescrito. Y en muy grande medida se ha trasladado al más moderna idea del *emprendedor*, ahora tan en boga.

niños que no tienen nada que hacer, que van por drogas, o se van a la calle... *organizarles un poco que hagan deporte... Pero el director* (de los espacios deportivos) *dice que lo tiene todo completo. Te lo alquilan. No pueden: monitor, pagarlo, seguros"* (Llucmajor). Una vez más la segmentación (menor capacidad adquisitiva; *"los de aquí primero")* aflora en el lenguaje y en la descripción de los pequeños problemas.

O no tan pequeños: los *"ni-ni"* (aquellos jóvenes que no estudian ni trabajan) constituyen una preocupación de las asociaciones de las mezquitas y de los imanes: al fin y al cabo suponen un peligro, una falla moral en el sistema. Al ser interpelados sobre la manera en la que trabajan con ellos, las respuestas son inapelables: *"el marrón se lo comen los padres. La mezquita ayuda, puede dar consejos, pero siempre son los padres los que deben llevar el peso"* (Sa Pobla). No es la primera ni será la última ocasión en la que aparezca este atisbo de mayor implicación de los padres, de más intensa asunción de la responsabilidad moral de la familia respecto al comportamiento de los hijos que hemos observado tantas veces en el Riff marroquí y en general en las sociedades del Magreb. Nos dice un Imán de la misma reunión: *"Entre nosotros no puede ser como en España, que llega a los 18 y, ¡hala!, ya puedes ir. Entre nosotros, si no tienen trabajo, quedan con los padres. Aunque tengan 30 o los que tengan"*[49].

Esa preocupación se manifiesta antes incluso de la finalización de la escolarización obligatoria: en la llegada inicial al espacio migratorio por reagrupación familiar *"el niño tiene dificultades para la integración escolar y la adaptación. No les dan el mismo nivel que tenían en Marruecos. Yo, uno de ellos, he venido con 12-13. Mientras aprende a hablar, ya le ha pasado el tren y está en la calle: mientras aprende o no aprende, ya hace los 15: a trabajar. Puede ser una de las causas por el abandono escolar. La primera generación y la segunda..."* (Sa Pobla. Miembro asociación). La primera generación a la que se refieren llega a principios de los 90; la primera ley migratoria data del 85 y no contemplaba la reagrupación familiar (ni se la planteaba); cosa que sí hizo la del 91. Fue entonces cuando se tuvo en cuenta la

---

49 La indicación estadística de que el Estado Español es uno en los que más tardan *los polluelos de volar del nido* (por encima de los 30 años) no parece alterar la anuencia general de los participantes a la afirmación del Imán: al fin y al cabo se trata de un canon moral y no de la constatación de un mal futuro laboral que permita la independencia de las circunstancias económicas generales y que afectan a todos al margen de los referentes culturales.

cuestión de la escolarización de los niños: se produjo la apertura de los contingentes de migrantes, cuyo número era previamente establecido en base tanto al específico origen como al destino concreto, con contratos de trabajo en origen... hasta la crisis (2008). Se trata de una época de acogida muy importante que incluye a los descendientes. El mismo interviniente, tras establecerse una discusión entre varios de los presentes (inicialmente en árabe, lo que implica algún nivel de exclusión de los investigadores sin duda no consciente), reconoce que *"las aulas de compensación en el 2000. Sometían a los chicos y chicas que llegaba, Yo he estado en una de ellas."* Un miembro del equipo, a su vez antiguo migrante de los 70, recuerda: *"Había muchas aulas de acogida. Ahora no hay nada. Toda aquella acogida: formación profesional, idioma, cursos por todas partes. Sabemos muy bien que con la reforma de la ley de extranjería de la regularización por formación*[50]*...o arraigo presenta un proyecto... me voy a formar en peluquería.... pero vete a ver quién te da ese curso de peluquería. No hay. Es una situación más compleja..."*.

Según definimos al inicio de este capítulo las Mezquitas y, sobre todo, dado el notable incremento y variedad de sus funciones y tareas en la migración, cabría esperar una activa relación con los padres de los niños y niñas así como con la juventud. Acabamos de oír como, al menos en las declaraciones, parece no ser demasiado intensa en el campo de la escolarización y del seguimiento. *"Sí, aquí hablamos toda la gente e intentamos de concienciar a la gente de que los chicos tienen que estudiar"*. No parece sin embargo que se hagan reuniones específicas, ni siquiera periódicas preestablecidas *"cuando empiezan las clases, cuando empieza el sábado, el domingo, sí que hablaba de esto"* (Imán).

El interés y práctica de la relación parece centrarse casi de forma exclusiva en la educación religiosa, cultural, idiomática: es decir, en la reproducción, en (al menos esa parte del) habitus de origen que establecería el mantenimiento de la identidad y de la comunidad. La impartición de la religión, además, aparece en cierta medida segmentada: la que se imparte en la mezquita y la que se da en los colegios. No encontraremos en lo que sigue ni confrontación ni crítica explícita alguna; al fin y al cabo ese doble sistema permite reforzar, mantener esa

---

50 *Personas sin la documentación exigida, pueden obtener su regularización mediante aprovechamiento de una específica formación debidamente contrastada para insertarse en el mercado de trabajo o establecerse como autónomo o pequeño empresario.*

formación moral incluso con parte de aquellos que tienden a desligarse del ámbito de la mezquita. Sin embargo, sobre todo en lo que atañe a la formación, la exigencia y el reconocimiento de los formadores si se intuye alguna idea respecto a cierta pérdida de control, de prestigio, de reconocimiento. Y no tanto en relación a las normas e instituciones españolas como por la que se establece (o no) con las instituciones y prácticas oficiales del propio Marruecos. Es quizás muy sutil, pero importantísimo respecto a esa parte del papel de la mezquita como reconstructora de la comunidad de origen y el mantenimiento de cierta segmentación respecto a otras, que han sido observadas y documentadas a menudo, particularmente, en el propio Riff[51] .

Un rápido repaso que, ahora, presentaremos por sesiones. (consúltese en este los cuadros anexos correspondientes).

Sa Pobla: Qué se imparte en la mezquita: *"Yo te hablare de la mezquita de Sa Pobla. Nosotros tenemos 3 aulas, 3 profesores. Están con sus mesas. Tenemos 260 alumnos . Sólo un día libre, 2 horas cada día por la tarde. Las 3 profesoras. Enseñan la cultura, el idioma árabe y la religión islámica también. Esto es bueno, da a los niños para que aprendan más. Los educa más, esto es bueno. Es parte de la educación. Lo pagan los padres"* (presidente de la Asociación de Sa Pobla). Son los padres los que pagan esa educación "propia" mediante la aportación regular al funcionamiento de la mezquita. Claramente, a tenor de las posibilidades económicas de los fieles, esta única fuente puede suponer problemas para el mantenimiento de esa actividad, que incluye la contratación o, al menos, algún tipo de compensación económica a los tutores y profesores. Los sistemas de ayudas a los cinco niveles (Ayuntamientos, Consejos Insulares, Gobierno de la Comunidad Autónoma de las La Islas Baleares y la parte marroquí (Consulado, Ministerio, Fundaciones, Gobierno) suelen prever algún tipo de subvención, bien de apoyo salarial, de financiación de infraestructuras o de cesión de espacios específicos. Sin embargo, cuando se interpela a tres mezquitas (Sa Pobla, Muro, Santa Margali-

---

51 David Hart (1976), *The AithWaryaghar of the Moroccan Rif: An Ethnography and History* Viking Fund Publications in Anthropology; Germain Tillion (1966). *Le Harem et les cosins. Essais.* Alejandro Miquel (1996) *Un soc al plà. Una aproximació a la població magribí de Sa Pobla (Mallorca).* Colección Notextos. Govern Balear.

da) sobre si han pedido alguna vez ayuda, sus respuestas son tajantes:: *"Bueno, ayuda económica nunca. Pero lo que he pedido, presentado la solicitud a la Conselleria de Educación en Palma, ahora que hay que quedar los de clase de educación islámica en los colegios público… hace casi dos años y hasta hoy no hay comunicación"*. Redirigiendo desde la institución local a la mixta directamente relacionada con la transmisión y el mantenimiento de la formación religiosa, la Comisión Islámica Española[52], la posición es algo más abierta y, una vez más, intencionalmente dual *"No, no recibimos en Santa Margarita", "y Muro tampoco, no"* y se itera si lo han pedido *"no, nosotros nunca lo hemos hecho. No hemos pedido nada"* (Santa Margalida) *"la he pedido, pero no por escrito; Para una parte de los profesores que tenemos aquí o, al menos, que den parte de los materiales"*(Muro). Un miembro de la asociación de Sa Pobla matiza cuando insistimos en diferenciar las instituciones locales y autonómicas de las del propio Marruecos y, particularmente, del consulado *"Con el consulado aquí tenemos dos profesores: esto es un convenio de la fundación* (la Fundación Hassan II) *y la Conselleria[53]. Pero esos dos profesores, por ejemplo, solo vienen algunas veces aquí a Sa Pobla. Viene sólo dos veces a la semana para enseñar a 20 alumnos. Porque no puedes más que una hora. Luego va a Inca[54]. Hay solicitud al consulado para que traigan más, pero dicen que no hay. Hay 45 alumnos que estudian sábados y domingos[55]. Organizados por grupos de edad y el nivel de estudio también. Chicos y chicas juntos. 6 grupos. En Muro y Santa Margarita 2 grupos". "Había un convenio*

---

52 Recordemos, organismo central de formación, certificación y autorización de las personas dedicadas a la formación religiosa tanto en la enseñanza obligatoria como, en teoría, en las mezquitas en el Estado Español.

53 El equipo investigador conocía ese hecho, pero no lo expresó directamente por la iterada característica del Grupo de Discusión: favorecer pero no instar a que salgan los temas o se corrobore lo que conocemos objetivamente. Insistimos: buscamos saber como piensan y se relacionan, cuáles son sus posiciones y actitudes, no lo que saben o ignoran.

54 A unos 17 quilómetros de distancia. Las distancias en la isla (puede que en toda isla) son diferentes a las del continente. Una distinta percepción del espacio/tiempo. El marco comparativo viene a imponerse al propio sistema cognitivo y, una vez más, el *habitus* lo incorpora como parte inconsciente de la cultura balear que forma parte de la nueva migratoria.

55 Recordemos la intención de no hacer coincidir los estudios de la Mezquita con los de la escuela o el instituto y, al tiempo, la de no sobrecargar a las niñas y niños con más tareas y obligaciones.

con la Comisión Islámica, había un convenio con la conselleria, algunos colegios que aceptan. Aquí en Mallorca han aceptado 3 municipios, pero normalmente en los pueblos donde hay más chicos árabes no hay. Porque cada uno debe tener su derecho" (Imán). Colofón importante al tema: mezcla (¿intencional o no?) de la educación religiosa reglada y la de la mezquita, luego la controlada desde el exterior de la mezquita y la propia; agravios comparativos a los lugares pequeños con alto porcentaje de niños marroquíes y los correspondientes necesarios desplazamientos.

Sabemos qué se imparte. Veamos quienes y que formación tienen[56]: *"Tenemos 3 monitoras. Hay una o dos que tienen universidad y una bachillerato. No se ha pedido nunca que se haga formación pedagógica para que pueda mejorar la calidad. No van a enviar nada* (comentamos el convenio con universidades españolas para enseñanza islámica) *no, nunca."* (Imán).

Manacor. Las materias que imparten vuelven a ser las mismas. En ningún caso hemos encontrado diferencias al respecto *"dos días a la semana: sábado y domingo, 2 horas. Tenemos 650...* (pregunta al que actúa de segundo en la Asociación) *¿cuántos tenemos en la lista de espera? 25 ó 30. Ni lo apuntamos, no podemos meter más niños. Falta de espacio y recursos"* (pres. Asociación de la mezquita). Preguntamos si no tienen algún técnico que busque esos recursos, que busque dónde se falla para solucionarlo. El Imán responde taxativo *"te lo decimos: nosotros sabemos donde fallamos. Está ahí, pero no podemos hacer nada. Tenemos 650 alumnos y tenemos espacio muy reducido".* Una vez más se insiste en buscar la manera en la cual podrían resolver estas carencias y su vinculación a la solicitud de ayudas y subvenciones, de forma diferenciada, pero *"¿no se ha hecho ninguna solicitud al Consejo* (Consell Insular) *para apoyar la formación de los monitores. o una* petición al estado marroquí? *Sí, no...hace tiempo. No sé quien es ahora el cónsul... en el Ayuntamiento no mucho".* De nuevo el mantenimiento de la autonomía de la mezquita en la trastienda argumental. Y, como en la anterior reunión, el paso inmediato a la educación religiosa en la escuela reglada obligatoria *"eso funciona de otra forma, por el acuerdo del 92, Eso es la*

---

56 Recomendamos consultar los cuadros anexos mientras se procede a la lectura de este apartado para tener una visión completa y comparativa de la situación de las enseñanzas de los mezquitas, sus dimensiones, a quienes y cuantos incluye y las capacitaciones certificadas (el *capital cultural institucionalizado* de Bourdieu) de quienes las imparten y sus condiciones laborales o de voluntariado.

Comisión Islámica: se está dando clase en 4 o 5 centros. Eso es la Conselleria (pasa a la formación y titulación requerida para impartir en los colegios) *tienes que tener la formación y el C2 de catalán*[57] *y te presentas. Pero el visto bueno te lo tienen que dar la Comisión Islámica también".*

Y aquí concluye con la única mención – y velada, indirecta- al otro elefante en la habitación que nadie más en las sesiones con las mezquitas ha mencionado (a diferencia de lo que acontece con el resto de informantes) *"que es lo que toca para que no te metan a cualquiera ahí…",* explicación que, después de reflexionar un instante, reinstala dentro, en su mezquita, pero introduciendo un argumento hábil e interesante que hasta cierto punto justificaría su esperada transgresión *"Eso funciona así también en la Mezquita. También en la religión católica, ahora creo que por falta de profesores también hay filósofos que están dando clases de religión católica. Pero en la religión islámica no pasa esto. Los consejeros, Martí March*[58] *y eso no querían en grandes conglomerados como Manacor, sino en sitios como prueba piloto, que en los grandes fuese como efecto llamada que ellos tenían miedo. Nosotros no lo compartíamos, pero bueno… más vale prevenir.* (Preguntamos tras repetir el sistema de adscripción de profesores de religión islámica en función del número de matriculados que lo requieran, y mantener al tiempo los derechos de matrícula preferente por cercanía y matriculación previa de otros miembros de la misma familia). *"Es complicado en Manacor, es casi imposible cambiarse de centro. En Manacor intenta distribuir, se hacen entrevistas. "* (Presidente Asociación).

La explicación de nuestra observación anterior sobre la sibilina manera de afrontar el tema se concreta de inmediato *"para dar clases en la Mezquita consideramos tienen que tener un poco de formación religiosa y un poco de árabe. Dos cosas, nada más no exigimos".*

Las ayudas y la "pérdida de autonomía" también aparecen en esta sesión; y como era de esperar, articuladas en la habilísima dialéctica de las otras veces: *"No, nada, nada* (sobre el posible apoyo de la CIE). *Esto*

---

57 La formación es la requerida por la CIE que indicamos en el apartado "Las Mezquitas en España" y el C2 es el nivel de competencia en lengua catalana certificado que es imprescindible para impartir clases en el sistema público de enseñanza en las Islas Baleares.

58 Martí March Cifre, consejero de educación del Gobierno Balear desde el 2019-2023.

del ministerio es un misterio[59]. *Nada, nada. Los padres de los alumnos, damos una cuota anual que nos permite comprar libros, pagar los profesores, tener lo que tenemos. Y desde el Estado Español, Gobierno, Comunidad, Ayuntamiento: nada, nada, nada".* Y la pregunta, otra vez, no se hizo esperar: ¿Se ha pensado alguna vez pedir el apoyo? *"Estamos pensando la directiva, si pedimos una escuela, un local, porque aquí en la mezquita repartimos en 6 clases y es muy pequeño... la directiva antigua no sé si lo ha intentado... sin ninguna insistencia informal"* (presidente reciente de la Asociación de la Mezquita). Igualmente no reciben material escolar, ni libros. *"No, se encarga la Mezquita de comprarlo: no desde la Comisión Islámica ni desde el Ministerio de Marruecos... todo se hace del Consulado, sólo. Y dicen que este año los inmigrantes pueden aprender religión islámica en los institutos...* (Joven voluntario universitario de la mezquita). Se capta una cierta (e interesantísima) ironía. Precisamente sobre la religión en los centros de educación pública surge una crítica -en esta ocasión- abierta: *"Las juntas de escolarización evitan las escuelas pijas (sic.* por concertadas religiosas, en las que sin embargo han cursado alumnos y alumnas marroquíes con éxito académico) *y concentración de islámicos para tener derecho de clase de religión. El problema del desplazamiento".* Quien habla se presentó para impartir estas clases, pero *"no me salió. Me pidieron estudiar más y les digo: <a ver si voy a estudiar más y dejar mi trabajo me va a beneficiar o no> Y me dijo <vas a trabajar unas horas al día, no te vamos a pagar la jornada completa>. Los pueblos pequeños no"* (Profesor titulado universitario en Marruecos).

Sabemos que la solicitud de clases de religión debe partir de los centros y del Ayuntamiento. Sin embargo la Mezquita considera que *"necesita un movimiento nuestro... si esperas que el ayuntamiento y el director.... Hay que apretar". "Hemos hablado con ellos, también lo de los colegios concertados... porque exigen y obligan a hacer religión católica. Reunión con el inspector: anularon las notas para que no les contasen. Colegios religiosos que es complicado con el director que no acepta que no estudien religión católica. No vamos a meter en religión católica"* ¿inversión de tópicos? O problema real.

Finalmente, la formación efectiva que se requiere para impartir religión islámica en los centros públicos (y debería ser también en los concertados) no parece coincidir con aquella requerida en la Mezquita y recogida en el cuadro de las composiciones de la enseñanzas en las

---

59 Cita consciente o inconsciente pero perfectamente encajada de uno de nuestros sociólogos de cabecera, Pierre Bourdieu "Le mystère du ministère" (2021)

mezquitas. *"Tienen que tener el máster; en principio no lo requerían, no estaba muy claro. Una chica me dijo que me llaman de la Comisión Islámica: tu petición está denegada `porque tienes que estudiar más si quieres dar cases: estudios islámicos para la sharía, luego nos piden el máster, dos años en la universidad. En Marruecos están metiendo mano en esto"* (el mismo profesor rechazado de antes). Lo más interesante de esta intervención es que es única entre todas las sesiones: la aparición del término *Sharía*, la norma islámica que rige la existencia de los musulmanes. Se imparte pero en ningún otro caso se ha expresado. Una vez más los discursos públicos de creciente rechazo de todo lo que sea islámico, muy probablemente, esté tras este sistemático olvido. La precaución y la duda surgen en ralación con la palabra *sharía* y el poder taumatúrgico que le ha sido otorgado, no con el concepto, cuya presencia ha sido constante en estas reuniones con la naturalidad que se esperaba.

Porreres: Prácticamente todo lo aparecido en las dos sesiones anteriores se repite en ésta: mismas materias, sistemas de enseñanza similar; incluso la afirmación de la total apertura de la mezquita a otros musulmanes, a conversos e incluso a quien sólo desee aprender lo que allí se imparte. Su organización se basa en *"tres grupos; no por el nivel… bueno, más o menos por el nivel también. No aceptamos de menos de 6 años. De 6 a 8, mixta. Con 18 ya no (*el presidente de la mezquita de Llucmajor dice que sí*) Hay incluso algunos que tienen 16 años y no estaban escolarizados y no los puedes dejar. Entonces los aceptas"* (Porreres). Otra constante de la cultura marroquí y, particularmente la Rifeña: no se puede dejar a nadie sin amparo; sobre todo a los niños. Y, como en otras ocasiones, *"paga la mezquita, Los padres de los niños, de los padres recaudamos"*".

De nuevo conviene consultar los datos del cuadro cuando tratamos de la formación y las competencias de las personas que imparten los cursos: no siempre coinciden los cuestionarios con los debates y los grupos de discusión. Aparentemente afrontamos la misma realidad, pero trabajamos con dimensiones diferentes, y lo que es una información referencial en un caso, es un valor, un deseo, una norma en el otro. El imán de Porreres es profesor con formación universitaria en Marruecos, a diferencia de la mayoría de los otros que hemos visitado; habla árabe (no tamazigh), francés -por lo que hemos comprobado- y entiende perfectamente el español; de hecho, en ocasiones se atreve a formular alguna frase bastante correcta incluso fonéticamente. Además, al igual que otros, participa directamente de la docencia en las aulas de la mezquita. Mientras entre risas cordiales todos lo comentan, un miembro de la asociación de Llucmajor afirma: *"Hay otras mezquitas que no. Nosotros tenemos a un chico que tiene el bachillerato: dos horas al día, dos horas la sesión, 5 días".*

Un tema que no surgió en las otras sesiones fue el de la evaluación del trabajo hecho y de los resultados. *"Los padres no asisten, no se interesan, lleva al niño y no vuelve más a clase. No hay un interés profundo de los padres. Lo ven como una actividad secundaria. No tenemos como medirlo. Se trabaja sin nada. ¿Cómo vas a valorar? No tenemos ningún programa. Los padres no existen, no les interesa. Se lleva al niño y no vuelve más a clase. No hay un interés profundo de los padres"* (Profesor de Llujmajor) Crítica pesimista que corrobora un miembro de la asociación de Porreres: *"Por ejemplo un padre tiene que traer a sus hijos, el chico que tenemos de maestro no es voluntario: sin darle de alta, 500 euros al mes. En la mezquita tenemos poco dinero. Decimos a los padres que paguen por sus hijos. Uno de estos tenía dos, y cuando le hemos dicho que pague 22 euros al mes, ha dicho que no tengo para pagarla. Ayuda IM*[60] *para que a gente se entere 50 euros al mes, gástalo para tu hijo. Que hay becas. Buscar medios para explicarle. También material en las mezquitas… las sillas… que hay que tienen que estudiar en el suelo".* Un mini análisis antropológico que nos ayuda a redimensionar algunas de las afirmaciones, insistentes, sobre quien tiene la responsabilidad del fracaso escolar, pero también una pista para analizar si las mezquitas pueden desarrollar su papel clásico, junto con las nuevas obligaciones de la instalación migratoria y los cambios acelerados que también se producen en ésta y en las nuevas generaciones.

A diferencia de las mezquitas anteriores, reconocen que en alguna

---

60 Se está hablando del Ingreso Mínimo Vital (IMV), establecido en España en **diciembre de 2021** mediante la Ley 19/2021. En definición del propio gobierno: *El Ingreso Mínimo Vital es una prestación dirigida a prevenir el riesgo de pobreza y exclusión social de las personas que viven solas o están integradas en una unidad de convivencia y carecen de recursos económicos básicos para cubrir sus necesidades básicas. Se configura como un derecho subjetivo a una prestación económica, que forma parte de la acción protectora de la Seguridad Social, y garantiza un nivel mínimo de renta a quienes se encuentren en situación de vulnerabilidad económica. Persigue garantizar una mejora real de oportunidades de inclusión social y laboral de las personas beneficiarias.*

ocasión pidieron colaboración al Ayuntamiento en materia de espacios y algún apoyo informático. Ahora ya no lo necesitan al tener un local en propiedad. Sin embargo, en ese aspecto, los de Porreres reconocen haber tenido conflictos con el pueblo *"No querían que tuviésemos propiedad. Compramos un solar dentro del pueblo. Tuvimos que cambiar el solar. Ahora está para construir una mezquita nueva, Los vecinos no querían en el pueblo y han decidido un solar fuera. Pero no quieren que hagamos una Mezquita. El segundo solar, lo mismo"* (Presidente As. Porreres). Este enfrenamiento, el rechazo a la propiedad y, sobre todo a la construcción de la mezquita, ni es nuevo ni es exclusivo de esta localidad. En realidad ha venido y viene siendo constante… pero solamente ha salido espontáneamente en esta reunión y, como referencia externa, -precisamente comentando el caso de esta misma mezquita- en la de Sa Pobla. Actualmente Manacor también ha propuesto construir una nueva mezquita en las afueras y las protestas y rechazos por parte de la población nativa se están haciendo notar. Hay dos factores interesantes: el rechazo a la propiedad, ya que se incrementa cuando del alquiler de un local se traslada a la adquisición de un solar o edificio. Interesante en una isla que ve día a día alejarse el derecho a la vivienda y ve como espacios y edificios son adquiridos de forma creciente por personas y entidades externas, extranjeras. Evidentemente hay una construcción social del otro (el *Orientalismo* de Edward Saïd) que se retroalimenta de y en los ya mencionados discursos públicos migrófobos y islamófobos, sin duda articulados también en construcciones sociales precedentes de carácter local como la de los *forasters*[61].

d) La coordinación de las mezquitas.

Esta era es la razón por la cual hemos separado los tres casos tratados (uno unitario y los otros compuestos de más asociaciones): la poca o nula coordinación, la ausencia de cooperación entre mezquitas.

---

61 E. Saïd, E. (1978). *Orientalism.* New York: Vintage Press.; Miquel, A. (2000) *El campo en la cabeza,* Madrid. Los Libros de la Catarata. El concepto de *foraster,* catalán del castellano forastero, se ha construido en Mallorca sobrepasando el significado descriptivo de "aquél que viene de fuera" para hacer referencia a trabajadores subalternos, llegados a la isla para construcción, agricultura y, sobre todo, servicios turísticos, de habla exclusivamente española y a menudo con carácter transitorio. Su arraigo por generaciones en la sociedad isleña no siempre consigue "borrar" ese más o menos pequeño estigma.

La constante autonomía y principio de la oposición que, insistimos, tanto han destacado los estudiosos sociales del Riff, de uno y otro lado del mediterráneo; y que no son exclusivos de ese territorio y las construcciones sociales que se originan; obviamente, las cuatro orillas del Mediterráneo suelen ofrecer ejemplos palmarios en el mismo sentido. Nos interesaba en este trabajo para hallar también en este hecho alguna de las claves explicativas del objeto de nuestro estudio para desvelar aquí alguna de sus causas y puede que soluciones a medio y largo plazo.

Por eso en el penúltimo paso de este capítulo las unimos argumentalmente... para comprobar en sus propias palabras que no lo están relacionalmente. Y aquí aparecen voces de las tres reuniones, esta vez sin indicaciones,. Son voces de un mismo coro que no canta junto.

¿Hay trabajo conjunto entre centros islámicos? *"No, cada uno por su cuenta, tú lo sabes. Tema de amigos, tenemos amigos en otras mezquitas, son mezquitas pequeñas. Desde el COVID no hay mucha."* Yo discrepo un poco. *Si comparamos que la mezquita es una institución y las 40 o 50 mezquitas por aquí la relación que veo no es esta". "Que los imanes tengan relación entre ellos puede ser, pero yo no veo que las mezquitas tengan reuniones semestrales... para hablar sobre sus problemáticas, no lo he visto. No he visto las mequitas hacer comunicados".* Efectivamente, no es la primera vez que lo vemos a lo largo de este capítulo; la mirada parece ir siempre hacia dentro; las críticas de las mezquitas pequeñas a las mayores, los agravios de unas respecto a otras *"yo antes estaba en Felanitx y no lo veo esto* -dice un informante que ha cambiado de residencia y opina lo contrario: de hecho, casi a coro le responde-: *"... y no ha venido. Una pregunta muy simple: en los últimos dos años, ¿una reunión sobre educación? No existe".*

Sin embargo existe una Federación de Mezquitas; y todos la conocen o han oído hablar de ella, pero *"no todas las mezquitas están en esa federación". "NINGUNA",* se irrumpe por parte de algunos participantes. El debate (el que se tiene en cada reunión, pero aquí lo hemos unificado virtualmente para redimensionarlo). Según la narración general, se hizo una asamblea en la que un señor fue nombrado presidente de dicha federación; las acusaciones de intromisiones del gobierno marroquí, de servicios secretos de ambas partes, la aparición de participantes de otras nacionalidades considerados intrusos..."*Yo discrepo. Si hablamos de mezquitas hablamos de musulmanes",* comenta un estudiante que parece ser el único en defender allí abiertamente esa concepción de la *Umma* (la comunidad de los creyentes) cuya aparición en todo el estudio ha sido prácticamente nula. Y esa fragmentación interna no parece resolverse de manera distinta en relación al marco social general en el que cada mezquita se inserta (el pueblo, la comarca, la ciudad, el barrio, la Isla...) La voz disidente lo deja claro: *"Sabes lo que pasa a veces: en todo lo que se hace no se tiene en cuenta la diversidad: personas mayores, niños, mujeres, si no tienes en cuenta la comunidad musulmana, está claro que no van a venir".*

e) Hombres necios que acusáis a la mujer sin razón sin ver que sois la ocasión de lo mismo que culpáis[62]

¿Dónde están las mujeres?[63] Están; incluso se mencionan -de pasada- en las reuniones y constatamos la existencia de un porcentaje alto de educadoras mujeres en las Mezquitas; y son de las más y mejor preparadas; y, como veremos en otras voces (las suyas principalmente) de este estudio, este hecho no es en absoluto anecdótico ni carece de explicación lógica. Pero en las mezquitas no están, no existen. Hemos oído sus voces, sobre todo las de las niñas, como fondo de nuestras conversaciones. O las hemos intuido fugazmente cuando nos han ofrecido té, pastelitos, almendras, dátiles. No tienen ni espacio ni lugar en el marco de la mezquita; bueno, sí, en los acotados específicamente para ellas al fondo, en la sala de oración.

Y, sin embargo, la opinión general que surge de los grupos de discusión es de admiración, de reconocimiento de su mayor valía, de más capacidad e intensidad en el estudio, en el trabajo; de mayor madurez, de éxito y de mejores salidas profesionales. Loas y celebraciones hacia las mujeres que las mujeres no pueden oír. Quizás en privado, en la casa, de padre a hijas… no aquí.

Nosotros si las oímos y por eso, aunque escasas, las debemos trasladar aquí… junto a las otras apariciones como seres vicarios: las detentadores del honor familiar, del buen nombre y fama del hombre.

---

62 *Hombres necios que acusáis*, Poema de Sor Juana Inés de la Cruz (1651-1695) en el que expone la desigualdad y la injusticia de las que es víctima la mujer a causa del machismo y de la discriminación femenina.

63 Como en el final del apartado anterior, aquí las citas aparecerán como "glosadoras" de nuestro texto explicativo sin indicador de su procedencia, todo y que han sido extraídas de las tres sesiones con las mezquitas.

La "honra de la mujer es el honor del hombre", decían los antropólogos ingleses cuando pasaron de "sus" (tristes) trópicos y de "sus" exotismos lejanos a analizar a sus primitivos próximos: los mediterráneos. Los españoles especialmente, en sus "sociedades del honor", pero empecemos por el principio. Las mujeres sí intervienen como parte de la acción en la mezquita, como alumnas; incluso en clases mixtas... mientras son niñas. Luego...

Recordemos los problemas de comunicación con las personas que no hablan árabe que afectan a los recién llegados y a una alta proporción de los imanes. Es verdad que vimos como los imanes trabajan fundamentalmente "para dentro" de la mezquita y de la comunidad en la que se inserta. Las mujeres encuentran en los nuevos idiomas, más allá del propio nativo, un problema mayor que el de sus maridos, hijos, hermanos. Su vinculación social e ideológicamente naturalizada a la reproducción de la familia, su alejamiento de las interacciones públicas, sobre todo si en ellas se incluyen a hombres ajenos a su parentela las limita o directamente excluye de contactos y formas de socialización que, además, van cambiando muy rápidamente. Situaciones que se agravan al dificultarse la comunicación también por la lengua. Todas esas limitaciones siguen siendo una constante en aquellas que llegan por reagrupación familiar, procedentes de zonas agrarias, de lugares con dificultades de escolarización y, sobre todo, de continuidad en los estudios más allá de las madrazas o las escuelas primarias; más aún si se instalan en las comunidades análogas a las de origen, con la intención (impuesta o asumida) de tender a su reproducción mimética en el espacio migratorio[64]. Lo vemos en el trabajo, en las relaciones con las AMIPAS (las mujeres tienen un nivel aún más bajo de participa-

---

64 Como vemos en otros capítulos de este mismo estudio, esto no es así para aquellas mujeres con formación de origen, a menudo si procedentes de espacios urbanos, que llegan solas como inmigrantes autónomas en el ya hace tiempo creciente proceso de feminización de la migración; en muchas de las nacidas en Mallorca, o que han llegado muy jóvenes. La escolarización, la educación más prolongada, la necesaria inserción en las relaciones de compañerismo -con todas sus dificultades- de las clases en las aulas es la mejor arma de futuro... y de presente para obtener la autonomía y el desarrollo personal e intelectual. Pero podemos leer también aquí que este cambio, aún así, no es fácil ni tan rápido como debería. Para todas las mujeres.

ción, por problemas de conciliación, agravado por el que acabamos de mencionar de la comunicación) con las escuelas y las instituciones, con los servicios sociales, con las burocracias locales. *"Aquí normalmente el ayuntamiento nos ofrece* (a las asociaciones de las mezquitas) *y se apunta gente. Bueno, gente que no tiene trabajo, porque tiene horarios de las mañanas, se apunta bastante **sobre todo las mujeres,** catalán y castellano".* Buena y optimista información que, de inmediato, es resituada por otro interviniente: *"Este problema que es **las mujeres casadas** no les va bien para que se mezclen con hombres"* Y tiene consecuencias inmediatas: *"Eso ha disminuido la cosa de prender el castellano por eso **con la cultura que tenemos y la gente que está un poco por el tema de la religión y todo esto, no quieren que sus mujeres estudien con hombres"*** De momento ni ápice de crítica a esta especie de destino ineludible, de *masir la mafara Minh, "a nosotros nos ha pasado este problema en... que a base de eso, dejaron todas de estudiar. El director de la escuela ha dicho que sí, que tienen que estudiar juntos y ha dicho que, si no, nada. Yo le he dicho que entiendo perfectamente que aquí se tiene que respetar y eso, **pero nosotros es lo que hay**, que si hay alguna forma de darle grupos separados. No se puede".*

Pero de la explicación desde fuera (el narrador explica "lo que hay") renace ese *habitus* (uno para el hombre, otro para la mujer, pero el primero determina y explica el segundo) aportando argumentos cuya lógica justifica posiciones y no aporta ninguna solución a la otra parte del problema. *"Los maridos las quitan, **pero las mujeres tampoco están acostumbradas que tengan la intimidad y eso, no se sienten cómodas de estudiar"**.* Es sin embargo el último argumento el más interesante: *"Hace tres o cuatro años que ya no hay nada de castellano. Los hombres sí, **pero hay discriminación porque los hombres pueden ir y las mujeres no. No querían flexibilizar y discriminaron a las mujeres"**.* Argumento *ad absurdum:* SE DISCRIMINA PORQUE NO SE DISCRIMINA.

Las mujeres solo aparecen en el debate público bajo dos predeterminaciones: mujeres casadas (esposas de) y jóvenes estudiantes, naturalmente solteras (hijas de). Con los datos que tenemos sobre los niveles más altos de estudios postobligatorios, mejor aprovechamiento de los estudios e interés de llegar a y desarrollar sus vidas en el mundo universitario, forzamos (eso creíamos) mediante la contradicción aparente entre estos datos y la idea de que, llegadas a cierta edad, las chicas marroquíes tienen mayores dificultades para salir solas y o a ciertas horas y distancias: *"Yo no, mis hijas son muy buenas estudiantes y hacen lo que quieren.*

Tengo plena confianza y estoy orgulloso (todos ríen, pues conocen los altos niveles de las chicas)". Inmediatamente preguntan por datos universitarios reconociendo (en todas las sesiones) que las mujeres -al menos las jóvenes- son mas maduras, mejores estudiantes, se esfuerzan más, saben lo que quieren planifican sus vidas y les dan muchas más satisfacciones y orgullo... pero son mujeres (ese concepto de mujer) en todo lo demás.

Si nos fijamos, si releemos atentamente las citas de nuestros protagonistas de las mezquitas, notaremos un detalle importantísimo que debería acercarnos a la percepción profunda de esta separación, de este acantonamiento de la mujer en la subalternidad en comparación con la omnipresencia de los hombres. Particularmente en las descripciones de la juventud en edad escolar y sus problemas: se habla de quienes casi nunca se mencionan, las chicas, y se mencionan constantemente a aquellos de los que, realmente, nunca se habla, los chicos.

Por último, cabe hacer una observación muy resumida respecto a un relativamente nuevo papel posible para las mujeres que parece haberse desarrollado en Marruecos, pero que no hemos podido determinar si se da en algún caso en Mallorca: el *Murchidat*. Y es pertinente hacerlo aquí por cuanto ese cambio (de producirse en los hechos y dependiendo de su intensidad y extensión) se propone desde el espacio inicialmente menos esperado: las propias mezquitas. La *Murchidat* implica la pequeña revisión de la tradición musulmana malikita que permite la existencia de guías religiosas, predicadoras, con formación y reconocimiento institucional que incluye estudios y titulaciones de grado superior. La mujer marroquí es reconocida oficialmente en la acción en la esfera pública oficial como transmisora del islam. Aquella exclusividad masculina de ser Imam, la máxima autoridad religiosa -y, pues en gran medida política- de la Mezquita, aparece rota con la presencia -en principio- en igualdad de la mujer.

Las mujeres reciben una formación específica; deben seguir estudios universitarios previos reglados y, después, ingresar en la universidad de Rabat específica donde se forman los Ulemas (los máximos conocedores del mundo y la ley islámicos, quienes tienen la máxima autoridad en este campo) Dar-al-Hadid y, finalmente, llegan a ser funcionarias (al menos contrato indefinido) del estado y forman parte del Consejo de Ulemas: es decir, son mujeres que obtienen el máximo reconocimiento de autoridades islámicas. La *Murchidat*, en principio, otorga este ascenso social de reconocimiento a algunas mujeres (proporcionalmente pocas): las mujeres murchidat sólo pueden enseñar y transmitir a mujeres -y auxiliar en tareas menores a los imanes- pueden dar cursos en ciencias islámicas; pero, al fin y al cabo, en un nivel superior, repiten y reproducen la división entre hombres y mujeres. Quizás obtienen un mayor reconocimiento y espacio de poder, pero en la "franja femenina" de la sociedad, sobre el propio género.

Relación de Mezquitas y su actividad formativa

Población	**MANACOR**
Asociación	**ATTABCHIR y COOPERACIÓN**
¿Desde qué año imparte formación?	2001
Número de alumnos	650
Tipo de formación que imparten:	
- Religiosa	Sí
- Lengua árabe	Sí
- Otros (especificar)	No
¿Desde qué edad hasta qué edad?	De 5 a 15 años
¿Se organiza por grupos de edad? (Especificar)	5 a 7/ 8 a 10/11 a 13 / 14 y más
¿Es una formación mixta? (niños y niñas)	Sí
¿Tiene local propio para impartir las clases?	Sí
¿Qué formación tienen los profesores?	(El imán y 3 monitoras)
- Religiosa	Sí
- Pedagógica	No
- Académica	Bachillerato y Estudios universitarios
Nivel de Castellano	
- Bajo	En el caso del imán
- Medio	En el caso de las monitoras
- Alto	
¿Recibe algún tipo de subvención externa?	No
¿Ha solicitado alguna subvención a:	No
- Al ayuntamiento	No
- Al Govern balear	No
- Algún organismo marroquí	En alguna ocasión han recibido libros de textos del Consulado
- Otros	Las cuotas mensuales de los padres y las aportaciones de algunos fieles.

Población	**SA POBLA**
Asociación	**IBN AMAZIGH**
¿Desde qué año imparte formación?	2004
Número de alumnos	204
Tipo de formación que imparten:	
- Religiosa	Sí
- Lengua árabe	Sí
- Otros (especificar)	No
¿Desde qué edad hasta qué edad?	De 6 a 15 años
¿Se organiza por grupos de edad? (Especificar)	6 a 8 /9 a 11 /12 a 14/Más de 14
¿Es una formación mixta? (niños y niñas)	Sí
¿Tiene local propio para impartir las clases?	Local propio. Las clases se organizan en aulas independientes de la sala de oraciones
¿Qué formación tienen los profesores?	(El imán y 2 monitoras)
- Religiosa	Sí
- Pedagógica	Sí
- Académica	Bachillero y Estudios universiarios
Nivel de Castellano	
- Bajo	El imán
- Medio	Las monitoras
- Alto	
¿Recibe algún tipo de subvención externa?	No
¿Ha solicitado alguna subvención a:	No
- Al ayuntamiento	No
- Al Govern balear	No
- Algún organismo marroquí	En alguna ocasión han recibido libros de textos del Consulado
- Otros	Las cuotas mensuales de los padres y las aportaciones de algunos voluntarios.

Población	**MURO**
Asociación	**CENTRO ISLÁMICO ARRAHMA**
¿Desde qué año imparte formación?	2008
Número de alumnos	130
Tipo de formación que imparten:	
- Religiosa	Sí
- Lengua árabe	Sí
- Otros (especificar)	No
¿Desde qué edad hasta qué edad?	De 5 a 15 años
¿Se organiza por grupos de edad? (Especificar)	6 a 8/ 9 a 11/ 12 a 14/ 14 y más. Dependiendo del nivel de conocimiento de la lectura y escritura árabe.
¿Es una formación mixta? (niños y niñas)	Sí
¿Tiene local propio para impartir las clases?	Local propio. Las clases se organizan en la misma sala de las oraciones.
¿Qué formación tienen los profesores?	El imán y 1 monitor
- Religiosa	Sí
- Pedagógica	Sí en el caso del monitor
- Académica	Bachillerato
Nivel de Castellano	
- Bajo	El imán
- Medio	El monitor
- Alto	
¿Recibe algún tipo de subvención externa?	No
¿Ha solicitado alguna subvención a:	
- Al ayuntamiento	No
- Al Govern balear	No
- Algún organismo marroquí	En alguna ocasión han recibido libros de textos del Consulado
- Otros	Las cuotas mensuales de los padres y las aportaciones de algunos voluntarios.

Población	PORRERES
Asociación	CENTRO ISLÁMICO ASSALAM
¿Desde qué año imparte formación?	2000
Número de alumnos	85
Tipo de formación que imparten:	
- Religiosa	Sí
- Lengua árabe	Sí
- Otros (especificar)	
¿Desde qué edad hasta qué edad?	De 5 a14 años
¿Se organiza por grupos de edad? (Especificar)	5 a 8/ 9 a 11/ 12 a 14/ Más de 14. Dependiendo del nivel de conocimiento de la lectura y escritura árabe.
¿Es una formación mixta? (niños y niñas)	Sí
¿Tiene local propio para impartir las clases?	Local propio. Las clases se organizan en aulas independientes de la sala de oraciones
¿Qué formación tienen los profesores?	El imán y 1 monitor
- Religiosa	Sí, el imán.
- Pedagógica	Sí, el monitor
- Académica	Bachillerato
Nivel de Castellano	
- Bajo	El imán
- Medio	El monitor
- Alto	
¿Recibe algún tipo de subvención externa?	No
¿Ha solicitado alguna subvención a:	
- Al ayuntamiento	No
- Al Govern balear	No
- Algún organismo marroquí	En alguna ocasión han recibido libros de textos del Consulado.
- Otros	Las cuotas mensuales de los padres y las aportaciones de algunos voluntarios.

Población	**LLUCMAJOR**
Asociación	**LA COMUNIDAD ISLÁMICA ANNOUR DE LLUCMAJOR**
¿Desde qué año imparte formación?	2014
Número de alumnos	70
Tipo de formación que imparten:	
- Religiosa	Sí
- Lengua árabe	Sí
- Otros (especificar)	Cultura marroquí
¿Desde qué edad hasta qué edad?	De 6 a 18 años
¿Se organiza por grupos de edad? (Especificar)	6 a 8/ 9 a 12/ 13 a 18. Dependiendo del nivel de conocimiento de la lectura y escritura árabe.
¿Es una formación mixta? (niños y niñas)	Sí
¿Tiene local propio para impartir las clases?	Local propio. Las clases se organizan en la misma sala de las oraciones.
¿Qué formación tienen los profesores?	El imán y 1 monitora
- Religiosa	Sí
- Pedagógica	No
- Académica	Estudios universitarios.
Nivel de Castellano	
- Bajo	El imán
- Medio	La monitora
- Alto	
¿Recibe algún tipo de subvención externa?	No
¿Ha solicitado alguna subvención a:	
- Al ayuntamiento	No
- Al Govern balear	No
- Algún organismo marroquí	En alguna ocasión han recibido libros de textos del Consulado.
- Otros	Las cuotas mensuales de los padres.

Población	**FELANITX**
Asociación	**LA COMUNIDAD ASSOUNNA**
¿Desde qué año imparte formación?	2005
Número de alumnos	230
Tipo de formación que imparten:	
- Religiosa	Sí
- Lengua árabe	Sí
- Otros (especificar)	Cultura marroquí
¿Desde qué edad hasta qué edad?	De 5 a 14 años
¿Se organiza por grupos de edad? (Especificar)	5 a 7/ 8 a 10/11 a 14. Dependiendo del nivel de conocimiento de la lectura y escritura árabe.
¿Es una formación mixta? (niños y niñas)	Sí
¿Tiene local propio para impartir las clases?	Local propio. Las clases se organizan en la misma sala de las oraciones.
¿Qué formación tienen los profesores?	Imán y 3 monitoras
- Religiosa	El imán
- Pedagógica	No
- Académica	Bachillerato y Estudios universitarios
Nivel de Castellano	
- Bajo	
- Medio	El imán y las 3 monitoras
- Alto	
¿Recibe algún tipo de subvención externa?	No
¿Ha solicitado alguna subvención a:	
- Al ayuntamiento	No
- Al Govern balear	No
- Algún organismo marroquí	En alguna ocasión han recibido libros de textos del Consulado.
- Otros	Las cuotas mensuales de los padres y las aportaciones de algunos voluntarios.

Población	**PORTO COLOM**
Asociación	**DELEGACIÓN DE LA ASOCIACIÓN DE LA COMUNIDAD ASSOUNNA DE FELANITX**
¿Desde qué año imparte formación?	2005
Número de alumnos	70
Tipo de formación que imparten:	
- Religiosa	Sí
- Lengua árabe	Sí
- Otros (especificar)	
¿Desde qué edad hasta qué edad?	De 5 a 14 años
¿Se organiza por grupos de edad? (Especificar)	5 a 7/ 8 a 10/ 11 a 14. Dependiendo del nivel de conocimiento de la lectura y escritura árabe.
¿Es una formación mixta? (niños y niñas)	Sí
¿Tiene local propio para impartir las clases?	Local propio. Las clases se organizan en la misma sala de las oraciones.
¿Qué formación tienen los profesores?	El Imán
- Religiosa	Sí
- Pedagógica	No
- Académica	Estudios coránicos
Nivel de Castellano	
- Bajo	
- Medio	El Imán
- Alto	
¿Recibe algún tipo de subvención externa?	No
¿Ha solicitado alguna subvención a:	
- Al ayuntamiento	No
- Al Govern balear	No
- Algún organismo marroquí	En alguna ocasión han recibido libros de textos del Consulado.
- Otros	Las cuotas mensuales de los padres y las aportaciones de algunos voluntarios.

Población	INCA
Asociación	**LA COMUNIDAD ASSABR**
¿Desde qué año imparte formación?	2010
Número de alumnos	154
Tipo de formación que imparten:	
- Religiosa	Sí
- Lengua árabe	Sï
- Otros (especificar)	
¿Desde qué edad hasta qué edad?	De 5 a 14 años
¿Se organiza por grupos de edad? (Especificar)	Por grupos de edad y nivel de conocimiento de la lectura y escritura árabe.
¿Es una formación mixta? (niños y niñas)	Sí
¿Tiene local propio para impartir las clases?	Local propio. Las clases se organizan en la misma sala de las oraciones.
¿Qué formación tienen los profesores?	2 Monitoras
- Religiosa	Sí
- Pedagógica	No
- Académica	Bachillerato y Estudios universitarios
Nivel de Castellano	
- Bajo	
- Medio	Las dos monitoras
- Alto	
¿Recibe algún tipo de subvención externa?	No
¿Ha solicitado alguna subvención a:	
- Al ayuntamiento	No
- Al Govern balear	No
- Algún organismo marroquí	En alguna ocasión han recibido libros de textos del Consulado.
- Otros	Las cuotas mensuales de los padres y las aportaciones de algunos voluntarios.

Población	PORT DE POLLENÇA
Asociación	LA COMUNIDAD ISLÁMICA IQRAE
¿Desde qué año imparte formación?	2012
Número de alumnos	25
Tipo de formación que imparten:	
- Religiosa	Sí
- Lengua árabe	Sí
- Otros (especificar)	
¿Desde qué edad hasta qué edad?	De 6 a 14 años
¿Se organiza por grupos de edad? (Especificar)	Por grupos de edad y nivel de conocimiento de la lectura y escritura árabe.
¿Es una formación mixta? (niños y niñas)	Sí
¿Tiene local propio para impartir las clases?	Local propio. Las clases se organizan en la misma sala de las oraciones.
¿Qué formación tienen los profesores?	El imán
- Religiosa	Sí
- Pedagógica	No
- Académica	Estudios coránicos
Nivel de Castellano	
- Bajo	
- Medio	El imán
- Alto	
¿Recibe algún tipo de subvención externa?	No
¿Ha solicitado alguna subvención a:	
- Al ayuntamiento	No
- Al Govern balear	No
- Algún organismo marroquí	No
- Otros	Las cuotas mensuales de los padres y las aportaciones de algunos voluntarios.

Población	IBIZA
Asociación	**EL CENTRO ISLÁMICO DE IBIZA**
¿Desde qué año imparte formación?	2011
Número de alumnos	185
Tipo de formación que imparten:	
- Religiosa	Sí
- Lengua árabe	Sí
- Otros (especificar)	Cultura islámica
¿Desde qué edad hasta qué edad?	De 6 a 16 años
¿Se organiza por grupos de edad? (Especificar)	Por grupos de edad y nivel de conocimiento de la lectura y escritura árabe.
¿Es una formación mixta? (niños y niñas)	Sí
¿Tiene local propio para impartir las clases?	Aulas alquiladas fuera de la mezquita. La mezquita si es propiedad de la comunidad.
¿Qué formación tienen los profesores?	3 Monitoras
- Religiosa	Sí
- Pedagógica	No
- Académica	Bachillerato y Estudios universitarios.
Nivel de Castellano	
- Bajo	
- Medio	Las 3 monitoras
- Alto	
¿Recibe algún tipo de subvención externa?	No
¿Ha solicitado alguna subvención a:	
- Al ayuntamiento	No
- Al Govern balear	No
- Algún organismo marroquí	No
- Otros	Las cuotas mensuales de los padres y las aportaciones de algunos voluntarios.

Población	**SAN ANTONIO (IBIZA)**
Asociación	**LA COMUNIDAD ISLÁMICA, MEZQUITA AL FATH**
¿Desde qué año imparte formación?	2012
Número de alumnos	210
Tipo de formación que imparten:	
- Religiosa	Sí
- Lengua árabe	Sí
- Otros (especificar)	
¿Desde qué edad hasta qué edad?	De 7 a 17 años
¿Se organiza por grupos de edad? (Especificar)	7 a 9/ 8 a 10/ 11 a 14/ 15 a 17. Y otro grupo por nivel de escritura y lectura del árabe.
¿Es una formación mixta? (niños y niñas)	Sí
¿Tiene local propio para impartir las clases?	Local propio. Las clases se organizan en la misma sala de las oraciones.
¿Qué formación tienen los profesores?	4 Monitoras
- Religiosa	No (conocimientos básicos del Corán)
- Pedagógica	No
- Académica	Estudios universitarios
Nivel de Castellano	
- Bajo	
- Medio	Las 4 monitoras
- Alto	
¿Recibe algún tipo de subvención externa?	No
¿Ha solicitado alguna subvención a:	
- Al ayuntamiento	No
- Al Govern balear	No
- Algún organismo marroquí	No
- Otros	Las cuotas mensuales de los padres y las aportaciones de algunos voluntarios.

Población	**MAHÓN (MENORCA)**
Asociación	**ASOCIACIÓN CULTURAL CHABA DE MENORCA (No es una asociación religiosa)**
¿Desde qué año imparte formación?	2020
Número de alumnos	40
Tipo de formación que imparten:	
- Religiosa	Sí
- Lengua árabe	Sí
- Otros (especificar)	Excursiones para conocer el paisaje y los monumentos de Menorca
¿Desde qué edad hasta qué edad?	De 6 a 12 años
¿Se organiza por grupos de edad? (Especificar)	Por grupos de edad y nivel de conocimiento de la lectura y escritura árabe.
¿Es una formación mixta? (niños y niñas)	Sí
¿Tiene local propio para impartir las clases?	Aulas cedidas por el ayuntamiento de Mahón.
¿Qué formación tienen los profesores?	2 Monitores
- Religiosa	No
- Pedagógica	No
- Académica	Estudios universitarios
Nivel de Castellano	
- Bajo	
- Medio	
- Alto	Los 2 monitores
¿Recibe algún tipo de subvención externa?	No
¿Ha solicitado alguna subvención a:	
- Al ayuntamiento	No
- Al Govern balear	No
- Algún organismo marroquí	En alguna ocasión han recibido libros de textos del Consulado.
- Otros	Las cuotas mensuales de los padres y las aportaciones de algunos voluntarios.

Población	**PALMA**
Asociación	**LA COMUNIDAD ISLÁMICA DE LAS ISLAS BALEARES - TAWHID**
¿Desde qué año imparte formación?	2006
Número de alumnos	80
Tipo de formación que imparten:	
- Religiosa	Sí
- Lengua árabe	Sí
- Otros (especificar)	
¿Desde qué edad hasta qué edad?	De 5 a 15 años
¿Se organiza por grupos de edad? (Especificar)	Por grupos de edad y nivel de conocimiento de la lectura y escritura árabe.
¿Es una formación mixta? (niños y niñas)	Sí
¿Tiene local propio para impartir las clases?	Local propio. Las clases se organizan en la misma sala de las oraciones.
¿Qué formación tienen los profesores?	2 Monitoras
- Religiosa	Sí
- Pedagógica	No
- Académica	Bachillerato y Estudios universitarios
Nivel de Castellano	
- Bajo	
- Medio	Las dos monitoras
- Alto	
¿Recibe algún tipo de subvención externa?	No
¿Ha solicitado alguna subvención a:	
- Al ayuntamiento	No
- Al Govern balear	No
- Algún organismo marroquí	En alguna ocasión han recibido libros de textos del Consulado.
- Otros	Las cuotas mensuales de los padres y las aportaciones de algunos voluntarios.

Población	SINEU
Asociación	**LA COMUNIDAD ISLÁMICA ALMOHSININ**
¿Desde qué año imparte formación?	2013
Número de alumnos	30
Tipo de formación que imparten:	
- Religiosa	Sí
- Lengua árabe	Sí
- Otros (especificar)	
¿Desde qué edad hasta qué edad?	De 5 a 15
¿Se organiza por grupos de edad? (Especificar)	Por grupos de edad
¿Es una formación mixta? (niños y niñas)	Sí
¿Tiene local propio para impartir las clases?	Alquiler
¿Qué formación tienen los profesores?	El imán
- Religiosa	Sí
- Pedagógica	No
- Académica	
Nivel de Castellano	
- Bajo	
- Medio	El imán
- Alto	
¿Recibe algún tipo de subvención externa?	No
¿Ha solicitado alguna subvención a:	
- Al ayuntamiento	No
- Al Govern balear	No
- Algún organismo marroquí	No
- Otros	Las cuotas mensuales de los padres y las aportaciones de algunos voluntarios.

Población	**ALCUDIA**
Asociación	**LA COMUNIDAD ISLÁMICA DE ALCUDIA**
¿Desde qué año imparte formación?	2008
Número de alumnos	40
Tipo de formación que imparten:	
- Religiosa	Sí
- Lengua árabe	Sí
- Otros (especificar)	
¿Desde qué edad hasta qué edad?	De 5 a 14
¿Se organiza por grupos de edad? (Especificar)	Por grupos de edad
¿Es una formación mixta? (niños y niñas)	Sí
¿Tiene local propio para impartir las clases?	Local propio. Las clases se organizan en la misma sala de las oraciones.
¿Qué formación tienen los profesores?	El imán
- Religiosa	Sí
- Pedagógica	No
- Académica	Estudios coránicos
Nivel de Castellano	
- Bajo	El imán
- Medio	
- Alto	
¿Recibe algún tipo de subvención externa?	No
¿Ha solicitado alguna subvención a:	
- Al ayuntamiento	No
- Al Govern balear	No
- Algún organismo marroquí	No
- Otros	Las cuotas mensuales de los padres y las aportaciones de algunos voluntarios.

Población	LLOSETA
Asociación	LA COMUNIDAD ISLÁMICA DE LLOSETA
¿Desde qué año imparte formación?	2011
Número de alumnos	45
Tipo de formación que imparten:	
- Religiosa	Sí
- Lengua árabe	Sí
- Otros (especificar)	
¿Desde qué edad hasta qué edad?	De 5 a 16 años
¿Se organiza por grupos de edad? (Especificar)	Por grupos de edad y nivel de conocimiento de la lectura y escritura árabe.
¿Es una formación mixta? (niños y niñas)	Sí
¿Tiene local propio para impartir las clases?	Local propio. Las clases se organizan en la misma sala de las oraciones.
¿Qué formación tienen los profesores?	El imán
- Religiosa	Sí
- Pedagógica	NO
- Académica	No
Nivel de Castellano	
- Bajo	El imán
- Medio	
- Alto	
¿Recibe algún tipo de subvención externa?	NO
¿Ha solicitado alguna subvención a:	
- Al ayuntamiento	No
- Al Govern balear	NO
- Algún organismo marroquí	NO
- Otros	Las cuotas mensuales de los padres y las aportaciones de algunos voluntarios.

Población	**PALMA – BARRIO PERE GARAU**
Asociación	**MEZQUITA AL IHSSAN**
¿Desde qué año imparte formación?	2010
Número de alumnos	200
Tipo de formación que imparten:	
- Religiosa	Sí (Educación islámica)
- Lengua árabe	Sí (Árabe clásico del Corán)
- Otros (especificar)	
¿Desde qué edad hasta qué edad?	Desde los 6 años
¿Se organiza por grupos de edad? (Especificar)	Por nivel de conocimiento de la lectura y escritura árabe.
¿Es una formación mixta? (niños y niñas)	Sí
¿Tiene local propio para impartir las clases?	Local alquilado de la mezquita
¿Qué formación tienen los profesores?	¡ profesor, jóvenes voluntarios
- Religiosa	No específica
- Pedagógica	Reciben apoyo pedagógico
- Académica	Licenciados
Nivel de Castellano	
- Bajo	
- Medio	
- Alto	El imán alto
¿Recibe algún tipo de subvención externa?	No
¿Ha solicitado alguna subvención a:	
- Al ayuntamiento	No
- Al Govern balear	No
- Algún organismo marroquí	No
- Otros	Las cuotas mensuales de los padres

Población	PALMA – Barrio PERE GARAU
Asociación	Asociación islámica (Argelinos y parroquia diversa)
¿Desde qué año imparte formación?	2023
Número de alumnos	20
Tipo de formación que imparten:	
- Religiosa	No
- Lengua árabe	Sí
- Otros (especificar)	
¿Desde qué edad hasta qué edad?	De 10 a 18 años
¿Se organiza por grupos de edad? (Especificar)	2 grupos por nivel de conocimiento de la lectura y escritura árabe
¿Es una formación mixta? (niños y niñas)	Sí
¿Tiene local propio para impartir las clases?	Local propio.
¿Qué formación tienen los profesores?	Problemas para encontrarlos. 2 voluntarios
- Religiosa	Sí
- Pedagógica	No
- Académica	No
Nivel de Castellano	
- Bajo	
- Medio	Sí
- Alto	
¿Recibe algún tipo de subvención externa?	No
¿Ha solicitado alguna subvención a:	
- Al ayuntamiento	No
- Al Govern balear	No
- Algún organismo marroquí	No
- Otros	Las cuotas mensuales de los padres.

5

EL ABANDONO ESCOLAR DESDE LA PERSPECTIVA DE LAS INSTITUCIONES EDUCATIVAS

Nota previa

En este capítulo analizaremos el resultado de las entrevistas efectuadas a los distintos actores del proceso educativo, esto es, al profesorado, a los trabajadores sociales, al alumnado y a la administración pública, en este caso a la Dirección General de Planificació i Gestió Educativa del Govern Balear. Como ya se señaló en el capítulo sobre Metodología, el tipo de entrevista utilizado fue la semiestructurada, consistente en una serie de preguntas abiertas sin renunciar, por otro lado, a las preguntas espontáneas cuando el tema lo requiso; en el caso del alumnado se optó por la técnica de grupo de discusión. Las entrevistas constaban de tres bloques temáticos: el abandono escolar, los problemas en la escolarización del alumnado y las dificultades presentes en su socialización en el medio escolar. Inevitablemente, el contexto político, ideológico y religioso siempre estuvo presente.

En aras de la claridad expositiva, se ha optado por la presentación secuenciada de las opiniones de los estamentos antes mencionados para, finalmente, concluir con el análisis y la interpretación de las mismas.

Profesorado

La elección de estos expertos se hizo en función de las localidades con mayor asentamiento histórico y concentración de la población marroquí, esto es, Manacor, Sa Pobla, Felanitx y Palma. En Sa Pobla se entrevistó a una profesora de Primaria, con el objeto de conocer si los problemas de escolarización y las dificultades de socialización están ya presentes en etapa escolar tan temprana. En Palma se optó por la elección de un Instituto de Enseñanza Secundaria ubicado en el centro de la ciudad, con pocos alumnos marroquíes proveniente de barrios con tasas bajas de dicha población (Son Canals, Sa Graduada, Jafuda Cresces, Santa Isabel); se pretendía con ello conocer si la problemática a estudiar se daba de igual manera en condiciones diferentes.

Todos, sin excepción, confirmaron la existencia de una alta tasa de abandono escolar prematuro, entendido éste, como ya concretamos, como la falta de continuidad de los estudios una vez terminada la Enseñanza Secundaria Obligatoria. Coincidieron, igualmente, en la descripción del proceso en que se produce: un punto de inflexión en el 2º o 3º curso de la ESO caracterizado por un interés decreciente en los estudios, expresado con malas notas y actitudes indisciplinadas, tanto individuales como grupales; lo que los profesores entrevistados de Manacor definieron como "movidas" o "movidetas", una adjetivación que les sirvió para señalar que las situaciones conflictivas son mayormente de poca trascendencia[65]. Llegado a este punto se les ofrece la posibilidad de continuar los estudios cambiando a una Formación Profesional Básica, lo que les permitiría la entrada en una enseñanza, más práctica que teórica, vinculada a un oficio. Son pocos los que optan por esta vía.

En cuanto a las causas, la económica, que podría suponerse como principal, aparece de manera secundaria o indirecta. Los profesores de Manacor, cuyo centro acoge a 1.300 alumnos, apuntaron como primera causa la carencia previa de una cultura del estudio por *"no ver su utilidad"*, por *"no tener un*

---

65 *"Empiezan en 1º de ESO acumulando suspensos y luego empiezan a promover "movidas" que van empeorando y que distorsionan las clases. No sirve ni la orientación curricular ni el profesorado de apoyo. Intentamos desviarlos a otros programas".* También: *"A más amonestaciones menos le enviamos a hacer prácticas de FP en las empresas".*

objetivo " o por el "*Dios proveerá*"[66]. Estas opiniones vienen reforzadas por la poca presión que las familias ejercen sobre los estudios de sus hijos ("*Falta una cultura de lo que implica estudiar*"). En segundo lugar se señaló el trabajo o el trapicheo (comerciar al menudeo, cambalachear), es decir, la necesidad económica familiar (y personal) de obtener un ingreso económico cuanto antes.

Los profesores de San Pobla y Felanitx marcaron, de entrada, la económica como primera causa[67], tras lo cual entraron en los problemas estructurales del sistema educativo que impiden mantener el interés del alumnado para que continúen sus estudios tanto obligatorios como postobligatorios: la falta de recursos suficientes en los centros, que han duplicado su alumnado sin aumentar paralelamente sus recursos, y la falta de formación del profesorado para atender los problemas de la diversidad, a más de que una parte del mismo parece adolecer aún de actitudes racistas o xenófobas[68]. Para prevenir el abandono señalaron que en Primaria es muy importante la organización del centro, el acompañamiento y la labor de los orientadores y los trabajadores sociales[69]. Por último, consideraron que el rendimiento y el

---

66 "*Terminan las clases y ya no piensan más en ellas, por las tardes ni repasan ni se preparan los exámenes, y eso va incrementando la diferencia curricular respecto a los demás*". "*Es como si no tuvieran un objetivo* (vital)".

67 "*Aquí han llegado no para hacer carrera, sino para sobrevivir*". "*En los pueblos de la costa o con urbanizaciones turísticas costeras* (Son Servera, Campos, Porto Colom, etc.) *hay más abandono por la posibilidad de trabajar en Hostelería*".

68 "*En un centro colaborador de la UIB en Sa Pobla no permitieron hacer las prácticas de magisterio a una estudiante marroquí de la UIB que llevaba velo. Hubo denuncias y la Conselleria d'Educació no hizo nada por "no perjudicar a la chica". En el centro donde finalmente pudo hacer sus prácticas fue un éxito entre el alumnado marroquí, Sirvió de ejemplo, no se creían que ellos también pudieran llegar a ser profesores*". También, "*En el profesorado hay racismo estructural y aporofobia. La mayoría de los expulsados tiene apellidos marroquíes*".

69 "*En Sa Pobla hace ya varios años que la Junta de escolarización establece lo que se supone que es un reparto equitativo del alumnado marroquí de Primaria entre centros públicos y concertados. Se aplica el criterio de que si un niño de tres años no habla uno de los dos idiomas oficiales (castellano / catalán) se le pone la etiqueta de NESE (Necesidades educativas de soporte escolar). Le pasan la prueba a los que no ha ido a las Escoletas (guarderías) municipales. Reparten en los centros según el número de Neses, y lo que se produce en una discriminación encubierta*". "*En Sa Pobla, todos los alumnos de programa de acompañamiento escolar (PAE) son marroquíes. Hay diferencias entre las familias que tienen un sostén económico y cultural y las que no.*"

interés del alumnado está ligado al acompañamiento e interés de las familias, siendo que el problema está en que muchos de los padres son analfabetos. El profesorado entrevistado en Palma confirma, igualmente, que son pocos los que siguen con el Bachillerato, y los que lo hacen son mayormente alumnas. Durante la entrevista no entraron en las posibles causas del abandono escolar, se centraron en el hecho de que al ser un centro con pocos alumnos marroquíes no hay conflictos reseñables, no hay racismo entre el profesorado y que la actitud general de este alumnado es buena[70].

Entrando en los problemas de la escolarización, sobre este apartado se trataron las siguientes temáticas: la relación con el profesorado, la relación con los demás alumnos no marroquíes, las dificultades idiomáticas, el rendimiento escolar, el seguimiento del rendimiento escolar por los padres, su grado de participación en las AMIPAS (Asociación de Madres y Padres de alumnos) y los recursos educativos de las familias.

Respecto a la relación con el profesorado, los entrevistados coincidieron en la normalidad y corrección de la relación, si bien con matices: los de Manacor apuntaron a situaciones concretas en las que ven mermada su autoridad[71], y los de Sa Pobla y Felanitx insistieron en las actitudes racistas de algunos profesores; por su parte, los de Palma hablaron del respeto que los alumnos marroquíes muestran al profesorado, en el que no ven atisbo alguno de racismo.

En cuanto a la relación con los demás alumnos, si bien no hay problemas de convivencia es porque, en buena medida, las poblaciones están segregadas, aunque los entrevistados coinciden en el hecho de que el aislamiento parece ir diluyéndose poco a poco. Los profesores de Manacor señalaron que *"el clasismo social que existe en la localidad dificulta la relación entre grupos"*, a la vez que *"el comportamiento escolar de las niñas ha cambiado más que el de los niños, antes se aislaban y ahora se relacionan más"*[72].

---

70 *"Tienen una actitud abierta y humilde"*. La elección del segundo adjetivo es cuanto menos peculiar y muy significativa.

71 *"Hay padres que ante las amonestaciones* (por la falta de interés o el bajo rendimiento) *empiezan a darle más crédito al niño que al profesor"*.

72 El racismo va habitualmente ligado a la aporofobia. Casi el 10% de la población manacorí es de origen marroquí y de asentamiento prolongado en la localidad, tanto que hay numerosas familias marroquíes que poseen vivienda propia y niveles de ingresos equiparables a los del resto de la población, lo que sin duda contribuye a la pérdida de intensidad de su aislamiento social.

Los chicos, en cambio, socializan más, siendo la práctica del fútbol (en esto coinciden todos los entrevistados) un aglutinante muy eficaz, al igual que las actividades extraescolares, en las que participan menos las chicas. En cambio, los profesores de Sa Pobla y Felanitx, partiendo de que dichas localidades están más cerradas a la integración, perciben que entre ambas poblaciones sigue habiendo *"un abismo"* y que las niñas socializan mucho menos[73]. La entrevistada de Primaria señaló que la segregación se da desde los primeros cursos de la escolarización[74]. Sin embargo, para las profesoras entrevistadas en Palma, *"no hay discriminación, sino tendencia a juntarse por afinidad cultural"*.

Sí para las primeras hornadas de inmigrantes el desconocimiento de los idiomas oficiales era una dificultad añadida a los problemas en la escolarización, en una población ya asentada, de segunda y hasta tercera generación, la inmersión lingüística ya es absoluta. Todos los entrevistados coinciden en el dominio pleno del castellano y el catalán que alcanzan los alumnos marroquíes; sólo los recién llegados, que suelen ser pocos, requieren de los cursos de apoyo lingüístico[75].

Sobre el rendimiento escolar, hay coincidencia plena en la mayor dedicación de las chicas. Para los entrevistados de Manacor, *"las niñas están cada vez más integradas y obtienen mejor resultado escolar"*, y ponen como ejemplo lo siguiente: *"De los trabajos de investigación que se hacen en 1º de Bachiller y se defienden ante un tribunal en 2º, los de las niñas marroquíes suelen ser excelentes"*. Y añaden *"que siguen especialidades muy concretas: en Formación Profesional las ramas sanitarias, y en el Universidad Derecho"*. Por último, opinan que esa mayor dedicación y rendimiento se debe, en parte, al hecho *"de que no salen por las tardes por las calles, como los chicos"*. Las opiniones de los entrevistados de Sa Pobla y Felanitx refuerzan lo anterior, aunque introduciendo matices culturales de los que más tarde hablaremos: *"Las chicas tiene mayor relación con el estudio, hay familias que no quieren que estudien porque deben ser cuidadoras*

---

73 *"Los chicos socializan más (el fútbol), las chicas mucho menos. Hay un abismo. En Primaria ya pasa, los niños hacen actividades extraescolares y juegan en las plazas, las niñas no. En los cumpleaños, las familias marroquíes no invitan a todos"*.

74 *"En Primaria, aproximadamente el 50% de los alumnos son de origen marroquí, y algunos son ya de tercera generación. Se vive dos mundos paralelos: no interconectan los lugareños con los marroquíes. Sólo hay convivencia en las escuelas"*. *"A medida que crecen van apareciendo los dos mundos, incluso se separan por género"*.

75 Manacor: *"La inmersión lingüística es total, dominan pronto el catalán. Incluso entre los grupos suelen hablar catalán"*.

y otras que las animan a estudiar". De manera más escueta, los entrevistados de Palma inciden en lo mismo: *"normalmente, las niñas son más aplicadas".* Siendo las alumnas, por lo general, más aplicadas, su rendimiento se ve en parte mermado por la función de cuidadoras de la que hablaban los profesores de Sa Pobla y Felanitx, teniendo su reflejo en el absentismo: *"Las hermanas mayores tiene la función de cuidar a los menores, cosa que en los niños marroquíes no se da. También en el Instituto, si llegan tarde es porque han tenido que ir a..., o cuidar de..., etc.".* También esa función cuidar a los hermanos y atender las tareas domésticas se refleja en las especialidades formativas que eligen cursar, vinculadas a la Sanidad y el trabajo social, como se puede ver en los datos estadísticos.

Hay otros aspectos culturales y religiosos que, aunque en menor grado, interfieren más en el absentismo que en el rendimiento escolar, aunque algún efecto tenga en éste último. Por ejemplo, las vacaciones familiares a Marruecos, mencionadas por los entrevistados de Sa Pobla y Felanitx, aunque en realidad interfieren muy poco por cuanto suelen tomarse en los periodos de vacaciones escolares, y si lo hacen es por pocos días[76]. En las fiestas, como la del Cordero (el *Aid el Adha*) o la del fin del Ramadán (el *Aid el Fitr*)[77], hay alumnos que no asisten a clase. Y hay casos en las cuestiones religiosas o culturales en los que resulta difícil dilucidar si se está ante una religiosidad rigurosa o una excusa para zafarse de algunas obligaciones escolares. Los entrevistados de Manacor, inclinándose hacia lo segundo, ofrecieron dos ejemplos muy claros: *"Estoy en Ramadán y no puedo escuchar música, por lo que no voy a clase de música",* o *"No voy a ver el órgano de tal iglesia* (como actividad extraescolar) *porque mi religión me prohíbe entrar en otros sitios de culto".* Cabe señalar que siendo estos temas tan espinosos, sin embargo no hay contacto alguno que sirva para aclararlos entre los centros educativos y los imanes de las mezquitas.

Finalmente, todos los entrevistados coincidieron en la apreciación de

---

76 *"Están regulados los viajes, pero afectan al ritmo del curso".*

77 En lo que respecta a los trabajadores musulmanes, en el Acuerdo de Cooperación de 1992 (Ley 26/1992) entre el Estado Español y la Comisión Islámica de España y el Estatuto de los Trabajadores se recoge lo siguiente: *"Los fieles musulmanes, previo acuerdo con la empresa, podrán solicitar la sustitución de uno de los días festivos reconocidos en el artículo 37.2 del Estatuto de los Trabajadores por la festividad del Aid Al Adha o el Aid el Fitr, sin que ello constituya un derecho que como tal obligue a los empresarios a aceptar las solicitudes de sus trabajadores".*

que hay una clara correlación entre el rendimiento escolar del alumno y el *"acompañamiento e interés de las familias por los estudios de sus hijos"*. Si bien esto es cierto para cualquier alumno, sea cual sea su nacionalidad u origen, al referirse al alumnado marroquí, y dadas las altas tasas de abandono, subrepticiamente señalaban el poco interés que en general los padres muestran por los estudios de sus hijos.

El acompañamiento e interés de las familias por los estudios de sus hijos correlaciona, a su vez, con el nivel cultural y educativo familiar, con su posición económica e incluso con su procedencia rural o urbana, y hay que tener presente que el colectivo de inmigrantes marroquíes, al menos los de las primeras hornadas, y más en particular los que se asentaron en pueblos mallorquines como Sa Pobla, Manacor o Felanitx, provenían mayormente del medio rural, poseían un nivel cultural bajo y emigraron por razones económicas[78]. Esta correlación fue explícitamente reseñada por los entrevistados de Manacor: "(Dependiendo del nivel económico, cultural, etc.) *la presión que ejercen las familias para que estudien no es la misma"*, y también que *"muchas familias no le dan importancia a los estudios y no están encima de los hijos"*, lo que acaba en una consecuencia previsible: *"Cuando los hijos son ya algo mayores y hacen lo que quieren por las tardes, tienen cierta impotencia al no poder controlarlos"*. A lo anterior, los entrevistados de Sa Pobla y Felanitx añadieron que *"muchos padres creen que sus hijos no van a llegar a nada, que aquí han llegado no para hacer carrera, sino para sobrevivir"*. El profesorado entrevistado de Palma abunda en lo anterior (*"hay de todo"*) y añaden que *"suelen venir las madres"*.

Son varias las vías por las que los padres pueden interesarse e incluso participar en el proceso educativo de sus hijos: las tutorías, la participación en las AMIPAS (Asociaciones de madres y padres de alumnos) y la informática a través del programa Gestib, más las consultas que voluntariamente puedan hacer los padres al profesorado o a la dirección del centro. Los entrevistados de Manacor apuntaron que

---

78 Al respecto no hay estadísticas específicas, aunque sí algunos estudios realizados en el territorio balear: MIQUEL NOVAJRA, A. (1996). *Un soc al pla. una aproximació a la població magribí de Sa Pobla (Mallorca)*. Collecció Notextos. Govern Balear; VV.AA. *La población marroquí residente en Baleares. Una aproximación a sus necesidades y problemáticas sociales*. Ed. CCME, Rabat, 2015.

"para hablar de la problemática de los hijos vienen tanto padres como madres, aproximadamente al 50%, pero las madres, que están recluidas en casa, apenas hablan catalán o castellano, y eso dificulta la comunicación". Los de Sa Pobla y Felanitx expresaron una realidad algo diferente a lo anterior: *"Para las tutorías individualizadas los padres suelen interesarse por los estudios de sus hijos, pero no vienen a las colectivas"*, *"Muchos padres son analfabetos y tienen falta de habilidades sociales, eso dificulta la relación"*. Y los de Palma reseñaron un hecho que es común en todos los centros, que sobre todo en el caso de que sean las madres las que acuden al centro, como tienen problemas lingüísticos, los hijos suelen ser sus intérpretes.

Todos los entrevistados coincidieron en la escasa, casi nula, participación de los padres de alumnos marroquíes en las AMIPAS. Manacor: *"En las AMIPAS no participan nada. Pagan las inscripción por los beneficios económicos (descuento en los libros de texto, excursión final de curso, etc.)"*. *"La información de becas o ayudas para material escolar la adquieren en la calle, por el boca a boca; entonces vienen al centro. Para estas cuestiones hay una trabajadora social, si no les gusta lo que les dice comentan que lo mejor saltársela"*. Sa Pobla/Felanitx: *"Los padres no participan en las AMIPAS y nunca van a las celebraciones o los festejos escolares"*. Lo mismo Palma: *"Los padres no participan en las AMIPAS, y el centro no se interesa lo suficiente para que lo hagan"*[79].

Por último, pero no menos importante, es lo que los entrevistados llamaron "la brecha telemática" o "brecha digital". El programa informático Gestib, del que ya hemos hablado, es también, al margen de las estadísticas que ofrece, una herramienta básica de información y comunicación entre los padres del alumnado y el profesorado. Desde él se realizan determinados trámites telemáticos y permite consultar las notas, los expedientes académicos, las convocatorias de las tutorías, la comunicación de actos o de las actividades escolares y extraescolares; a su vez, sirve para que el profesorado se comunique con los padres o

---

79 Al objeto de proteger el catalán ante un idioma tan hablado como el castellano, las políticas de inmersión lingüísticas hicieron del catalán la lengua vehicular en los centros educativos, y es en la que suele expresarle el profesorado en todas sus actividades; también en la reunión con los padres de alumnos o las reuniones de las AMIPAS. Los padres de los alumnos marroquíes, sobre todo los de la primera hornada migratoria, no suelen tener un buen dominio de las dos lenguas oficiales, siendo ésta la razón, en muchos casos aducida, para justificar su escasa participación.

para que éstos justifiquen las faltas a clase de sus hijos[80]. Dado, pues, que buena parte de la información y de la comunicación se realiza a través del programa, y que muchas familias carecen de ordenadores, muchos centros, como el de Manacor, tienen establecidos un programa de préstamos de ordenadores o, como en el caso del centro de Palma, procuran ayudas para que dispongan de ellos en coordinación, previo informe, con Asuntos Sociales.

Los problemas de socialización vienen motivados fundamentalmente por las diferencias culturales, religiosas y económicas en un contexto donde el racismo, en sus múltiples formas, no acaba de desaparecer; antes bien, parece haberse recrudecido en los últimos años. No es un fenómeno que afecte exclusivamente al colectivo marroquí, si bien se hace en él más visible por ser el segundo colectivo más numeroso de personas migrantes tras el alemán. En Baleares conviven ciudadanos de más de cien nacionalidades y ha sido durante años la comunidad autónoma con la mayor tasa de extranjeros de todo el Estado. Este hecho, sin embargo, en vez de generar una sociedad multicultural y cosmopolita, ha dado en una sociedad estanca y segregada en la que sus partes apenas tienen relación. No cabe aquí profundizar en las razones y consecuencias de este fenómeno, pero sí consignar su reflejo en la convivencia escolar.

Los entrevistados de Manacor ya señalaron el clasismo social que pervive en el pueblo, a la vez que la resistencia que ha habido en la localidad a la construcción de una nueva mezquita. Perciben, sobre todo en algunas alumnas, y más en las que cursan Bachiller, una vuelta al uso del velo, hecho que entienden como una manifestación más radical de su religiosidad y también como un refuerzo de su identidad ante un racismo que más que atenuarse parece incrementar. Una "radicalización" que no entienden sólo a título personal: *"No hay interferencias con lo que enseñan en las mezquitas, pero hemos notado una radicalización en pequeños grupos"*.

El 11,23% de la población de Sa Pobla es de origen marroquí, y el 12,30% en Felanitx. En estas poblaciones al colectivo marroquí

---

80 En el caso de las faltas a clase, si repetidamente no son justificadas el centro inicia un protocolo de absentismo: llegado a un número determinado de faltas sin justificar el centro solicita la intervención de Asuntos Sociales.

está fuertemente arraigado, tanto que ya se puede hablar de una tercera generación. Sin embargo, los entrevistados de estas localidades perciben que son reacias a la integración y que existe un racismo apenas encubierto (*"A alumnas de bachiller, nacidas en Felanitx, de padres marroquíes, se les sigue llamando "moras"*)[81]. Ese apelativo, entienden, es una negación de su nacionalidad española y una categorización de ciudadanas de segunda. La vuelta al velo la ven motivada, en parte, como reacción reactiva frente a la xenofobia, con la consecuencia del refuerzo identitario con los elementos culturales y religiosos que las hacen ser distintas: *"Hay cambios importantes en las vestimentas de las madres, se han tapado más, y también se ve en las alumnas en el instituto. También han cambiado sus actitudes, y socializan menos"*. Opinan que las chicas sufren una doble presión: por ser mujer y musulmana, y citan como ejemplo la frase de una alumna: *"Estoy cansada de ser lo que se espera que sea"*. Y añaden: *"Aquí las chicas que quieren abrirse paso reciben mucha presión de las amigas (por el móvil, por ejemplo) y del fuerte control social que sufren"*. Y si en las chicas ven estos cambios, en los chicos observan una actitud distinta, *"una tendencia cada vez mayor al victimismo y a acusar de racismo (en situaciones que se son adversas)"*.

En el mismo sentido se expresaba el profesorado entrevistado en Palma, para el que la vuelta al velo viene dada, en buena medida, por el auge que socialmente está teniendo el discurso de la ultraderecha.

Trabajadores sociales

Las dos trabajadoras sociales entrevistadas, una en Manacor y otra en Palma, fueron elegidas tanto por su formación como su experiencia. La primera es mediadora intercultural, intérprete y técnica superior en Integración Social, trabaja para el Ayuntamiento de Manacor y cuenta con 29 años de experiencia; la segunda es educadora social y mediadora Intercultural, trabaja en el GREC (Grupo de educadores de calle) y su experiencia es de 16 años. A más de la formación y la experiencia, la primera es marroquí y la segunda la primera generación nacida en Mallorca de familia marroquí, y más en concreto, en ambos casos, de ascendencia

---

81 *"Aumento de la discriminación por aumento de la permisividad de actitudes machistas, homófobas, racistas, etc.".*

rifeña, lo que garantizaba para la investigación un conocimiento profundo de ambas culturas.

La entrevistada de Manacor, con amplia experiencia en los problemas de escolarización y el seguimiento del absentismo, enmarcó su relato en el hecho de que la mayor parte de los inmigrados marroquíes de la localidad provienen del medio rural de la zona de Nador, lo que determina un perfil familiar de bajos ingresos, escasa cultura, timidez social y poco interés por los estudios de sus hijos. *"Es una población –dice- que no hace ruido, que no molesta"*. Ese perfil es determinante para comprender algunos de los problemas de escolarización del alumnado marroquí. La entrevistada de Palma, en cambio, dio menos importancia al origen rural o urbano[82].

Otro elemento que introdujo en su análisis la entrevistada de Manacor es la lectura diacrónica de la problemática escolar, esto es, el cómo desde la primera hornada de inmigrantes el colectivo ha ido modulando sus actitudes y comportamientos en las localidades de acogida en razón de su mayor conocimiento de las nuevas normas y obligaciones legales o prestaciones sociales a las que están sujetos o de las que se pueden beneficiarse. Por ejemplo, la alta tasa de absentismo que se daba en los primeros años de residencia ya no se da.

Lo anterior condujo a ambas a rechazar el concepto de "Integración", por cuanto supone la asunción de las normas sociales, la cultura y los valores morales de la sociedad de acogida, lo que repercute en parte de la pérdida de identidad del inmigrado; a la integración opusieron el concepto de "acomodación sin asimilación" o "acomodación acumulativa"[83].

Ambas coincidieron en la persistencia de la alta tasa de abandono escolar prematuro y que las causas que lo provocan son tanto económicas como culturales: *"En Manacor, los chicos no le encuentran atractivo a*

---

82 Probablemente porque el colectivo marroquí residente en Palma es de origen más diverso, con predominancia del urbano, desde poblaciones medias como Tetuán hasta una gran urbe como Casablanca.

83 La integración social viene definida como *"un proceso mediante el cual las personas se incorporan de manera plena y participativa en la sociedad en la que viven, independientemente de su origen étnico, cultural, económico, género, orientación sexual, discapacidad u otras características personales"*, una definición tan abstracta que olvida las dificultades y mecanismos con los que las sociedades de acogidas se defiende de los recién llegados, ya sea el racismo, la xenofobia, la homofobia o los prejuicios sociales.

estudiar, lo que quieren es salir y trabajar, tener un ingreso. Algunos se dedican al trapicheo"[84]. O también: *"El machismo de los chicos les lleva al desprecio de los estudios, por ser hombre ya está"*. En el caso de las chicas, éstas se encuentran con la resistencia de los padres para que sigan estudiando, si bien es una tendencia que se va debilitando en la inmigración de segunda generación, nacida ya en Mallorca y de doble nacionalidad[85].

También el absentismo tiene causas diferentes según el sexo: el mayor desinterés de los chicos por los estudios y las tareas familiares en las chicas, encargadas de cuidar a los hermanos menores, llevarlos al colegio, hacer la comida o atender a los enfermos[86].

Entre los que continúan estudiando, ambas entrevistadas coincidieron en que hay una tendencia a cursar Formación Profesional (aprendizaje de un oficio o profesión con alta empleabilidad), que son pocos los que cursan Bachiller (sobre todo chicas) y que la mayoría no se plantea la universidad *"por los gastos insumibles que supone"*[87].

Respecto a la relación con el profesorado, ambas señalaron *"que hay de todo"*. Manacor: *"Las niñas, por sí, por la educación recibida allí, somos tímidas, somos educadas, no levantamos la cabeza, tú me hablas y yo no te miro la cara. Los profesores tienen más simpatías por ellas. A los chicos les disgusta que una profesora, "mujer", les mande. Esa actitud altiva hace que entren en conflicto con los profesores, así empezamos con las excursiones, las faltas, etc. Conozco casos en que han acusado de racista al profesor (victimismo) y han sido expedientados un mes"*[88]. Por su parte, la entrevistada de Palma añadió que *"hay poca sensibilidad de los docentes en secundaria y bachiller, lo que genera mucha presión en el alumnado marroquí por demostrar que son buenos"*. También, *"que los profesores no se preocupan por la cultura* (de origen) *de los alumnos"*[89].

---

84 En este caso por trapicheo –que es sinónimo de regateo, chanchullo o cambalache– debe entenderse como el trabajo en puestos de venta ambulante por los mercadillos de los pueblos o a la venta y distribución al por menor de hashish o marihuana.

85 *"Muchos tienen la preocupación de que la niña pierda la virginidad…"*

86 Manacor: *"Durante años he hecho el seguimiento del absentismo escolar, tratándolo con los dos padres. En algunos casos tuve que amenazar con denunciarles".*

87 Otra forma de resistencia paterna: Manacor: *"Hay padres que me han pedido que para su hija curse el Bachiller le buscase un Instituto cerca de casa".*

88 Aquí el discurso de la entrevistada fue muy significativo, al hablar de las alumnas se incluyó en ellas, es decir, que compartió sus experiencias.

89 Y de manera más general, que *"el problema de origen es la estructura educativa, que es*

Lo expuesto anteriormente explica en buena medida el mayor rendimiento escolar de las chicas: mejor relación con el profesorado y, al salir menos de casa, mayor tiempo dedicado al estudio. La continuidad de los estudios supone, a la vez, sean o no conscientes de ello, una vía de empoderamiento, esto es, una manera de ganar autoridad y reconocimiento de sus capacidades en un contexto familiar que viene descrito como tremendamente patriarcal y machista. Y de manera subsecuente, una forma de afrontar el racismo.

En cuanto al racismo más o menos encubierto de algunos profesores, ambas entrevistadas coincidieron en que, aparte del substrato racista que pudiera existir, el tono del racismo se ha elevado con el auge político de la ultraderecha: *"Desde que Vox está en las instituciones se sienten legitimados (los profesores) de expresar su racismo. He oído comentarios como que no participan, que sólo vienen por las ayudas, que para qué están aquí... Lo que ha provocado quejas de los padres"*[90].

En la relación con los demás alumnos no marroquíes influye tanto la religión como los comportamientos y actitudes culturales y sociales, que en las sociedades teocráticas están tan entreverados con la propia religión. La entrevistada de Manacor: *"Los chicos se hacen con otros chicos. Las chicas conviven en el ámbito escolar, pero cuando salen de clase cada una se va a su casa. Para salir, los padres tienen que conocer a los padres de las otras chicas"*. La de Palma: *"Los hábitos sociales y culturales marcan una diferencia, pero la religión estigmatiza aún más"*.

Con la descripción de sus funciones como mediadora intercultural que trabaja para el Ayuntamiento (seguimiento del absentismo, asesorar sobre las diferencias culturales en cuanto a comida o actividades

---

patriarcal y racista". Con respecto al desconocimiento de la cultura de origen, la entrevistada de Manacor añadió que en varias ocasiones había propuesto que se dieran clases de lengua y cultura árabe en los centros, y ante la reiterada negativa concluyó con un *"al final, vosotros no vais a controlar nada"*. La entrevistada de Palma se quejaba igualmente de que *"no se ofrezcan centros culturales donde se enseñen cultura y lengua árabe"*.

90 En la actual coyuntura política española, el Partido Popular necesita los votos de Vox para gobernar, y en cuanto que compiten en el mismo caladero de votos, ha radicalizado su posición de derechas, con el resultado de que ha expandido el discurso xenófobo y racista de Vox, que por sí sólo tendría menos trascendencia política y social. Lo contrario de lo que ha hecho la derecha portuguesa, negándose a pactar un gobierno con la ultraderecha.

extraescolares, informar sobre prestaciones sociales y ayudad escolares, mediar en los problemas escolares entre el centro y las familias, etc.), la entrevistada de Manacor confirmaba, de manera indirecta, la escasa participación de los padres en las AMIPAS y en los eventos escolares, al igual que el seguimiento del rendimiento escolar de los hijos viene condicionado por el nivel económico, cultural y religioso familiar.

En el discurso de las dos entrevistadas, el racismo en la sociedad de acogida y el patriarcado y machismo en la cultura marroquí fueron temas transversales presentes en casi todas sus opiniones sobre los temas relacionados con los problemas de la escolarización, amén de las diferencias que establece la práctica del islamismo. Un racismo que ven incrementado por la coyuntura política y que provoca acciones reactivas, bien sea una tendencia al aislamiento, bien una reafirmación externa de la identidad. Respecto al aislamiento destacaron el nulo contacto de los centros con las mezquitas, y viceversa: *"El aislamiento de las mezquitas es un freno de la integración"*, o *"Les he oído decir que no hay que jugar con los niños de aquí"*. Comentaba la entrevistada de Manacor que intentó crear un movimiento asociativo (se entiende que laico y al margen de las asociaciones de las mezquitas) y que fue un fracaso.

Respecto al velo, en las que ambas coincidieron en que hay una vuelta moderada a su uso, la entrevistada de Palma lo vio *"como una reacción contraria a la xenofobia"*, la de Manacor matizó con lo siguiente: *"Para algunas ya en casa está la presión familiar, pero cada chica responde de una manera u otra… También hay padres que no obligan, les dejan elegir a las chicas… Y otras que si su amiga se lo puso yo también me lo voy a poner… a veces es una imposición, a veces es un refuerzo de la identidad"*.

El patriarcado y el machismo determinan los roles masculinos y femeninos, así como sus campos de acción y el límite de los mismos, que para los chicos es mucho más laso que para las chicas. Para la entrevistada de Manacor, *"las mujeres legitimamos el patriarcado"*, y contaba, como ejemplo, que es frecuente *"ver a la madre llevar la mochila del hijo y a la hija cargada con la suya"*.

Alumnos

Para obtener información sobre cómo el propio alumnado vivió su escolarización se planteó entrevistar a alumnos marroquíes que hubiesen acabado un grado universitario o estuviesen estudiando en la Universidad. Con ellos se formó un grupo de discusión, usándose la técnica propia de este tipo de entrevistas bajo la guía de un cuestionario semiestruturado. No obstante, dado que con esta técnica se persigue hacer aflorar las actitudes, experiencias, creencias y sentimientos de los participantes, se optó por reducir el cuestionario a tres temas básicos: el abandono escolar y sus causas y las relaciones con el profesorado y el resto del alumnado. Los entrevistados graduados, por su edad, fueron de los primeros marroquíes en obtener un grado universitario, pertenecientes, por tanto, a la primera generación nacida o criada desde su infancia en Mallorca, con lo que esperábamos que aportasen una visión diacrónica de los problemas a tratar.

La primera evidencia surgida en la entrevista no fue sólo el excelente dominio del castellano y el catalán, aunque se expresaran mejor en uno u otro idioma, sino el buen manejo del léxico adquirido en sus estudios, lo que reflejaba, dicho en términos de Bourdieu, la adquisición de un capital simbólico que no sólo supone el logro del reconocimiento social, sino que descansa en un *habitus* conformado en la contradicción entre las estructuras sociales internalizadas en el ámbito familiar y las nuevas formas de percepción, pensamiento y acción derivadas del capital cultural adquirido en los estudios. Esa dicotomía estuvo presente en todas sus opiniones.

Otra característica de este grupo fue que, al haber compartido vivencias similares, más que una confrontación de ideas u opiniones resultó ser una aportación de matices a las ideas que se compartían, por lo que en cada tema analizado se partió de una opinión similar matizada por la experiencia de cada cual.

Respecto al abandono escolar prematuro, se sintetizó en la siguiente opinión: *"En el abandono influyen muchos factores: la familia, los amigos, el entorno, el profesorado, el estado emocional de los niños… También las condiciones laborales y económicas de las familias. Hay muchos padres ausentes (en la educación de los niños) por lo mucho que trabajan. Si hubiera un protocolo para guiar a estos chicos habría menos abandono. Hay chicos a los que le hacen bullying o los excluyen, y eso influye en la baja autoestima. Hay muchos factores, pero los más importantes son la familia y la escuela.*"[91]

Lo anterior se matizó con la introducción de los problemas que genera la diferencia de raza, cultura y religión: *"Creo que el abandono escolar en Mallorca no es (sólo) por la cultura, es más bien por cómo el país recibe a estos chicos desde Primaria. En Primaria hay mucha exclusión. Yo llegué aquí a los tres años y tuve una etapa muy dura adaptándome al país, a la nueva rutina, la nueva dinámica.*"[92]

En cuanto a la experiencia de abandono escolar entre sus compañeros de la ESO y Bachiller, al ser de los primeros alumnos marroquíes que cursaban la ESO, no supieron valorar si la tasa de abandono en ellos era o no más alta que la del resto del alumnado. Por otro lado, hubo una total coincidencia en reconocer el mayor interés y rendimiento escolar de las chicas respecto a los chicos. De estos últimos destacaron su escaso interés por continuar los estudios como motivo de abandono[93], mientras que *"las chicas siguen mas. Algunas dejan los estudios porque se casan o dejan el país*[94]. *Las que dejan los estudios al casarse es porque las familias son más tradicionales, aunque otras no. También las hay que por decisión propia deciden quedarse en casa".*

Con respecto a la participación de los padres, los entrevistados se centraron en el mayor o menor interés por el estudio de sus hijos. Ya se mencionó anteriormente su "ausencia" aduciendo a la causa económica, si bien reconocieron también que el hecho de proceder de un medio rural o urbano es un condicionante. El interés o desinterés paterno por los estudios de los hijos aparece, indirectamente, como factor de desmotivación para continuar los estudios postobligatorios: *"Mis padres no me motivaron, trabajaba y estudiaba por mi propia voluntad".* Pero

---

91 Aquí tenemos un ejemplo claro de lo que decíamos antes, la opinión de esta entrevistada, graduada en Educación Social, es una fiel reproducción del argumentario actual de las escuelas de trabajo social, incluida la mención a la necesidad de un protocolo.

92 Esta matización la hizo la misma participante minutos después de que hiciera la anterior. Es de notar que mientras en la primera intervención enmarcó el problema en términos académicos, en la segunda habló desde su experiencia vital, ilustrando de esta manera lo que más arriba hemos comentado del *habitus.*

93 *"Los chicos tienen menos interés y salen más, no ven un beneficio en tener estudios".*

94 No hablaba necesariamente de Marruecos: "En Marruecos tengo poca familia, la mayoría está repartida por Europa". Una situación que es muy común..

también: *"Ahora hay muchas chicas que están o van a llegar a la Universidad, las familias se han abierto más"*.

La discusión sobre las causas del abandono fue derivando desde los condicionantes más generales al más específico del ámbito escolar, en particular a la actitud y relación del profesorado y al clima de rechazo social que se vive en las aulas. Por ejemplo, que *"la motivación de los profesores es muy distinta cuando eres inmigrante o no lo eres. Por ejemplo, si eres marroquí te dicen que hagas una FP de grado superior. No te dan las herramientas para que puedas aspirar a más"*. Ítem más: *"Aunque hayas nacido aquí, como eres marroquí los profesores me dijeron que no hiciera Derecho, haz una FP"*. Otra opinión que insistió sobre lo mismo, pero generalizando el hecho: *"También se da en otras nacionalidades. En genta latina. Creo que con las personas "racializadas" (los profesores) tienen otras expectativas. Se anima a hacer una FP. No les dan ningún tipo de feedback positivo que les anima a seguir. Ya desanimados se van a trabajar"*.

El rechazo social vivido fue expresado de manera contundente y, a la vez, etiquetado como una de las causas que, si bien no tiene por qué provocar directamente el abandono, repercute negativamente tanto en el rendimiento escolar como en la actitud ante las instancias educativas: *"Yo fui de los primeros marroquíes en mi escuela y era luchar constantemente contra mensajes de odio. Nunca vi un espacio donde ser escuchado y entendido"*. Una declaración que fue ampliada por una de las entrevistadas, hermana del anterior: *"Era más exclusión que integración. Ante mensajes de odio, a veces lo tomaban como una broma, y el pretexto era que los niños no saben lo que dicen.., pero los padres sí y los educan oyendo esos discursos. Creo que no hay persona inmigrante que haya crecido aquí que no haya recibido bullying o rechazo o algún tipo de exclusión. Por eso yo he nacido aquí pero no me siento española. De pequeña siempre era "tú, vete a tu país", y no entendía nada porque yo he nacido en este país. La palabra "moro" la tenían como algunos dicen buenos días, y si al final acudes al director, a algún tutor o a un profesor te encuentras con una barrera… y el que reacciona mal eres tú, que si te enfadas y explotas la culpa es tuya"*. Una declaración de otra de los entrevistados resumía las consecuencias de lo anterior de esta manera: *"Si te crías sintiendo el rechazo de tu propio país no es extraño que acaben abandonando los estudios, en la droga o en la delincuencia. Eso hace que refuerces tu identidad diferenciada"*.

El rechazo social estigmatiza, pues, la relación entre el alumnado, pese a las excepciones. *"Cuando llegamos éramos de los primeros y teníamos que hacernos amigos mallorquines o españoles. Ahora hay muchos marroquíes en la escuela, si los demás me hacen bullying me junto con los marroquíes y eso acentúa el aislamiento".* O también: *"Tenemos amigos "españoles", siempre he encontrado personas que entienden y que ven más allá de que soy el enemigo y me tienen que odiar"*[95]. Una actitud, la del rechazo, para la que no encuentran justificación; al menos en la historia reciente de España: *"Los españoles se han olvidado de que fueron emigrantes o exiliados de la guerra y que otros países les acogieron sin rechazo, con las puertas abiertas. Cuando los papeles cambian deshumanizan a las personas que emigran y que intentan mejorar su vida, porque en su país, por cuestiones económicas o porque esté en guerra..."*[96].

Llegado a este punto, el grupo de discusión se centró en los problemas de la integración (poniendo en cuestión el concepto), la identidad, el racismo y las actitudes reactivas que genera. Integración, decía una de los entrevistados, *"significa para mi respeto, no el que al llegar aquí tenga que dejar en mi país mis valores y mi identidad".* Es decir, que integración aparece como antónimo de acomodación o adaptación a una nueva realidad social sin perder por ello la identidad, hecho que dificultan notablemente las actitudes racistas y xenófobas.

El binomio integración-rechazo genera realidades subjetivas que son vividas con sufrimiento e incluso como una escisión. Es lo que expresaba con claridad una de las participantes: *"Aunque hayas nacido aquí vives dos realidades, la de casa y la de fuera de casa. En casa eres cien por cien marroquí, pero si tienes amistades españolas o de otras nacionalidades, cuando eres adolescente es difícil saber si tu identidad es la que tus padres te enseñan, la que ves fuera o si eres un "mix". Es difícil crear la identidad, pero la vivencia del rechazo que has vivido te aferra más a tu parte marroquí".* Con el añadido siguiente: *"Las mujeres tenemos una doble presión: por ser mujeres y por vivir en dos culturas".*

---

95 El "españoles" entrecomillado remite tanto a la burla -dado que el entrevistado es, por nacimiento y derecho, tan español como ellos- como al hecho de que, pese a lo anterior, se siente visto como un extranjero y un ciudadano de segunda.

96 Hay un poco de victimismo y otro poco de ignorancia en esta declaración. Si bien los exiliados de la guerra civil fueron bien acogidos en países como México o Francia, donde siguieron combatiendo contra los nazis, los emigrados durante la dictadura franquista a países europeos como Francia (una emigración temporal para la recogida de la vendimia) o Alemania no eran tratados tampoco en régimen de igualdad.

Hubo un consenso general en la apreciación de que las actitudes racistas han aumentado en los últimos años y cómo, por pura reacción, está provocando rechazo y refuerzo de la identidad en la población marroquí más joven. Una de las entrevistadas expresaba sí sus vivencias: *"Cuando llegamos, que éramos de los primeros, nos miraban con curiosidad; ahora nos miran con odio, con mucho rechazo. Nos equiparan ahora con los MENAS"*[97]. Y otra de las entrevistadas añadía lo siguiente: *"Veo que en los últimos tiempo se ha incrementado el racismo en los medios de comunicación y en la política, y cómo se ha proyectado en la sociedad... La libertad que tiene la ultraderecha para hacer un discurso de odio falso, con datos inventados para generar más odio y que la gente lo asume porque es un discurso primitivo que prefieren creer"*. A lo que otro de los entrevistados respondió llevando las causas del aumento del racismo un poco más allá: *"Creo que también ha influido la visión americana del musulmán, de la que se ha hecho eco España, y eso ha calado mucho después de años de machacar a la opinión pública... Además, se crea así un enemigo interior para ocultar los problemas o la mala gestión del país"*[98].

Lo anterior llevó a habla del incremento del uso del velo entre las jóvenes, y que si era o no una reacción del refuerzo de la identidad –cultural, pero sobre todo religiosa- contra el racismo. De entrada, *"el uso del velo discrimina, te miran diferente a si no lo llevas"*. Por otra parte, *"el velo es visto como represión religiosa y sexual de la libertad, como una imposición propia de tus límites. Pero el mensaje del hiyad es que te vean por dentro*

---

97 Los MENAS (acrónimo de Menores no acompañados) son las niñas, niños y adolescentes menores de 18 años que llegan a España sin la ayuda, el cuidado o la tutela de un adulto tras recorrer las mismas rutas migratorias que los demás, enfrentándose, por lo común, a todo tipo de violaciones de sus derechos y su persona. Al llegar, suelen ser internados en centros de acogida hasta cumplir la mayoría de edad, momento en que abandonan los centros para enfrentarse a una sociedad en la que no tienen arraigo y con alto riesgo de caer en una situación de exclusión social. Son uno de los blancos preferidos del racismo de la ultraderecha, que los tacha sin fundamento alguno de ser onerosos para la administración pública, vagos y delincuentes. Recientemente, PP y VOX se negaron a que se repartieran por cupo entre todas las comunidades autónomas, ya que hay una gran concentración de ellos en las Islas Canarias.

98 Se refiere al atentado de las torres gemelas en Nueva York, en 2001, y a cómo todo musulmán quedó etiquetado como probable terrorista. Trump llegó a firmar una orden ejecutiva con la que prohibía temporalmente la entrada a EE.UU. a ciudadanos de Irán, Irak, Siria, Sudán, Somalia, Libia y Yemen. Y de forma indefinida a los refugiados sirios.

y no por el pelo que llevas, el escote, etc. Pienso que las que se ponen velo deciden más que las que se visten de corto", con lo que vino a decir que su uso es un refuerzo o una reafirmación de los valores morales tradicionales sin que eso tenga que suponer una reacción frente al racismo, lo que sí hace de forma indirecta la siguiente: *"el velo tiene un motivo religioso, y si creo en algo por qué no voy a ponerme el velo".* Y ya de forma directa: *"No creo que tenga que quitarme el velo porque los demás piensen que no es correcto. En la universidad defendía que la lucha por el velo es otra lucha feminista. Se piensa que si una chica lleva poca ropa es liberal, pero eso es subjetivo"*[99]. Por último: *"Ahora hay más libertad y las chicas pueden decidir llevarlo. Antes se sentían oprimidas al llevarlo, pero conforme crecen y reconocen su identidad pues ahora me lo pongo porque quiero ponérmelo. Hay ya pocas familias que obliguen a sus hijas a ponérselos"*[100].

Ya que la mayoría de sus componentes eran graduados universitarios, la última pregunta para el grupo de discusión fue si en el ejercicio de sus profesiones – donde cada vez más chicas llevan velo- seguían encontrándose con igual racismo. Las respuestas fueron simples, claras y muy significativas: *"Generas reacción de sorpresa cuando te ven trabajando en una profesión".* O bien: *"El racismo se acaba cuando te igualas a ellos. Hay microrracismos, pero ahora que ejerzo mi carrera no me tratan lo mismo que cuando era camarera".*

Administración Pública

La ronda entre los actores que intervienen en el proceso educativo terminó con una entrevista a un representante cualificado de la parte de la administración pública encargada de gestionar el sistema educacional, en este caso a la Directora General de Planificación y Gestión Educativa de la Conselleria d'Educació i Universitats del Govern Balear[101].

---

99 No hubo lugar a ello, pero esa afirmación sugiere un interesante debate sobre si las teorías feministas al uso no pecan de también de etnocentrismo.

100 Esta opinión remite a lo dicho anteriormente de vivir dos realidades y a decantarse más por una de ellas en función del rechazo.

101 La entrevista fue realizada en noviembre de 2023, cinco meses después de las elecciones autonómicas de finales de mayo. El resultado en Baleares fue el de un cambio de gobierno, pasando de una coalición de partidos de izquierdas con hegemonía del PSOE (conocida como Pacto de Progreso) a un gobierno del Partido Popular con el apoyo parlamentario de VOX.

Estando de acuerdo con que la tasa de abandono escolar de Baleares ha sido durante años una de las tasas más altas del Estado[102], sí puso en tela de juicio los criterios metodológicos del Instituto Nacional de Estadísticas (INE) para calcular dicha tasa, argumentando su desacuerdo en que la encuesta se hiciese entre los jóvenes en edades comprendidas entre los 18 y los 24 años[103]: " *Creo que, en puridad, no se tiene que hablar de abandono a esas edades, en todo caso lo que hay es gente que no tiene una formación postobligatoria, un estudio superior... Nosotros queremos trabajar en una franja entre los 14 y los 18 años o entre los 16 y los 18 porque la escolaridad obligatoria va hasta los 16, más allá no considero que sea abandono. Es que si el sistema, por lo que sea, no resulta atractivo o si la sociedad, a nivel económico, no permite que determinadas edades si no tienen un revulsivo importante puedan continuar estudiando... A ese abandono habría que ponerle otro apellido: abandono de estudios superiores, abandono de estudios medios, de FP... A los 18 años se tiene edad de decidir, a los 16 edad de trabajar, pero en el caso de los 16 sí sería abandono porque no se tiene una formación que permita llegar a según qué niveles (profesionales), sólo se tendría una formación básica, muy poco cualificada para lo que demanda hoy el mercado. Habría que poner el foco en una edad más temprana*".

Actualmente, las economías occidentales se sostienen en una feroz competitividad que tiene como base, a más de la inversión en nuevas tecnologías y el principio de I+D, la alta cualificación profesional y la ultraespecialización. Por ello, el objetivo prioritario de las políticas educativas de los países pertenecientes a la Unión Europea es el de procurar que los jóvenes continúen su formación más allá de los estudios postobligato-

---

102 La segunda, en el momento de la entrevista; la primera durante muchos años.

103 INE: "En base a la Encuesta de Población Activa el abandono temprano (o abandono prematuro) de la educación-formación es el porcentaje de personas de 18 a 24 años que no ha completado la educación secundaria de segunda etapa y no sigue ningún tipo de estudio-formación en las cuatro semanas anteriores a la de la entrevista. Su máximo nivel de educación es el nivel (0-2) de la CNED-2014 y no recibe ninguna educación ni formación (formal y no formal). Desde 2014 el INE aplica la nueva Clasificación Nacional de Educación 2014 (CNED-2014), basada en la Clasificación Internacional Normalizada de la Educación 2011 (CINE-2011) que garantiza la comparabilidad con los resultados de otros países. Eurostat optó por incluir la nota "ruptura de serie" en el año 2014 asociada a todos los países en los indicadores de "abandono educativo temprano" y de "nivel de formación".

rios[104], es decir, que lleguen a ser una mano de obra con la cualificación que requieran los mercados laborales y las necesidades económicas. La importancia que se le da es tal que aparece como uno de los objetivos claves de la Agenda 2030 aprobada por la ONU, a la vez que la tasa de abandono escolar temprano es considerada como uno de los indicadores de desarrollo sostenible. Es por ello que el concepto de abandono temprano se aplica, de manera convencional, a la no continuidad de los estudios tras la enseñanza obligatoria. En cambio, aunque de manera no totalmente excluyente con lo anterior y deteniéndose más bien en una cuestión semántica, en la opinión expresada por la entrevistada se sostiene que no hay abandono en tanto se culmine la enseñanza obligatoria, de lo que se desprende que a partir de ahí cesa la responsabilidad legal del sistema educativo, quedando la continuidad de los estudios, por lo común, a expensas de la voluntad del alumno o de las posibilidades económicas de la familia.

Para la entrevistada, de manera general y sin entrar en los matices de las nacionalidades[105], las causas del abandono son diversas y complejas, destacando entre ellas la situación económica familiar, los factores sociales, el absentismo escolar crónico y los problemas estructurales que padece el propio sistema educativo: *"Se ha creado una Mesa para potenciar el interés por el conocimiento relacionado con la modificación de los currículos. Aparte del abandono, los resultados de nuestra comunidad autónoma, a nivel de PISA[106], por ejemplo, son muy poco deseables y negativos, por lo que se tiene que trabajar en esa línea. ¿Las causas del abandono? La mucha facilidad (que se da en Baleares) al acceso al mundo laboral, a trabajos poco cualificados, mal pagados, con salarios bastantes cuestionables... Claro, esto incide en muchas familias que están en una*

---

104 Ponemos en entredicho, dada la manera en que se está relegando la formación humanística, que ese ir más allá, como se suele reseñar literalmente en los textos comunitarios, debe hacerse en consideración a lo que la formación contribuye al desarrollo individual y al progreso social. Más bien es al económico.

105 En la última encuesta del INE, de 2023, son los alumnos extranjeros los que presentan la mayor tasa de abandono escolar prematuro, el 32,8%, un porcentaje que casi duplica la tasa de los nacionales.

106 El informe PISA (Programa para la Evaluación Internacional de los Estudiantes) es un estudio, elaborado por la OCDE, que se realiza cada tres años a nivel mundial; mide el rendimiento de los estudiantes de 15 años en ciencias, matemáticas y lectura. Este informe no evalúa al alumno, sino al sistema educativo en el que estudia.

situación económica que requiere que los miembros en edad de trabajar lo hagan. Eso sería uno de los factores. Otros no tienen que ver solamente con determinados niveles sociales. Por ejemplo, en el caso de que uno o los dos padres trabajen, que tengan un horario incompatible con la vida familiar, que prioricen su ascenso social... ello puede hacer que los hijos decidan abandonar los estudios y que los padres no se lo cuestionen tampoco".

Sobre el absentismo, cuando se hace crónico, como causa directa del abandono, expresó lo siguiente: *"Otro motivo (de abandono) que nosotros vemos, y que estamos trabajando mucho porque Fiscalía de Menores no está colaborando, es que cuando hay un absentismo crónico en los centros, cada centro, tanto de Primaria como de Secundaria, tiene la obligación de poner en marcha un protocolo de absentismo muy exhaustivo, pero nosotros tenemos un límite. El profesorado o el equipo directivo pueden actuar hasta cierto punto. Cuando han hecho el protocolo, con las familias, con los agentes sociales habidos y por haber, puede haber una respuesta, pero si no tiene continuidad ni consecuencias para nadie no sirve de mucho, el protocolo resulta vacío. Antes, si los padres no se preocupaban les ponían una multa de 1.000 o 1.500 euros por considerarse que era abandono de los hijos y que no actuaban en interés superior del menor. Ahora Fiscalía tiene otras prioridades, está desbordada y no entendemos que no puedan tener suficientes recursos para poder hacer el seguimiento. Así que hay gente que se escabulle. O sea, que se hace el protocolo y no sirve para nada. Se llama a los padres y se desentienden; los que van a los centros sus hijos no dan problemas, pero los que tendrían que acudir a las tutorías son los otros. Por otro lado, el sistema educativo no está enfocado a un futuro en el que los jóvenes vean que tiene una opción (también sabemos cuál es la tasa de emancipación, jóvenes que con más de 30 años viven aún con los padres). En fin, pensamos que hay causas sociales, educativas y que el absentismo lleva finalmente al abandono".*

Sobre los problemas estructurales del propio sistema educativo en relación al abandono, y más en concreto sobre la Formación Profesional en sus distintos grados, empezó considerando que no hay concordancia entre la oferta y la demanda, *"bien porque sea insuficiente bien porque no hay una demanda social que pueda conducir a que cuando los alumnos terminan los estudios tenga un acceso mínimamente fácil para poder ejercer la profesión en la que se ha formado"*[107]. A la vez, también sucede que *"hay ofertas formativas muy vinculadas con las necesidades del mercado y no se cubren. También hay problemas para cubrir las plazas de profesores para esas especialidades. En otros casos, formados*

---

107 Hay que entender "demanda social" por demandas del mercado.

en especialidades como las Sanitarias después se van.., o gente que no puede estudiar lo que quiere porque no se están ofreciendo esas especialidades". Remarcando lo anterior: *"la oferta que tenemos de algunas especialidades no alcanza para cubrir toda la demanda, y ese es otro motivo de abandono: muchos, si no pueden hacer lo que quieren hacer, abandonan; no eligen una especialidad alternativa".* En tal sentido, la entrevistada habló del compromiso del gobierno que representaba de crear, en uno o dos años, 2.500 nuevas plazas de Formación Profesional, reto que consideró muy difícil por el coste y los recursos que supone. En cuanto a la parte empresarial, fuente de la oferta de trabajo, especificó que *"el sistema dual no acaba de cuajar porque no hay empresas suficientes que quieran el programa"*[108].

Por último, también consideró como causa de abandono las expectativas erróneas de algunos alumnos que empiezan a cursar una FP: *"También hay una parte del abandono a que los chicos no quieren estudiar. Entran en la FP pensando que estarán todo el día en el taller y cuando se encuentran que también tiene que estudiar la parte teórica lo dejan".*

Entrando finalmente en la especificidad del abandono escolar en el alumnado marroquí, la entrevistada no pudo aportar datos ya que desde la Consellería d'Educació nunca se ha hecho un estudio del abandono por especialidades, si bien, declaró, se plantean hacerlo[109]. Piensa que la lengua, o las lenguas, en el caso balear, *"ya no es un problema que suponga una dificultad añadida y, aunque tengan la "tendencia" de sus padres, ya tienen, digamos, una condición adquirida que se suma a sus costumbres".*

Sobre la concentración del alumnado marroquí, y más extensamente del alumnado extranjero, en algunos centros de Primaria y Secundaria, la entrevistada confirmó el hecho, de tal manera que hay centros con alumnos de más de sesenta nacionalidades a los que los propios profesores llaman "la ONU": *"Se intenta que haya una distribución equilibrada, pero hay zonas muy tensionadas (con un gran porcentaje de población extranjera), lo que hace que*

---

108 Un hecho que habla por sí solo de la mentalidad empresarial isleña y por extensión nacional. En contraste tenemos, por ejemplo, a las grandes empresas japonesas, que llegan a invertir en la formación de sus trabajadores hasta un 15% de sus beneficios empresariales. Un estudio específico sobre la cultura empresarial balear puede encontrarse en Miquel Novajra, A. y Reina Segura, J.L, *Gatos blancos, gatos negros. Un estudio sobre cultura empresarial.* Ed. El Viejo Topo., Barcelona 2001.

109 Por requerimiento del Ministerio de Educación, sí se hace con las nuevas incorporaciones de alumnos extranjeros por nacionalidad y localidad.

en los centros de la zona haya una alta concentración de alumnos extranjeros. Por una parte se aplica el principio de escolarizar al alumno lo más cercano posible de casa, pero a la vez hay que tener en cuenta el número de plazas disponibles en los centros, tanto públicos como concertados, y el precepto de la desconcentración. Es un problema con una solución muy difícil."

Durante la entrevista, de entre los problemas concretos que aparecen en la escolarización del alumnado marroquí remarcó que hay algunos que se producen, son específicos y pueden resolverse en el ámbito escolar y otros que requieren de una mediación, siendo que los mediadores culturales son contratados por los ayuntamientos y se desenvuelven en el terreno de los servicios sociales. De entre los problemas o dificultades que pueden presentarse surgieron los de la formación religiosa, la comida, el incremento del uso del velo y la xenofobia. En cuanto a la primera, la entrevistada afirmó que si hay una demanda suficiente en un centro se pone a un profesor de religión islámica al que se le exige las necesarias acreditaciones[110], y señaló que hay algunos centros de Primaria con más alumnos que piden la enseñanza de la religión islámica que la católica[111]. También, y al respecto, que la Consellería no mantiene contacto con las mezquitas y ni éstas lo plantean.

Respeto a los comedores, dado que los hábitos culinarios marroquíes están condicionados por la religión (lo permitido, *halal*, y lo no permitido, *haram*), *"cada vez se es más consciente del problema. Para los comedores hay nutricionistas que preparan las dietas, y si piden comida* halal *se tiene en cuenta"*. Sobre el uso del velo, conocía que se ha incrementado, y que ella misma, como profesora, ha tenido en clase alumnas con velo; zanjó la cuestión comentando que en la Consellería no se ha recibido ningún tipo de quejas sobre ese particular e indicando a su vez que mientras en Francia su uso está regulado en España no lo está. Y lo mismo con la cuestión del racismo y la xenofobia, esto es, que en la Consellería no se ha recibido ninguna denuncia al respecto.

---

110 Según la ley 26 /92 de 10 de noviembre, artículo 10.2, *la enseñanza religiosa islámica será impartida por profesores designados por las Comunidades pertenecientes a la "Comisión Islámica de España", con la conformidad de la Federación a que pertenezcan.* El resto de los requisitos son los mismos que se le pide a cualquier otro profesor.

111 *"Por mi parte, pienso que en los centros escolares no debería darle formación religiosa, pero hay un acuerdo con el Vaticano, con la Comisión islámica...etc."*

Consideraciones finales

La primera consideración que cabe hacer, puesto que todo el estudio gira en torno a ello, es sobre el propio concepto de "abandono escolar prematuro", un concepto que es relativamente nuevo en el argot del ideario y del discurso pedagógico y que, como tantos otros, son declinaciones encubiertas de conceptos económicos, y más concretamente del discurso económico neoliberal. Así, términos como flexibilidad, competencia, excelencia, aprender a aprender, formación permanente o meritocracia, son términos o expresiones que aspiran a establecer un *habitus*, dicho con palabras de Bourdieu[112], y que sitúan al alumnado ante nuevas y en algunos casos interesantes estrategias pedagógicas, sin duda, pero también, y sobre todo, ante estrategias que responden a la necesidad de formar una mano de obra acorde con el desarrollo de los nuevos modos de una producción cada vez más tecnificada. Hace ya mucho que la sociología de la educación viene insistiendo en la relación entre los sistemas de enseñanza y los sistemas de producción. Por ejemplo, la escuela fordista respondía a la formación de un modelo de trabajador pasivo que realizaba su trabajo en cadena, despreocupado de las vicisitudes de la empresa, interesado únicamente por su salario (disciplina cuartelera en las aulas, aprendizaje por repetición y memoria, calificaciones rígidas, atención siempre a la autoridad formal), mientras que la escuela toyotista procura producir un trabajador concebido como ser un complejo, activo, propositivo y emprendedor, en formación permanente, flexible en sus capacidades y habilidades técnicas, que pase de la motivación económica a la motivación moral, integrado en el grupo pero con el que se mantiene una relación laboral individualizada, capaz de interiorizar las normas de la empresa y la total identificación con sus objetivos (aprender a aprender, autogestión de la formación, autoridad no formal sino como rango de categoría sociológica (el liderazgo), trabajo en grupo, evaluación no sólo del conocimiento sino también de las actitudes

---

112 *"La autoridad pedagógica implica el trabajo pedagógico como inculcación con una duración suficiente para producir una formación duradera, o sea, un habitus como producto de la interiorización de los principios de una arbitrariedad cultural capaz de perpetuarse una vez terminada la acción pedagógica y, de ese modo, de perpetuar en las prácticas los principios de la arbitrariedad interiorizada".* Bourdieu, P. y Passeron, J.C. La *Reproducción. Elementos para una teoría del sistema de enseñanza.* Ed. Fontamara, Méjico, 2019. Pg. 73.

y rasgos de la personalidad tales como la sociabilidad, la empatía, etc.).

Sin lugar a dudas, es un logro extraordinario el que muchos países hayan erradicado el analfabetismo e instaurado, de una u otra manera, una enseñanza obligatoria que llegue hasta la edad legal de trabajar[113]. Dicho de manera gruesa y desadjetivada, el objetivo de toda enseñanza obligatoria es que el alumnado adquiera las herramientas y los conocimientos básicos generales que le permitan poder desenvolverse (medianamente) en el mundo en el que vive y proseguir, mediante los estudios postobligatorios, el aprendizaje de un oficio o una profesión. Para países poco industrializados y con un mercado de trabajo de baja cualificación los niveles adquiridos en la enseñanza obligatoria, si es que la tienen, son suficientes, y en ese contexto el concepto de "abandono escolar prematuro" se esfuma, no existe. En España, por ejemplo, la enseñanza escolar obligatoria, que llegaba hasta los 14 años, se estableció con la Ley General de Educación de 1970, en plena época de desarrollo económico; antes de eso la escolarización cubría hasta los diez años, edad con la que se podía trabajar; los oficios se aprendían trabajando[114]. En los países desarrollados, en cambio, el desarrollo depende en gran medida de la formación y de las cualificaciones de su fuerza de trabajo, o dicho con la nomenclatura de la Escuela de Chicago, los padres del neoliberalismo económico, del "capital humano", un capital en el que, como tal, para que arroje beneficios, su formación debe estar en constante crecimiento y progresión. En lógica con lo anterior, todo abandono escolar "prematuro" es visto como un despilfarro del capital potencial que puede aportar la población. De ahí, como ya hemos comentado, que se haya establecido como uno de los indicadores de desarrollo "sostenible" y que se intente reducirlo en lo posible[115].

---

113 Así es en la mayoría de los países de la Unión Europea, aunque hay algunos, como Francia, Reino Unido o Finlandia (que goza de uno de los sistemas de enseñanza más acreditados del mundo) donde se establece la obligación legal de educar a los menores (Primaria) pero permitiendo alternativas a su escolarización, como la educación en casa. Igual sucede en EE.UU y Australia.

114 En España, la enseñanza obligatoria se extendió hasta los 16 en 1990, con la promulgación de la Ley de Ordenación General del Sistema Educativo (LOGSE), cuatro años después de su entrada como miembro en la Unión Europea el 1 de enero de 1986.

115 No se trata sólo de cualificar a la fuerza de trabajo activa, sino también la del "ejército de reserva", como decía Marx, los desempleados.

Corroborando los datos estadísticos, todos los entrevistados confirmaron la existencia de una alta tasa de abandono escolar prematuro en el alumnado marroquí, incluso hubo consenso en sus causas, si bien cada cual matizó la importancia de cada una de ellas en función, claramente, de su papel en el sistema educativo. Por ejemplo, los entrevistados de Manacor, director y jefe de estudios de su centro, pusieron la tilde en el bajo nivel cultural de las familias marroquíes y su creencia en la inutilidad de los estudios, tras lo cual mencionaron la causa económica; apenas hablaron de las fallas de la propia acción educativa. Por su parte, los entrevistados de Sa Pobla y Felanitx, profesores de a pie, por así decir, destacaron como la causa más relevante la económica, para pasar a hablar después de los problemas estructurales del propio sistema: la falta de recursos en los centros, la escasa formación del profesorado para afrontar los problemas de la diversidad, la poca motivación que reciben los alumnos para seguir estudiando y las actitudes xenófobas que encontraban aún entre algunos de sus compañeros. Las trabajadoras sociales entrevistadas, mediadoras culturales, enfocaron sus discursos en el origen rural de las familias migrantes -lo que determina no sólo su relación con los estudios sino también la forma de vivir y relacionarse en una nueva urbanidad que le es tan ajena-, en la economía, causa de su desplazamiento, y en los rasgos culturales propios del colectivo marroquí, en particular en la manera en que se expresan los roles masculinos y femeninos y que vienen a explicar en buena medida el diferente comportamiento escolar de las chicas y los chicos; respecto a la escuela señalaron el racismo, tanto de alumnos como de profesores. Para los alumnos entrevistados, las razones son multifactoriales, si bien descansan principalmente en la familia y la escuela; en la familia, el nivel de ingreso y el origen de procedencia; en la escuela, la actitud del profesorado ante el alumnado extranjero y el vivido rechazo social de los compañeros. La entrevistada de la administración pública, directora general de Planificación Educativa, más allá de su desacuerdo en el término abandono y en la metodología en que se basa el cálculo de su tasa, y pasando de puntillas por los factores familiares, culturales u sociales, de los que apenas habló, se centró en los problemas del absentismo, en cómo se intenta atajar, y en las graves deficiencias que padece el sistema de Formación Profesional y que pueden propiciar el abandono, bien por su desajuste entre lo que se ofrece y las especialidades que demandan las empresas o las que requieren los propios alumnos, bien por la falta de recursos y profesorado, etc.[116]

El origen y las condiciones de vida de las familias, las diferencias religiosas y culturales y las actitudes xenófobas, o directamente racistas, en la sociedad de acogida son las variables independientes que transitan por todos los problemas de escolarización y socialización que se han tratado. Y entre todos ellos, la pobreza está en el epicentro. Como bien nos recuerda Bourdieu, la escuela es un ámbito en el que el mundo social es reproducido, estructurado por la distribución desigual de las distintas formas de capital.

Para Bourdieu, el capital del que habla, en sus distintas formas, obedece igualmente a la ley de la acumulación. Distingue cuatro tipos: el económico, el social, el cultural y el simbólico. El simbólico se sustenta en los tres anteriores y en el reconocimiento social que conlleva. El capital cultural queda fijado por las circunstancias de su adquisición, las familiares en primer lugar, que en el caso del alumnado marroquí se enfrenta al capital cultural que va adquiriendo en la escuela y provoca lo que podríamos llamar un *habitus* "dicotómico" del que hablaremos más adelante. Y también esto otro: *"Ante los muchos cambios que ha introducido la "movilidad forzosa" de las personas de un territorio a otro, se ha producido en estos colectivos un factor que interviene en la desigualdad de de los niños inmigrantes, el de la NO existencia de un "capital incorporado" reconocido en las sociedades de acogida"*[117]. Estamos, pues, como diría el sociólogo francés, ante una escolarización sin prehistoria.

La pobreza, decíamos. Familias pobres provenientes mayormente del medio rural, poco instruidas, con cualificaciones limitadas, enfrentadas a idiomas que desconocen y que recalan en la nueva sociedad a través de las redes de socialización que se establecen en los rutas migratorias[118], lo que les sirve en parte para recrear su mundo de partida y reforzar una

---

116 No cabe aquí ese nivel de análisis, pero una lectura detenida de las entrevistas desvela también la ideología de cada cual.

117 FERNÁNDEZ CASTRO, Félix. "Desigualdad educativa. El alumnado inmígrate en el sistema educativo andaluz. Un estudio de caso". Praxis Sociológica, n° 17, (www.praxisociologica.es). Universidad de Castilla-La Mancha, Toledo 2013. Pg. 190.

118 Recordemos, por ejemplo, que buena parte de la población de la población marroquí instalada en Manacor proviene de la región de Nador.

identidad que ven amenazada, pero que a su vez acentúa su aislamiento social. Las altas tasas de absentismo en esta primera hornada de inmigrantes, de las que hablaban las trabajadoras sociales, y la indiferencia familiar que mostraban los padres ante ese hecho, no eran más que el reflejo de la inercia de sus costumbres, su *habitus*, chocando con una legalidad aún por conocer y comprender[119]. Ese mismo *habitus* es el que se sigue reproduciendo, aunque cada vez con menos intensidad según aumentan los años de arraigo y se empiezan a suceder las generaciones ya nacidas en la sociedad de acogida, cuando se habla de las fallas de los padres respecto al seguimiento de los estudios de sus hijos, su poca participación en las AMIPAS o el poco uso que hacen de las herramientas informáticas que quedan a sus disposición (la "brecha telemática", como se le ha llamado en varias entrevistas). Por lo demás, para la mentalidad de una familia de inmigrantes pobres, con una media de tres hijos, la continuación de los estudios de uno de ellos supone, por contrapartida, un abandono salarial prematuro.

No hace falta ser extranjero para vivir esas circunstancias. En Mallorca tenemos el antecedente de las oleadas migratorias de andaluces y murcianos en los años sesenta, nutrientes de la mano de obra que, ante el vertiginoso y descontrolado desarrollo de la industria turística, requerían la Hostelería y la Construcción. También pobres, rurales, poco instruidos y enfrentados a un idioma para ellos desconocidos como el catalán. Llegaron, al igual que los marroquíes, por rutas migratorias socializadas, y al igual que ellos, aunque es verdad que con menor énfasis, fueron etiquetados de "forasteros", es decir, no pertenecientes a la comunidad mallorquina. Lo que ponía subrepticiamente sobre la mesa la eterna cuestión de la integración por muy españoles que fueran.

La especificidad de la cultura marroquí, referida al *habitus* que determina y mantiene los roles y estatus masculino y femenino, ha quedado claramente expresada por los entrevistados al hablar de la relación con el profesorado, del rendimiento escolar y de la socialización con los

---

119 En los textos de Bourdieu el *habitus* se define de varias maneras, pero en esencia debe entenderse como el resultado de las estructuras sociales que se han interiorizado, las cuales se integran en las personas determinando su manera de percibir, pensar y actuar; sobre todo durante la socialización familiar. Por lo demás, es un concepto sociológico de primer nivel cuyo origen podemos rastrearlo en la famosa tesis de Marx que afirma que la existencia determina la consciencia.

demás alumnos. Ante el profesorado, las chicas se presentan tímidas, obedientes, sumisas ante la autoridad institucional y son alabadas por ello; de los chicos, como habrá observado el lector, apenas se comentan sus actitudes, y cuando se hace es para resaltar lo negativo: indolentes, desafiantes con la autoridad femenina, de un machismo exacerbado y tendentes a victimizarse como objetos del racismo al menor de los contratiempos. Con el rendimiento escolar nos encontramos lo mismo: las chicas, atadas a los deberes domésticos, con menores márgenes en su socialización -lo que, por otra parte, les da más tiempo para el estudio-, encomiadas por su discreción y actitud circunspecta, son elogiadas por su mayor dedicación y rendimiento, un elogio que declina en mérito; a la vez, los estudios para ellas pueden suponer una vía, sino para su liberación, si al menos para ensanchar su espacio vital. Los chicos, más tendentes a ser irredentos, empedernidos e irascibles, menos respetuosos, con menos interés por los estudios y con las miras puestas en conseguir cuanto antes un ingreso económico. Y si bien es cierto que todo lo anterior es la reproducción del *habitus*, también lo es que refuerza los prejuicios y las etiquetas sociales, de lo que no queda exento el profesorado, y provoca una tendencia a la generalización. Lo que se exalta, como dijo una de las entrevistadas, es la actitud abierta y humilde, es decir, el deseo manifiesto de integración.

En cuanto a la relación con los demás alumnos no marroquíes, se ha hablado de segregación, "abismo" y aislamiento; racismo y xenofobia mediantes. Hay una tendencia natural a la formación de grupos cuando se comparten valores, actitudes culturales, comportamientos sociales y un mismo idioma materno, pero el espíritu inquisitivo y curioso de los escolares, cuando está libre de estigmas sociales, conduce invariablemente a la socialización. Esa socialización se ve frenada tanto por las actitudes xenófobas, o por la simple incomprensión de lo que es "el otro", como por el *habitus* previo con el que se incorporan los alumnos marroquíes a la escuela. La relación con los demás alumnos ha sido descrita en los dos espacios de socialización, el escolar y el extraescolar. Ambos están interconectados y en ambos se reproduce el *habitus*. Los chicos, por la mayor libertad de la que gozan en casa, socializan en sus primeros juegos en los parques públicos, en la escuela o la calle jugando al fútbol, en las actividades extraescolares – a la que concurren más que chicas, como ya se ha dicho- y en sus correrías vespertinas; eso por no hablar de que para el deseo sexual del adolescente, amamantado en las ubres de un recio machismo, las diferencias culturales o religiosas no son fronteras. Las chicas, confinadas mucho más en el ámbito doméstico, suelen agruparse entre ellas en el colegio, salen poco a la calle y, cuando lo hacen, suelen hacerlo con amigas marroquíes. Sin embargo, los entrevistados coinciden en que, pese al clasismo social y las actitudes xenófobas, el aislamiento social en las escuelas se va debilitando poco a poco, lo que indica, en lo que corresponde a la parte marroquí, un debilitamiento del *habitus* primigenio.

Anteriormente hemos hablado del *habitus* "dicotómico", es decir, de la práctica impuesta y limitada por las condiciones de la familia -y cuya función es la de reproducirlas- y de la adquisición de un nuevo y distinto *habitus* reproductor a través de la escolarización, que en tanto en cuanto se produce en una sociedad ajena y contrapuesta en tantos sentidos a la de origen o referencia, genera, en mayor o menor medida, una subjetividad escindida, un clivaje; hecho que quedó expresado por una de las entrevistadas al decir que vivía "dos realidades".

El incremento del uso del velo, reconocido por todos los entrevistados, puede ser visto como ejemplo de esa fisura subjetiva que resulta de la cohabitación de dos *habitus* contrapuestos. Los entrevistados lo han interpretado como una actitud reactiva ante el aumento del discurso y los comportamientos racistas (reafirmación de la religiosidad y del *habitus* primario, negación del adquirido en la escolarización), como un gesto de significación feminista (se oculta lo carnal y se realza lo moral, es decir, dificulta la percepción de la mujer como objeto sexual, de lo que resulta una reivindicación feminista propia del segundo *habitus*, pero que encaja con los valores morales del primero) o como una simple cuestión de gusto personal y moda (lo que supone una convivencia más pacífica entre los *habitus*). Lo mismo sucede con lo hablado sobre integración, concepto rechazado por cuanto sugiere una asimilación completa del nuevo *habitus* con la consiguiente renuncia del anterior, y al que se le contrapuso el de adaptación o acomodación.

Por último, dado que todo *habitus* requiere un campo donde ejecutarse, y que dicho campo presupone un capital común en conocimiento, valores, habilidades sociales, etc., las fallas o carencias en la adquisición del nuevo *habitus* que puedan ir surgiendo durante la escolarización pondrán en desventaja al alumnado marroquí. Y no sólo en la escuela. En términos de rendimiento escolar, según investigaciones realizadas al respecto, el mayor éxito lo consiguen quienes logran establecer una "acomodación acumulativa", es decir, quienes consiguen armonizar sus dos subjetividades.

6

CONCLUSIONES FINALES

La mayoría de las investigaciones actuales sobre el abandono escolar temprano, tanto desde la sociología de la educación como desde el trabajo social, consideran que hay cuatro dimensiones que intervienen y determinan su proceso: la personal, el contexto familiar, la social y el sistema educativo. En nuestra investigación, con más tintes antropológicos que sociológicos, hemos obviado la primera de ellas, la personal, por razones evidentes, ya que las limitaciones que imponen los rasgos biológicos y caracteriales al desarrollo psicogénico de la personalidad y al comportamiento en relación al éxito o al fracaso de la escolarización -ya hablemos de inteligencia, memoria, curiosidad, interés, motricidad, empatía o tendencia a la socialización- han sido más que descritas por los numerosísimos estudios que existen al respecto.

Del contexto familiar se habló mucho en las entrevistas, del origen mayormente rural de la generación que inició el proceso migratorio, de sus bajos niveles económicos y culturales, de sus dificultades idiomáticas, del desconocimiento de las normativas legales que pudieran afectarle o, como añadido, del desconcierto por vivir en una sociedad tan diferente en valores y costumbres y en la que se sentían, como mínimo, señalados. Todo ello se ha argumentado, en parte, como eximente de la actitud parental indiferente o displicente ante el absentismo o el abandono escolar prematuro de los hijos. Sin negar lo anterior, nuestra investigación nos ha llevado más allá: por un lado, a considerar el papel y la fuerza del *habitus* como reproductor de las estructuras y las relaciones sociales de partida, lo que supone evaluar esa "actitud indiferente" desde un prisma distinto; una indiferencia que, como hemos oído por boca de los propios imanes, se da igualmente en el terreno de lo más sagrado, la mezquita, donde el interés paterno por el aprendizaje de sus hijos de la lengua árabe y del Corán también se muestra laso. Por otro, la familia inmigrante, sobre todo la recién llegada, suele actuar como una unidad de producción con la prioridad puesta en sanear su economía y mejorar sus condiciones de vida, ante la cual todo se subordina. Llegado a este punto, el problema se subsume no sólo a una cuestión cultural o religiosa, sino también de clase. El apremio por sobrevivir puede imponerse incluso al mismo *habitus*. Por lo demás, es previsible, y de hecho ya está sucediendo, que las sucesivas generaciones vayan encontrando su acomodo social y las tasas de absentismo y abandono escolar desciendan.

Tan determinante como el ámbito familiar es el contexto social, que ha sido descrito como adverso. El inmigrante marroquí es recibido con un etiquetado social denigrante al que responde con aislamiento, refuerzo de su identidad y rechazo a la integración, circunstancia ésta que se reproduce en las generaciones ya nacidas en suelo español y con la nacionalidad española adquirida -como tan claramente expresaban los graduados universitarios entrevistados- y que en la escolarización obligatoria actúa como factor coadyuvante al bajo rendimiento, al absentismo y al abandono. Esa reproducción, esa persistencia en el comportamiento reactivo, no se debe ya tanto a la fortaleza del *habitus* primario, que en este caso sirve de refugio, como al incremento de la xenofobia y el racismo en todas sus manifestaciones y portavocías, lo que viene a entorpecer lo que sería un proceso natural de entendimiento entre comunidades que comparten el mismo espacio y, consecuentemente, las mismas necesidades. Un auge que queda reflejado, por ejemplo, en el endurecimiento y restricción de las nuevas leyes de inmigración aprobadas recientemente por el Parlamento Europeo. O, por poner un ejemplo más cercano, en la trasnochada resistencia continua a la construcción de mezquitas, siendo que la libertad de culto está plenamente establecida en España desde la Constitución de 1978[120]. Mientras el racismo siga presente en las aulas, que es el caso que nos ocupa, mitigar significativamente el abandono escolar temprano será muy difícil.

---

120 Art. 16.1: *"Se garantiza la libertad ideológica, religiosa y de culto de los individuos y las comunidades sin más limitación, en sus manifestaciones, que la necesaria para el mantenimiento del orden público protegido por la ley".*

Por último, tal y como ha expresado la práctica totalidad de los entrevistados, el propio sistema educativo hace aguas, mostrándose incapaz de gestionar la enorme diversidad de orígenes y culturas del alumnado, de motivarles, orientarles y ofrecerles alternativas suficientes para los estudios postobligatorios. No es casual que, según el último informe del INE de 2023, el perfil del alumno que no acaba la enseñanza secundaria obligatoria sea el de ser chico y extranjero (32,8% de tasa de abandono). En las entrevistas se habló de la falta de recursos de los centros y de la poca formación del profesorado para afrontar la diversidad, e incluso la propia representante de la institución educativa insistió en la actual ineficacia de los protocolos para el absentismo y en las fallas de un sistema de formación profesional que no acaba de conseguir la concordancia entre las especialidades que ofrece, las que el mercado demanda y las que los propios alumnos solicitan.

Hubo dos cuestiones que fueron muy debatidas por ser problemáticas. La primera se refiere al reparto equitativo del alumnado extranjero, en nuestro caso el marroquí, por los centros de enseñanza. Al no disponer de datos estadísticos al respecto no se pudo cuestionar la veracidad de la percepción, tantas veces expresadas, de que tal reparto es desigual y que se tiende a concentrar al alumnado extranjero en centros cuyo nivel educativo queda devaluado por ese mismo hecho. No obstante, la entrevistada como representante de la institución educativa (directora general de planificación y gestión educativa) confirmaba que el problema existe y tiene difícil solución, bien sea porque hay barrios con una gran concentración de población extranjera, lo que hace que los centros de Primaria y Secundaria de la zona tengan un alto porcentaje de alumnado extranjero, o bien porque aunque se quiera aplicar el principio de escolarizar al alumnado en los centros más cercanos a sus viviendas el número de plazas disponibles en los centros no lo hace posible, circunstancia que interfiere igualmente en la aplicación del precepto de la desconcentración.

La segunda, la tan comentada obstinación del profesorado en desviar hacia los estudios de Formación Profesional al alumnado marroquí, que es vista como un signo de discriminación. Es muy probable que, salvo excepciones, el profesorado recomiende, con sana intención, la continuidad de los estudios con una FP en consideración al nivel del ingreso económico familiar y a la mayor empleabilidad que otorga en el mercado laboral un título de grado medio o superior; lo que parece fallar es su capacidad para orientar y motivar al alumno. En cuanto a la parte vulnerada, por así decir, de lo expresado en las entrevistas puede deducirse que el rechazo a la FP viene motivado, en parte, por ese sentimiento de discriminación -sean o no ciertos los supuesto que sostienen esa percepción- pero, por otra, por la evidencia de que si bien puede facilitar el logro de un empleo no otorga a su vez un estatus social más elevado, como sí lo hace un título universitario; un estatus que impregnaría, por reflejo, a la familia al completo. No es algo nuevo, en España la Formación Profesional ha sido minusvalorada hasta época reciente por idénticas razones.

Finalmente cabe preguntarse sobre qué medidas podrían establecerse para prevenir y disminuir el abandono escolar temprano. Queda claro que todo lo que pueda hacerse requiere del abordaje conjunto de la comunidad educativa, los padres y las instituciones, en particular las municipales y autonómicas[121]. Aquí, al igual que con las dimensiones que hemos comentado, nos encontramos un sinfín de estudios y con una concordancia casi general en las estrategias escolares que proponen:

Intervención temprana. Como se ha comentado, los problemas de socialización, la concentración de alumnado extranjero y las manifestaciones racistas están presentes desde Primaria, lo que hace aconsejable que se establezcan estrategias que aseguren la relación en igualdad del alumnado, la desconcentración y una mayor vigilancia ante las actitudes y comportamientos xenófobos. Esa vigilancia, junto a la nula permisividad, debería mantenerse en todas las etapas del proceso educativo.

---

121 En el año 2009, La Consejería de Asuntos Sociales del Govern Balear, en aquella legislatura un gobierno formado por una coalición de partidos de izquierdas, encargó a la Dirección General de Inmigración la redacción de un *Pacto para la Igualdad, la Ciudadanía y la Convivencia*, un texto que ya recogía las problemática de la concentración del alumnado extranjero en los centros educativos, el abandono escolar y el racismo en las aulas, así como algunas medidas para paliarlas. Igualmente, en el texto se insistía en mantener y mejorar el funcionamiento del Foro de la Inmigración, por entenderse que era un ámbito de interactuación muy útil entre las asociaciones de inmigrantes y la administración pública. Desgraciadamente, el texto no fue presentado al Parlamento balear para su aprobación. Tras las elecciones de 2011, y con mayoría absoluta del PP, tanto la Dirección General de Inmigración como el Foro fueron debilitándose hasta quedar reducidos a su mínima expresión. Actualmente existe una Dirección General de Cooperación e Inmigración con una actividad poco significativa.

Refuerzo de los programas de tutorías individualizadas y de apoyo académico. Las investigaciones realizadas demuestran que los programas tutoriales pueden mejorar el rendimiento académico y el interés por los estudios.

Aumento de la participación parental en los centros y las AMIPAS, así como del interés por los estudios de sus hijos. Lo que requeriría una mayor intervención de los trabajadores sociales, además de la que ya pueda hacerse en los casos en que se detectan propensión al abandono, y la puesta en práctica de programas municipales.

Orientación académica y profesional al alumnado y la familia. De las entrevistas realizadas se concluye que la orientación académica y profesional es deficiente. Hay experiencias pedagógicas que confirman resultados muy positivos cuando en los programas de orientación se incluye a la familia del alumno, favoreciendo así la toma de decisiones de los estudios postobligatorios, sean de formación profesional o universitarios, y que éstos estén en correspondencia con sus capacidades y preferencias.

Programas de formación del profesorado sobre la gestión de la diversidad cultural. Una necesidad que ha quedado patente en las entrevistas[122].

Mejorar el sistema de Formación Profesional. Tanto en lo que se refiere a la oferta como a los itinerarios formativos y académicos que permite. Por ejemplo, el sistema de formación dual tiene todavía escasa implantación.

Mejorar la información y orientación sobre los estudios universitarios. Y cuantas acciones hagan posible que aumente el número de graduados inmigrantes y de hijos de inmigrantes. En las entrevistas se comentó, como ejemplo, el refuerzo que supone para un alumno inmigrante ver que un miembro de su colectivo puede llegar a dar clases[123]. También

---

122 En 2009, la entonces Dirección General de Inmigración editó el texto *El món a l'escola, l'escola del món. Manual d'educació intercultural per a la secundària de les Illes Balears*, de Buades Beltrán, Joan, una edición de 2000 ejemplares que fueron repartidos entre el profesorado. No ha vuelto a hacerse nada parecido.

123 Hay estudios que confirman que una mayor diversidad de género, etnia y cultura entre el profesorado aumenta el interés y el rendimiento del alumnado.

sobre cómo las actitudes racistas se amortiguan con el estatus social que otorga un título universitario y el ejercicio de la práctica profesional en igualdad de competencias.

Mejorar la satisfacción del alumnado en la escuela. Pueden establecerse actividades escolares y extraescolares que generen interés, sentido grupal, sentido de pertenencia y conexión con el centro educativo, pero la mejor satisfacción por el estudio sólo pueden garantizarla métodos de enseñanza innovadores, el trato igualitario, la ausencia de racismo, el apoyo constante del profesorado y el seguimiento paternal interesado.

Para terminar, hubo algunas cuestiones que sin ser objetos de la investigación y sin mantener una relación directa con la problemática del abandono escolar temprano estuvieron muy presentes, de manera colateral, en el transcurso de la misma. Cuestiones que, creemos, podrían contribuir a moderarla.

En primer lugar la desconexión, muy comentada, entre las asociaciones de las mezquitas y los centros de enseñanza; una desconexión que se da en ambas direcciones. Las asociaciones, como se ha visto, desarrollan su actividad formativa centrada en el aprendizaje de la lengua y la cultura árabes, hecho que no interfiere en absoluto en la formación escolar ni requiere conexión alguna con ella por cuanto su objetivo es el refuerzo de la identidad cultural y religiosa. No obstante, cuando se ha hablado de las actividades extraescolares y de hábitos alimenticios han salido a la luz casos de inadaptación, inasistencia, rechazo o, en algunas ocasiones, excusas para no hacerlas. Son cuestiones previsibles cuando se trata de la diversidad religiosa o cultural, pero si no totalmente resolubles sí pueden ser al menos concretadas, limitadas y aclaradas a poco que hubiese un contacto más fluido entre la comunidad educativa, los trabajadores sociales y las asociaciones. Por poner un solo ejemplo sobre lo comentado en las entrevistas, si un alumno, alegando que su religión se lo prohíbe, rehúsa asistir a una actividad extraescolar consistente en escuchar música sacra en un templo católico, el profesorado no puede quedarse pensando si ese hecho es cierto o es una simple excusa para librarse de una actividad que personalmente no le importa o le desagrada.

En segundo lugar, el asociacionismo en el colectivo marroquí; o menor decir, la falta del mismo. Prácticamente la totalidad de las asociaciones marroquíes están vinculadas a las mezquitas, siendo excepciones aquéllas que tienen un carácter puramente cultural, reivindicativo o de defensa de los intereses de la comunidad. Como ya sabemos, tras la alemana, la marroquí es la segunda población extranjera más numerosa de Baleares, y sin embargo carece de instrumentos propios para hacerse oír. Sin duda, los problemas del racismo en las escuelas o el mismo abandono escolar temprano podrían ser tenidos en más consideración con asociaciones representativas que pudieran ejercer presión en las administraciones públicas correspondientes.

Esa indefensión representativa, por así decir, quedó agravada con la desaparición del Foro Balear de la Inmigración, un organismo que pese a su mera función consultiva era un espacio en el que las asociaciones de inmigrantes podían plantearle a las administraciones públicas, en sus distintos niveles territoriales, sus problemas respecto a los aspectos jurídicos de la integración social, la acogida, la educación, el empleo, la sanidad, el codesarrollo, etc. El Foro fue sustituido por un más que diluido Consejo Asesor para la Integración, órgano que es convocado como máximo dos veces al año y cuyo orden del día es impuesto por la Administración. No hay argumentación política que justifique que la comunidad con la tasa de extranjeros residentes más alta del Estado, el 21,65%, carezca de un Foro para la integración social de los inmigrantes.

7

ANEXO ESTADÍSTICO

TABLA 1
DISTRIBUCIÓN DE LA POBLACIÓN EXTRANJERA
Baleares 2000-2022

	2022	2000	% 2022	% 2000
UNIÓN EUROPEA	82.116	37.210	32,74	55,63
EUROPA NO UE(27_2020)	26.834	11.343	10,70	16,96
ÁFRICA	40.414	6.678	16,11	9,98
MARRUECOS	28.972	5.199	11,55	7,77
AMÉRICA CENTRAL Y CARIBE	6.609	1.365	2,64	2,04
AMÉRICA DEL NORTE	2.351	883	0,94	1,32
AMÉRICA DEL SUR	48.455	4.217	19,32	6,30
ASIA	14.648	1.903	5,84	2,85
OCEANÍA	386	90	0,15	0,13
TOTAL	**250.785**	**68.888**		

Fuente: Instituto Nacional de Estadísticas (INE). Padrón Continuo

TABLA 2
DISTRIBUCIÓN POR COMUNIDADES AUTÓNOMAS DE LAS POBLACIONES
ESPAÑOLA, EXTRANJERA Y MARROQUÍ (2022)

	Población Total	Españoles	Extranjeros	Marruecos	Tasa P. Extranjera	Tasa P. Marroquí
Total Nacional	47.475.420	41.932.488	5.542.932	879.943	11,68	1,85
01 Andalucía	8.500.187	7.758.809	741.378	162.847	8,72	1,92
02 Aragón	1.326.315	1.161.553	164.762	22.373	12,42	1,69
03 Asturias, Principado de	1.004.686	959.056	45.630	3.053	4,54	0,30
04 Balears, Illes	1.176.659	954.642	222.017	28.931	18,87	2,46
05 Canarias	2.177.701	1.889.212	288.489	18.345	13,25	0,84
06 Cantabria	585.402	548.199	37.203	2.207	6,30	0,30
07 Castilla y León	2.372.640	2.225.985	146.655	24.011	6,18	1,01
08 Castilla - La Mancha	2.053.328	1.859.853	193.475	40.316	9,42	1,96
09 Cataluña	7.792.611	6.520.801	1.271.810	234.344	16,32	3,01
10 Comunitat Valenciana	5.097.967	4.313.498	784.469	91.005	15,39	1,79
11 Extremadura	1.054.776	1.019.638	35.138	7.299	3,33	0,69
12 Galicia	2.690.464	2.571.724	118.740	8.777	4,41	0,33
13 Madrid, Comunidad de	6.750.336	5.800.367	949.969	77.052	14,07	1,14
14 Murcia, Región de	1.531.878	1.305.113	226.765	92.299	14,80	6,03
15 Navarra, Comunidad Foral de	664.117	590.642	73.475	16.542	11,06	2,49
16 País Vasco	2.208.174	2.023.557	184.617	26.776	8,36	1,21
17 Rioja, La	319.892	278.137	41.755	8.943	13,05	2,80
18 Ceuta	83.117	78.207	4.910	4.322	5,91	5,20
19 Melilla	85.170	73.495	11.675	10.501	13,71	12,33

Fuente: Instituto Nacional de Estadísticas (INE). Padrón continuo (01.01.22)

TABLA 3
EVOLUCIÓN DE LA POBLACIÓN MARROQUÍ (2000-2022)

	Total España	Evolución	Crecimiento interanual	Total Baleares	Evolución	Crecimiento interanual
2000	173.158	100,00		5.199	100,00	
2001	233.415	134,80	34,80	7.525	144,74	44,74
2002	307.458	177,56	42,76	10.305	198,21	53,47
2003	378.979	218,86	41,30	12.650	243,32	45,10
2004	420.556	242,87	24,01	13.949	268,30	24,99
2005	511.294	295,28	52,40	16.282	313,18	44,87
2006	563.012	325,14	29,87	16.878	324,64	11,46
2007	582.923	336,64	11,50	17.935	344,97	20,33
2008	652.695	376,94	40,29	20.625	396,71	51,74
2009	718.055	414,68	37,75	23.192	446,09	49,37
2010	754.080	435,49	20,80	23.922	460,13	14,04
2011	773.995	446,99	11,50	24.041	462,42	2,29
2012	788.563	455,40	8,41	24.270	466,82	4,40
2013	792.158	457,48	2,08	24.696	475,01	8,19
2014	774.383	447,21	-10,27	24.176	465,01	-10,00
2015	750.883	433,64	-13,57	23.250	447,20	-17,81
2016	755.459	436,28	2,64	23.450	451,05	3,85
2017	749.670	432,94	-3,34	23.919	460,07	9,02
2018	770.523	444,98	12,04	24.926	479,44	19,37
2019	813.587	469,85	24,87	26.724	514,02	34,58
2020	865.945	500,09	30,24	28.467	547,55	33,53
2021	872.759	504,02	3,94	29.063	559,01	11,46
2022	883.243	510,08	6,05	28.972	557,26	-1,75

Fuente: Instituto Nacional de Estadísticas (INE). Padrón continuo

TABLA 4
EVOLUCIÓN DE LA POBLACIÓN EXTRNJERA Y MARROQUÍ
Baleares 2000-2022

	Población Extranjera (E)	Población Marroquí (M)	(E-M)	Evolución (E-M)	Evolución M
2000	54.729	5.199	49.530	100,00	100,00
2001	73.613	7.525	66.088	133,43	144,74
2002	99.744	10.305	89.439	180,58	198,21
2003	126.505	12.650	113.855	229,87	243,32
2004	131.423	13.649	117.774	237,78	262,53
2005	156.270	16.282	139.988	282,63	313,18
2006	167.751	16.878	150.873	304,61	324,64
2007	190.170	17.935	172.235	347,74	344,97
2008	223.036	20.625	202.411	408,66	396,71
2009	237.562	23.192	214.370	432,81	446,09
2010	242.256	23.922	218.334	440,81	460,13
2011	242.812	24.041	218.771	441,69	462,42
2012	242.570	24.270	218.300	440,74	466,82
2013	224.406	24.696	199.710	403,21	475,01
2014	203.112	24.176	178.936	361,27	465,01
2015	192.518	23.250	169.268	341,75	447,20
2016	188.896	23.450	165.446	334,03	451,05
2017	186.933	23.919	163.014	329,12	460,07
2018	192.861	24.926	167.935	339,06	479,44
2019	204.987	26.724	178.263	359,91	514,02
2020	220.035	28.467	191.568	386,77	547,55
2021	220.297	29.063	191.234	386,10	559,01
2022	222.017	28.972	193.045	389,75	557,26

Fuente: Instituto Nacional de Estadísticas (INE). Padrón continuo

TABLA 5
EVOLUCIÓN DE LA POBLACIÓN EXTRANJERA Y MARROQUÍ. Baleares 2000-2022
EVOLUCIÓN POR SEXOS

| | Población extranjera (PE) | | | | Población Marroquí (PM) | | | |
| | | | Diferencia | Porcentaje | | | Diferencia | Porcentaje |
	Hombres	Mujeres	H-M	M/H	Hombres	Mujeres	H-M	M/H
2000	26.427	28.302	-1.875	51,71	3.591	1.608	1.983	30,93
2001	36.836	36.777	59	49,96	5.364	2.161	3.203	28,72
2002	51.120	48.624	2.496	48,75	7.411	2.894	4.517	28,08
2003	65.093	61.412	3.681	48,55	9.014	3.636	5.378	28,74
2004	67.658	63.765	3.893	48,52	9.425	4.224	5.201	30,95
2005	80.747	75.523	5.224	48,33	11.107	5.175	5.932	31,78
2006	86.433	81.318	5.115	48,48	11.350	5.528	5.822	32,75
2007	98.128	92.042	6.086	48,40	11.788	6.147	5.641	34,27
2008	116.118	106.918	9.200	47,94	13.429	7.196	6.233	34,89
2009	123.658	113.904	9.754	47,95	14.691	8.501	6.190	36,65
2010	125.095	117.161	7.934	48,36	14.508	9.414	5.094	39,35
2011	124.547	118.265	6.282	48,71	14.360	9.681	4.679	40,27
2012	124.090	118.480	5.610	48,84	14.300	9.970	4.330	41,08
2013	113.935	110.471	3.464	49,23	14.256	10.440	3.816	42,27
2014	102.487	100.625	1.862	49,54	13.697	10.479	3.218	43,34
2015	96.823	95.695	1.128	49,71	13.088	10.162	2.926	43,71
2016	94.651	94.245	406	49,89	13.024	10.426	2.598	44,46
2017	93.562	93.371	191	49,95	13.236	10.683	2.553	44,66
2018	96.597	96.264	333	49,91	13.829	11.097	2.732	44,52
2019	103.206	101.781	1.425	49,65	15.021	11.703	3.318	43,79
2020	111.180	108.855	2.325	49,47	16.158	12.309	3.849	43,24
2021	111.378	108.919	2.459	49,44	16.534	12.529	4.005	43,11
2022	111.675	110.342	1.333	49,70	16.429	12.543	3.886	43,29

Fuente: Instituto Nacional de Estadísticas (INE). Padrón continuo

TABLA 6
EVOLUCIÓN DE LA DISTRIBUCIÓN DE LA POBLACIÓN MARROQUÍ
POR GRUPOS DE EDAD. Baleares 2000-2014-2022

	2000			% de cada grupo	2014			% de cada grupo	2022			% de cada grupo
	Hombres	Mujeres	Total		Hombres	Mujeres	Total		Hombres	Mujeres	Total	
Total	3.591	1.608	5.199	100,00	13.697	10.479	24.176	100,00	16429	12543	28.972	100,00
0-4	219	189	408	7,85	1.880	1.848	3.728	15,42	1552	1505	3.057	10,55
5-9	193	166	359	6,91	1.173	1.088	2.261	9,35	1369	1251	2.620	9,04
10-14	232	157	389	7,48	631	565	1.196	4,95	968	944	1.912	6,60
15-19	224	146	370	7,12	611	597	1.208	5,00	649	579	1.228	4,24
20-24	262	167	429	8,25	689	916	1.605	6,64	944	759	1.703	5,88
25-29	476	195	671	12,91	1.308	1.389	2.697	11,16	1415	1103	2.518	8,69
30-34	598	193	791	15,21	1.988	1.222	3.210	13,28	1671	1498	3.169	10,94
35-39	539	176	715	13,75	2.026	924	2.950	12,20	2002	1528	3.530	12,18
40-44	353	118	471	9,06	1.404	695	2.099	8,68	2069	1085	3.154	10,89
45-49	288	55	323	6,21	837	480	1.317	5,45	1578	749	2.327	8,03
50-54	112	20	132	2,54	515	337	852	3,52	906	524	1.430	4,94
55-59	60	10	70	1,35	313	207	520	2,15	566	399	965	3,33
60-64	29	6	35	0,67	184	91	275	1,14	332	278	610	2,11
65-69	17	6	23	0,44	63	46	109	0,45	232	174	406	1,40
70-74	5	1	6	0,12	47	26	73	0,30	99	74	173	0,60
75-79	4	3	7	0,13	28	48	76	0,31	46	44	90	0,31

Fuente: Instituto Nacional de Estadísticas (INE). Padrón continuo

TABLA 6B
DISTRIBUCIÓN % POR GRANDES GRUPOS DE EDAD Y SEXO
Pobalción marroquí. Baleares 2000-2022

	2000		2022	
	Hombres	Mujeres	Hombres	Mujeres
0-24	31,47	51,3	33,37	40,16
25-49	62,21	45,83	53,27	47,54
Mayores de 50	6,32	2,87	9,46	12,29

Fuente: INE

TABLA 7
DISTRIBUCIÓN DE LA POBLACIÓN MARROQUÍ POR MUNICIPIOS
Baleares 2014-2022

Municipio	1 de enero de 2014				1 de enero de 2022			
	Población Total	Población Marroquí	% sobre P. Total	% sobre total P. Marroquí	Población Total	Población Marroquí	% sobre P. Total	% sobre total P. Marroquí
07 Balears, Illes	1.103.442	24.176	2,19	100,00	1.176.659	28.972	2,46	100
07002 Alaior	9.162	159	1,74	0,66	9.606	211	2,20	0,73
07001 Alaró	5.227	6	0,11	0,02	5.811	18	0,31	0,06
07003 Alcúdia	19.768	550	2,78	2,27	20.717	713	3,44	2,46
07004 Algaida	5.354	7	0,13	0,03	6.075	19	0,31	0,07
07005 Andratx	10.806	137	1,27	0,57	11.735	148	1,26	0,51
07901 Ariany	903	68	7,53	0,28	912	74	8,11	0,26
07006 Artà	7.382	127	1,72	0,53	8.062	157	1,95	0,54
07007 Banyalbufar	553	0	0,00	0,00	566	0	0,00	0,00
07008 Binissalem	7.936	60	0,76	0,25	9.027	77	0,85	0,27
07009 Búger	1.030	19	1,84	0,08	1.111	24	2,16	0,08
07010 Bunyola	6.662	9	0,14	0,04	7.121	8	0,11	0,03
07011 Calvià	50.363	243	0,48	1,01	52.458	276	0,53	0,95
07012 Campanet	2.554	99	3,88	0,41	2.719	98	3,60	0,34
07013 Campos	9.765	284	2,91	1,17	11.618	490	4,22	1,69
07014 Capdepera	11.385	96	0,84	0,40	12.081	155	1,28	0,53
07064 Castell, Es	7.661	97	1,27	0,40	7.525	96	1,28	0,33
07015 Ciutadella de Menorca	29.282	196	0,67	0,81	30.811	222	0,72	0,77
07016 Consell	3.859	13	0,34	0,05	4.230	10	0,24	0,03
07017 Costitx	1.183	1	0,08	0,00	1.446	1	0,07	0,00
07018 Deià	768	3	0,39	0,01	674	5	0,74	0,02
07026 Eivissa	49.693	1.636	3,29	6,77	50.715	1.412	2,78	4,87
07019 Escorca	241	0	0,00	0,00	187	0	0,00	0,00
07020 Esporles	4.940	1	0,02	0,00	5.182	8	0,15	0,03
07021 Estellencs	344	0	0,00	0,00	336	1	0,30	0,00
07022 Felanitx	17.291	1.731	10,01	7,16	18.357	2.257	12,30	7,79
07023 Ferreries	4.630	8	0,17	0,03	4.944	3	0,06	0,01
07024 Formentera	11.545	404	3,50	1,67	11.418	410	3,59	1,42
07025 Fornalutx	704	0	0,00	0,00	710	5	0,70	0,02
07027 Inca	30.625	1.648	5,38	6,82	34.093	2.026	5,94	6,99
07028 Lloret de Vistalegre	1.251	63	5,04	0,26	1.514	100	6,61	0,35
07029 Lloseta	5.686	342	6,01	1,41	6.312	316	5,01	1,09
07030 Llubí	2.216	120	5,42	0,50	2.392	123	5,14	0,42
07031 Llucmajor	34.602	367	1,06	1,52	38.722	561	1,45	1,94
07033 Manacor	40.264	3.191	7,93	13,20	45.352	4.168	9,19	14,39
07034 Mancor de la Vall	1.309	1	0,08	0,00	1.596	2	0,13	0,01
07032 Maó	28.460	679	2,39	2,81	29.445	678	2,30	2,34
07035 Maria de la Salut	2.114	96	4,54	0,40	2.273	61	2,68	0,21
07036 Marratxí	35.521	33	0,09	0,14	38.902	43	0,11	0,15
07037 Mercadal, Es	5.176	50	0,97	0,21	5.676	82	1,44	0,28
07902 Migjorn Gran, Es	1.470	12	0,82	0,05	1.507	6	0,40	0,02
07038 Montuïri	2.888	213	7,38	0,88	3.119	218	6,99	0,75
07039 Muro	6.808	474	6,96	1,96	7.667	686	8,95	2,37
07040 Palma	399.093	3.515	0,88	14,54	415.940	4.194	1,01	14,48
07041 Petra	2.812	191	6,79	0,79	3.067	287	9,36	0,99
07044 Pobla, Sa	12.709	1.515	11,92	6,27	14.005	1.573	11,23	5,43
07042 Pollença	16.088	308	1,91	1,27	17.126	266	1,55	0,92
07043 Porreres	5.369	534	9,95	2,21	5.645	700	12,40	2,42
07045 Puigpunyent	2.016	5	0,25	0,02	2.075	4	0,19	0,01
07059 Salines, Ses	5.050	385	7,62	1,59	5.039	388	7,70	1,34
07046 Sant Antoni de Portmany	23.359	1.400	5,99	5,79	27.431	1.511	5,51	5,22
07049 Sant Joan	2.030	131	6,45	0,54	2.179	217	9,96	0,75
07050 Sant Joan de Labritja	5.668	76	1,34	0,31	6.703	132	1,97	0,46
07048 Sant Josep de sa Talaia	25.362	383	1,51	1,58	28.813	515	1,79	1,78
07051 Sant Llorenç des Cardassar	8.320	142	1,71	0,59	9.035	318	3,52	1,10
07052 Sant Lluís	7.472	31	0,41	0,13	6.953	40	0,58	0,14
07053 Santa Eugènia	1.652	3	0,18	0,01	1.771	3	0,17	0,01
07054 Santa Eulària des Riu	36.189	650	1,80	2,69	40.548	711	1,75	2,45
07055 Santa Margalida	11.680	579	4,96	2,39	12.776	651	5,10	2,25
07056 Santa Maria del Camí	6.591	25	0,38	0,10	7.483	25	0,33	0,09
07057 Santanyí	11.636	440	3,78	1,82	12.321	672	5,45	2,32
07058 Selva	3.868	14	0,36	0,06	4.243	45	1,06	0,16
07047 Sencelles	3.073	11	0,36	0,05	3.659	13	0,36	0,04
07060 Sineu	3.681	97	2,64	0,40	4.232	134	3,17	0,46
07061 Sóller	13.842	135	0,98	0,56	13.454	124	0,92	0,43
07062 Son Servera	11.576	135	1,17	0,56	11.752	170	1,45	0,59
07063 Valldemossa	2.025	15	0,74	0,06	2.085	8	0,38	0,03
07065 Vilafranca de Bonany	2.910	213	7,32	0,88	3.600	303	8,42	1,05

Fuente: Instituto nacional de Estadísticas (INE). Padrón continuo

TABLA 8
EVOLUCIÓN DEL PIB Y DEL PIB PER CÁPITA EN BALEARES
2000-2022

Fecha	PIB anual	Var. PIB (%)	PIB Per Capita	Var. anual PIB Per Capita
2000	16.493 M€		20.030 €	
2001	17.870 M€	2,40%	21.353 €	6,60%
2002	18.875 M€	0,60%	21.793 €	2,10%
2003	19.796 M€	1,20%	22.029 €	1,10%
2004	21.120 M€	2,00%	22.858 €	3,80%
2005	22.791 M€	3,70%	23.874 €	4,40%
2006	24.690 M€	3,50%	25.010 €	4,80%
2007	26.462 M€	3,70%	25.811 €	3,20%
2008	27.575 M€	1,60%	26.077 €	1,00%
2009	26.478 M€	-3,90%	24.561 €	-5,80%
2010	26.535 M€	-0,20%	24.397 €	-0,70%
2011	26.398 M€	-0,10%	24.098 €	-1,20%
2012	25.977 M€	-1,40%	23.523 €	-2,40%
2013	25.968 M€	-1,30%	23.337 €	-0,80%
2014	26.812 M€	3,10%	23.929 €	2,50%
2015	28.271 M€	4,00%	25.024 €	4,60%
2016	29.827 M€	4,30%	26.089 €	4,30%
2017	31.387 M€	3,20%	27.105 €	3,90%
2018	32.741 M€	2,70%	27.847 €	2,70%
2019	33.935 M€	2,00%	28.325 €	1,70%
2020	26.198 M€	-23,10%	22.211 €	-21,60%
2021	30.032 M€	11,60%	25.420 €	14,50%
2022	35.465 M€	12,50%	29.603 €	16,50%

Fuente: INE

TABLA 9
EVOLUCIÓN DE LA POBLACIÓN TOTAL Y ESCOLAR MARROQUÍ RESIDENTE EN BALEARES

	Población Total	Evolución	Población Escolar	Evolución
2010	23.922	100,00	4.074	100,00
2011	24.041	100,50	4.058	99,61
2012	24.270	101,45	3.903	95,80
2013	24.696	103,24	3.884	95,34
2014	24.176	101,06	3.979	97,67
2015	23.250	97,19	4.253	104,39
2016	23.450	98,03	4.600	112,91
2017	23.919	99,99	4.878	119,73
2018	24.926	104,20	5.201	127,66
2019	26.724	111,71	5.697	139,84
2020	28.467	119,00	6.029	147,99
2021	29.063	121,49	6.453	158,39
2022	28.972	121,11	6.723	165,02

Fuente: INE / GESTIB

TABLA 10
PORCENTAJE DE LA POBLACIÓN MARROQUÍ SOBRE LA POBLACIÓN BALEAR

	Españoles	Extranjeros	Población Total	Marroquíes	Tasa M/PT
2010	863.793	242.256	1.106.049	23.922	2,16
2011	870.302	242.812	1.113.114	24.041	2,16
2012	876.869	242.570	1.119.439	24.270	2,17
2013	887.268	224.406	1.111.674	24.696	2,22
2014	900.330	203.112	1.103.442	24.176	2,19
2015	911.961	192.518	1.104.479	23.250	2,11
2016	918.324	188.896	1.107.220	23.450	2,12
2017	929.066	186.933	1.115.999	23.919	2,14
2018	936.047	192.861	1.128.908	24.926	2,21
2019	944.473	204.987	1.149.460	26.724	2,32
2020	951.508	220.035	1.171.543	28.467	2,43
2021	952.711	220.297	1.173.008	29.063	2,48
2022	954.642	222.017	1.176.659	28.972	2,46

Fuente: INE

TABLA 11
DISTRIBUCIÓN DEL ALUMNADO MARROQUÍ EN BALEARES
POR AÑO ACADÉMICO E ISLAS

Año académico	Mallorca	Menorca	Eivissa	Formentera	Total	Evolución
2010	3.349	238	439	48	4.074	100,00
2011	3.315	238	453	52	4.058	99,61
2012	3.168	223	465	47	3.903	95,80
2013	3.185	198	459	42	3.884	95,34
2014	3.292	179	457	51	3.979	97,67
2015	3.528	182	484	59	4.253	104,39
2016	3.784	193	552	71	4.600	112,91
2017	4.011	207	591	69	4.878	119,73
2018	4.307	218	600	76	5.201	127,66
2019	4.766	237	617	77	5.697	139,84
2020	5.058	258	633	80	6.029	147,99
2021	5.386	306	691	70	6.453	158,39
2022	5.613	307	719	84	6.723	165,02
2023	5.903	332	758	92	7.085	173,91
Media	4.190	237	566	66	5.058	
% sobre Total	82,85	4,68	11,18	1,30	100,01	

Fuente: GESTIB

TABLA 12

DISTRIBUCIÓN DEL TOTAL DE ALUMNADO EN BALEARES POR AÑO ACADÉMICO E ISLAS

Año académico	Mallorca	Menorca	Eivissa	Formentera	Total	Evolución
2010	127.964	15.341	18.007	1.190	162.502	100,00
2011	131.328	15.490	18.402	1.199	166.419	102,41
2012	130.978	15.247	18.490	1.176	165.891	102,09
2013	132.228	15.096	18.746	1.180	167.250	102,92
2014	135.074	15.068	19.361	1.156	170.659	105,02
2015	137.373	14.920	19.816	1.233	173.342	106,67
2016	139.685	15.026	20.178	1.269	176.158	108,40
2017	142.802	15.014	20.528	1.297	179.641	110,55
2018	145.167	14.983	20.740	1.311	182.201	112,12
2019	147.406	14.964	20.985	1.363	184.718	113,67
2020	148.151	14.922	21.267	1.427	185.767	114,32
2021	149.248	14.838	21.444	1.388	186.918	115,03
2022	148.598	14.548	21.498	1.374	186.018	114,47
2023	149.394	14.258	21.746	1.396	186.794	114,95
Media	140.385	14.980	20.086	1.283	176.734	
% sobre Total	79,43	8,48	11,37	0,73	100,00	

Fuente: GESTIB

TABLA 13
PORCENTAJE DEL ALUMNADO MARROQUÍ
SOBRE EL TOTAL DE ALUMNOS

Año académico	Mallorca	Menorca	Eivissa	Formentera	Sobre Total
2010	2,62	1,55	2,44	4,03	2,51
2011	2,52	1,54	2,46	4,34	2,44
2012	2,42	1,46	2,51	4,00	2,35
2013	2,41	1,31	2,45	3,56	2,32
2014	2,44	1,19	2,36	4,41	2,33
2015	2,57	1,22	2,44	4,79	2,45
2016	2,71	1,28	2,74	5,59	2,61
2017	2,81	1,38	2,88	5,32	2,72
2018	2,97	1,45	2,89	5,80	2,85
2019	3,23	1,58	2,94	5,65	3,08
2020	3,41	1,73	2,98	5,61	3,25
2021	3,61	2,06	3,22	5,04	3,45
2022	3,78	2,11	3,34	6,11	3,61
2023	3,95	2,33	3,49	6,59	3,79

Fuente: GESTIB

TABLA 14
DISTRIBUCIÓN DEL ALUMNADO MARROQUÍ POR AÑO ESCOLAR Y MUNICIPIO

MUNICIPIO	2010	2011	2012	2013	2014	2015	2016	2017	2018	2019	2020	2021	2022	2023	% sobre Total 2023
Alaior	45	41	33	24	22	28	34	33	28	46	53	62	56	65	0,92
Alaró	2	2	1		1	1	1	1	1	1			1	2	0,03
Alcúdia	64	64	60	63	62	73	77	79	82	94	102	116	125	127	1,79
Algaida				1			2	3	5	6	2				0,00
Andratx	14	13	14	15	22	19	15	16	25	25	28	34	39	36	0,51
Ariany	4	8	10	10	8	10	10	11	12	17	14	16	16	18	0,25
Artà	29	30	26	29	33	33	26	30	35	35	40	40	45	53	0,75
Binissalem	7	8	14	9	11	8	10	12	12	15	15	22	22	23	0,32
Búger	3	4	4	3	2	5	5	9	5	9	13	12	11	11	0,16
Bunyola	1	2	3	3	3	2	2	1					3	3	0,04
Calvià	7	5	5	8	9	11	18	19	17	29	31	32	39	42	0,59
Campanet	20	14	13	16	14	14	17	17	15	13	16	16	20	16	0,23
Campos	74	68	67	61	70	86	105	116	134	146	146	155	149	160	2,26
Capdepera	9	12	11	16	15	19	19	21	24	24	32	40	35	33	0,47
Ciutadella de Menorca	21	24	21	17	21	26	25	28	23	27	34	39	42	50	0,71
Consell	1	2	2	2	1	3	1	4	4	4	3	2	2	3	0,04
Costitx	1														0,00
Deià								1	1	1	1	1	1	1	0,01
Eivissa	154	179	191	189	181	198	213	237	232	236	244	253	267	272	3,84
Es Castell	14	14	16	5	2	4	5	9	7	12	16	15	18	16	0,23
Es Mercadal	8	8	7	7	3	6	7	7	9	10	17	19	20	17	0,24
Es Migjorn Gran	1											1	1	1	0,01
Esporles		1	1	1	1	1	1	1	1	1	1	1	1	1	0,01
Felanitx	382	383	363	372	421	451	492	522	564	621	636	667	665	697	9,84
Ferreries	5	4	7	6	4	4	2	1	3	3	4	7	9	12	0,17
Formentera	48	52	47	42	51	59	71	69	76	77	80	70	84	92	1,30
Fornalutx									1	2	2	2	2	2	0,03
Inca	356	346	303	312	289	316	315	352	384	431	461	512	561	580	8,19
Lloret de Vista Alegre	9	10	10	9	12	17	10	12	13	17	20	21	24	26	0,37
Lloseta	46	45	44	40	46	50	49	56	52	58	70	74	82	86	1,21
Llubí	34	41	42	30	21	29	34	32	28	22	27	30	30	27	0,38
Llucmajor	78	69	69	65	71	89	98	104	92	116	129	142	144	150	2,12
Manacor	576	603	589	608	625	683	749	783	816	880	945	994	1039	1119	15,79
Maó	143	146	136	138	125	114	120	129	148	139	133	160	158	165	2,33
Maria de la Salut	11	15	18	20	12	5	5	6	12	14	15	9	9	10	0,14
Marratxí	7	14	5	7	9	6	3	7	6	8	7	11	13	15	0,21
Montuïri	19	16	16	19	18	22	28	32	40	40	43	46	50	45	0,64
Muro	78	74	84	102	91	99	107	115	128	152	172	202	219	227	3,20
Palma	510	484	470	474	507	518	547	553	607	655	689	739	757	802	11,32
Petra	22	18	21	26	29	36	35	38	44	50	59	60	53	56	0,79
Pollença	54	46	50	34	32	33	35	39	41	51	50	52	48	52	0,73
Porreres	134	130	122	129	135	134	149	155	171	196	185	194	201	200	2,82
Sa Pobla	391	403	347	348	348	362	367	375	402	451	474	485	490	520	7,34
Sant Antoni de Portmany	157	157	155	150	151	172	213	219	224	228	238	259	252	267	3,77
Sant Joan	18	21	23	23	28	36	39	37	36	40	42	49	56	54	0,76
Sant Joan de Labritja	11	9	9	12	13	13	12	18	21	23	25	28	28	32	0,45
Sant Josep de Sa Talaia	59	44	46	46	45	41	43	44	55	56	51	60	74	85	1,20
Sant Llorenç des Cardassar	19	17	20	22	25	30	36	36	38	44	50	47	44	44	0,62
Sant Lluís	1		3	1	2							3	3	6	0,08
Santa Eugènia							1	1	1	1	1	1	1	1	0,01
Santa Eulària	58	64	64	62	67	60	71	73	68	74	75	91	98	102	1,44
Santa Margalida	90	89	78	61	66	63	77	85	102	117	113	119	143	150	2,12
Santa Maria del Camí	3		2	2	4	4	4	5	4	4	5	6	6	6	0,08
Santanyí	100	98	96	94	99	93	103	125	123	137	154	154	160	175	2,47
Selva				1	1	2	6	7	7	11	11	12	10	11	0,16
Sencelles								2	2	2	2	3	3	3	0,04
Ses Salines	47	42	41	32	33	33	48	46	51	57	56	60	66	69	0,97
Sineu	56	58	62	53	52	51	58	73	81	75	90	89	93	103	1,45
Sóller	2	2	3	7	9	11	11	10	14	18	17	19	18	22	0,31
Son Servera	16	16	19	20	20	22	24	22	23	26	34	40	49	47	0,66
Valldemossa	1	2	2												0,00
Vilafranca de Bonany	54	40	38	38	37	48	45	40	51	50	55	60	68	75	1,06
Total Resultado	**4.074**	**4.058**	**3.903**	**3.884**	**3.979**	**4.253**	**4.600**	**4.878**	**5.201**	**5.697**	**6.029**	**6.453**	**6.723**	**7.085**	**100,00**

Fuente: GESTIB

TABLA 15
DISTRIBUCIÓN DEL TOTAL DEL ALUMNADO BALEAR
POR AÑO ESCOLAR Y MUNICIPIO

MUNICIPIO	2010	2011	2012	2013	2014	2015	2016	2017	2018	2019	2020	2021	2022	2023	% sobre Total 2023
Alaior	1.420	1.434	1.440	1.435	1.424	1.449	1.457	1.442	1.410	1.431	1.467	1.462	1.411	1.404	0,75
Alaró	735	756	739	653	706	680	665	682	704	684	688	665	668	645	0,35
Alcúdia	2.783	2.867	2.896	2.924	3.043	3.105	3.075	3.115	3.128	3.177	3.177	3.244	3.220	3.247	1,74
Algaida	424	519	517	506	516	509	518	518	529	541	534	554	534	546	0,29
Andratx	1.541	1.630	1.598	1.602	1.655	1.697	1.705	1.717	1.700	1.701	1.616	1.702	1.672	1.690	0,90
Ariany	61	65	71	70	69	75	79	83	65	65	74	92	114	132	0,07
Artà	1.666	1.637	1.590	1.577	1.672	1.733	1.727	1.801	1.913	1.884	1.904	1.917	1.907	1.932	1,03
Banyalbufar														3	0,00
Binissalem	1.455	1.493	1.553	1.602	1.597	1.645	1.724	1.869	1.973	1.979	2.032	2.000	2.031	2.080	1,11
Búger	58	59	63	61	64	67	51	54	45	46	55	59	57	58	0,03
Bunyola	625	649	633	628	636	607	572	556	570	562	542	532	567	562	0,30
Calvià	6.085	6.463	6.381	6.487	6.718	6.664	6.764	7.039	7.056	7.050	7.094	6.985	6.827	6.833	3,66
Campanet	232	221	248	239	231	231	242	233	229	224	234	223	224	224	0,12
Campos	1.512	1.573	1.604	1.625	1.678	1.759	1.789	1.885	1.960	2.062	2.045	2.090	2.069	2.133	1,14
Capdepera	1.336	1.366	1.335	1.348	1.411	1.431	1.423	1.486	1.477	1.489	1.476	1.517	1.486	1.513	0,81
Ciutadella de Menorca	4.783	4.933	4.928	4.848	4.813	4.744	4.755	4.746	4.704	4.701	4.684	4.614	4.512	4.413	2,36
Consell	385	402	407	407	422	402	450	453	438	420	409	396	389	370	0,20
Costitx	67	64	75	79	82	77	81	90	97	91	89	91	91	102	0,05
Deià	34	28	36	49	48	45	39	51	35	42	45	44	50	44	0,02
Eivissa	7.022	7.043	7.125	7.145	7.433	7.538	7.715	7.878	7.864	7.959	8.110	8.129	8.291	8.486	4,54
Es Castell	543	539	480	473	465	445	419	412	409	398	347	340	334	326	0,18
Es Mercadal	354	366	362	374	361	374	377	364	372	375	381	385	392	368	0,20
Es Migjorn Gran	118	116	111	111	129	120	114	128	134	157	146	152	153	136	0,07
Escorca	37	41	39	44	55	62	51	44	38	35	39	48	45	52	0,03
Esporles	884	896	897	885	857	824	812	831	816	822	830	848	889	918	0,49
Estellencs	9	7	8	9	11	9	8	9	10	14	13	23	15	13	0,01
Felanitx	2.857	2.865	2.780	2.770	2.833	2.872	2.984	3.108	3.188	3.315	3.370	3.511	3.503	3.502	1,87
Ferreries	939	925	957	937	946	938	946	943	988	957	981	1.028	1.058	1.011	0,54
Formentera	1.190	1.199	1.176	1.180	1.156	1.233	1.269	1.297	1.311	1.363	1.427	1.388	1.374	1.396	0,75
Fornalutx	36	42	39	28	22	19	23	25	31	35	40	51	76	90	0,05
Inca	6.292	6.352	6.423	6.486	6.529	6.649	6.814	6.951	7.252	7.395	7.531	7.715	7.761	7.887	4,22
Lloret de Vista Alegre	112	115	109	125	135	152	151	161	161	169	163	171	177	171	0,09
Lloseta	531	517	522	516	504	536	523	562	584	587	584	566	575	571	0,31
Llubí	211	216	207	188	187	206	216	206	200	200	215	267	273	262	0,14
Llucmajor	4.509	4.698	4.753	4.798	4.860	4.961	5.182	5.455	5.559	5.644	5.697	5.880	5.775	5.721	3,06
Manacor	7.079	7.218	7.028	7.099	7.170	7.321	7.645	7.944	8.013	8.195	8.329	8.354	8.413	8.596	4,60
Mancor de la Vall	119	123	118	145	145	163	175	181	177	182	194	192	192	193	0,10
Maó	6.521	6.492	6.301	6.253	6.280	6.224	6.339	6.355	6.349	6.371	6.364	6.324	6.194	6.119	3,28
Maria de la Salut	167	177	179	186	197	183	185	196	212	198	186	181	173	165	0,09
Marratxí	5.077	5.431	5.409	5.505	5.673	5.806	6.067	6.237	6.327	6.517	6.668	6.675	6.586	6.532	3,50
Montuïri	240	235	236	273	237	272	277	282	307	303	307	299	307	285	0,15
Muro	832	889	888	916	983	996	1.011	1.072	1.143	1.223	1.318	1.380	1.430	1.481	0,79
Palma	62.431	63.797	63.806	64.673	66.102	67.267	67.953	68.906	69.915	70.787	70.938	70.995	70.379	70.539	37,76
Petra	304	300	289	301	281	278	265	262	260	283	299	306	300	304	0,16
Pollença	2.194	2.181	2.165	2.182	2.222	2.245	2.286	2.369	2.381	2.441	2.397	2.409	2.375	2.378	1,27
Porreres	925	967	963	964	975	1.001	1.038	1.089	1.138	1.209	1.178	1.209	1.235	1.224	0,66
Puigpunyent	161	181	217	207	205	213	220	219	224	240	242	230	207	188	0,10
Sa Pobla	2.456	2.492	2.400	2.417	2.398	2.469	2.576	2.629	2.764	2.883	2.920	2.992	2.901	2.994	1,60
Sant Antoni de Portmany	3.186	3.250	3.251	3.274	3.443	3.633	3.674	3.741	3.851	3.892	3.841	3.895	3.888	3.925	2,10
Sant Joan	154	160	161	170	169	190	206	209	197	197	186	188	186	198	0,11
Sant Joan de Labritja	921	933	934	940	975	949	938	922	949	919	886	899	836	864	0,46
Sant Josep de Sa Talaia	3.216	3.398	3.405	3.477	3.543	3.633	3.708	3.760	3.848	3.944	4.098	4.138	4.123	4.106	2,20
Sant Llorenç des Cardassar	660	687	705	736	846	924	976	969	943	968	946	949	974	944	0,51
Sant Lluís	683	685	668	665	650	626	619	624	617	574	552	533	494	479	0,26
Santa Eugènia	177	179	179	163	148	149	159	159	154	171	171	173	168	180	0,10
Santa Eulària	3.662	3.778	3.775	3.910	3.967	4.063	4.143	4.227	4.228	4.271	4.332	4.383	4.360	4.365	2,34
Santa Margalida	1.512	1.547	1.500	1.470	1.517	1.556	1.620	1.704	1.751	1.777	1.789	1.819	1.863	1.861	1,00
Santa Maria del Camí	861	908	1.046	1.099	1.167	1.179	1.201	1.221	1.221	1.186	1.227	1.207	1.258	1.305	0,70
Santanyí	1.539	1.570	1.557	1.534	1.570	1.605	1.602	1.621	1.572	1.556	1.542	1.549	1.624	1.601	0,86
Selva	277	300	293	313	322	349	367	378	391	368	359	373	356	358	0,19
Sencelles	308	353	359	335	325	312	310	320	315	292	308	304	325	327	0,18
Ses Salines	415	412	409	370	375	371	419	426	432	453	425	434	452	455	0,24
Sineu	1.246	1.267	1.238	1.187	1.169	1.163	1.140	1.156	1.220	1.289	1.356	1.383	1.429	1.484	0,78
Sóller	1.912	1.927	1.882	1.879	1.894	1.881	1.845	1.822	1.841	1.907	1.830	1.841	1.806	1.812	0,97
Son Servera	1.898	1.906	1.872	1.842	1.865	1.864	1.864	1.841	1.886	1.928	1.877	1.922	1.932	1.961	1,05
Valldemossa	144	147	150	130	133	137	130	135	143	143	147	144	143	137	0,07
Vilafranca de Bonany	399	427	426	426	445	462	480	471	483	477	518	549	589	611	0,33
Total Resultado	162.502	166.419	165.891	167.250	170.659	173.342	176.158	179.641	182.201	184.718	185.767	186.918	186.018	186.794	100,00

Fuente: GESTIB

TABLA 16
DISTRIBUCIÓN DEL ALUMNADO MARROQUÍ
POR AÑO ACADÉMICO Y ETAPA EDUCATIVA

Año Académico	Educación Infantil	Educación Primaria	Educación Secundaria	FP Básica	PF G.Medio	PF G. superior	Bachillerato	Total
2010	804	1.730	1.357		94	17	72	4.074
2011	873	1.629	1.345		121	22	68	4.058
2012	945	1.579	1.101		165	22	91	3.903
2013	1.037	1.501	1.016		192	28	110	3.884
2014	1.058	1.573	923	98	157	37	133	3.979
2015	1.159	1.760	887	133	151	40	123	4.253
2016	1.241	1.981	887	159	151	74	107	4.600
2017	1.371	2.109	899	132	179	78	110	4.878
2018	1.415	2.389	915	108	161	86	127	5.201
2019	1.501	2.685	1.000	132	169	85	125	5.697
2020	1.483	2.881	1.087	129	223	103	123	6.029
2021	1.550	3.087	1.263	112	210	100	131	6.453
2022	1.579	3.249	1.439		214	114	128	6.723
2023	1.542	3.373	1.640		253	128	149	7.085

Fuente: GESTIB

TABLA 17
DISTRIBUCIÓN DEL TOTAL DE ALUMOS
POR AÑO ACADÉMICO Y ETAPA EDUCATIVA

Año Académico	Educación Infantil	Educación Primaria	Educación Secundaria	FP Básica	PF G.Medio	PF G. superior	Bachillerato	Total
2010	35.140	62.681	41.422		6.295	3.848	13.116	162.502
2011	37.139	63.182	42.058		6.516	4.017	13.507	166.419
2012	37.292	63.850	40.373		6.936	4.342	13.098	165.891
2013	37.528	64.443	40.870		7.250	4.602	12.557	167.250
2014	37.042	66.149	41.682	1.123	7.299	4.878	12.486	170.659
2015	37.433	67.125	42.540	1.703	7.131	4.886	12.524	173.342
2016	37.893	68.305	43.018	1.884	7.136	5.323	12.599	176.158
2017	38.779	69.036	44.186	1.914	7.199	5.853	12.674	179.641
2018	39.130	69.177	45.460	1.914	7.580	6.176	12.764	182.201
2019	39.521	68.596	46.655	1.986	8.235	6.449	13.276	184.718
2020	37.819	66.992	47.482	1.926	9.886	7.913	13.749	185.767
2021	38.534	67.124	48.173	1.890	9.690	8.057	13.450	186.918
2022	38.670	66.959	49.079		9.693	7.850	13.767	186.018
2023	38.083	66.185	49.448		10.149	8.162	14.767	186.794

Fuente: GESTIB

TABLA 18
PORCENTAJE DEL ALUMNADO MARROQUÍ
SOBRE EL TOTAL DE ALUMNOS

Año Académico	Educación Infantil	Educación Primaria	Educación Secundaria	FP Básica	PF G.Medio	PF G. superior	Bachillerato	Total
2010	2,29	2,76	3,28		1,49	0,44	0,55	2,51
2011	2,35	2,58	3,20		1,86	0,55	0,50	2,44
2012	2,53	2,47	2,73		2,38	0,51	0,69	2,35
2013	2,76	2,33	2,49		2,65	0,61	0,88	2,32
2014	2,86	2,38	2,21	8,73	2,15	0,76	1,07	2,33
2015	3,10	2,62	2,09	7,81	2,12	0,82	0,98	2,45
2016	3,28	2,90	2,06	8,44	2,12	1,39	0,85	2,61
2017	3,54	3,05	2,03	6,90	2,49	1,33	0,87	2,72
2018	3,62	3,45	2,01	5,64	2,12	1,39	0,99	2,85
2019	3,80	3,91	2,14	6,65	2,05	1,32	0,94	3,08
2020	3,92	4,30	2,29	6,70	2,26	1,30	0,89	3,25
2021	4,02	4,60	2,62	5,93	2,17	1,24	0,97	3,45
2022	4,08	4,85	2,93		2,21	1,45	0,93	3,61
2023	4,05	5,10	3,32		2,49	1,57	1,01	3,79

Fuente: GESTIB

TABLA 19
DISTRIBUCIÓN DEL ALUMNADO MARROQUÍ
POR AÑO ACADÉMICO Y ETAPA EDUCATIVA

Año Académico	Educación Infantil	Educación Primaria	Educación Secundaria	FP Básica	PF G.Medio	PF G. superior	Bachillerato
2010	100,00	100,00	100,00		100,00	100,00	100,00
2011	108,58	94,16	99,12		128,72	129,41	94,44
2012	117,54	91,27	81,13		175,53	129,41	126,39
2013	128,98	86,76	74,87		204,26	164,71	152,78
2014	131,59	90,92	68,02	100,00	167,02	217,65	184,72
2015	144,15	101,73	65,36	135,71	160,64	235,29	170,83
2016	154,35	114,51	65,36	162,24	160,64	435,29	148,61
2017	170,52	121,91	66,25	134,69	190,43	458,82	152,78
2018	176,00	138,09	67,43	110,20	171,28	505,88	176,39
2019	186,69	155,20	73,69	134,69	179,79	500,00	173,61
2020	184,45	166,53	80,10	131,63	237,23	605,88	170,83
2021	192,79	178,44	93,07	114,29	223,40	588,24	181,94
2022	196,39	187,80	106,04		227,66	670,59	177,78
2023	191,79	194,97	120,85		269,15	752,94	206,94

Fuente: GESTIB

TABLA 20
DISTRIBUCIÓN DEL ALUMNADO MARROQUÍ
POR AÑO ACADÉMICO Y ETAPA EDUCATIVA

Año Académico	Educación Secundaria	FP Básica	TOTAL	Evolución
2010	1.357		1.357	100,00
2011	1.345		1.345	99,12
2012	1.101		1.101	81,13
2013	1.016		1.016	74,87
2014	923	98	1.021	75,24
2015	887	133	1.020	75,17
2016	887	159	1.046	77,08
2017	899	132	1.031	75,98
2018	915	108	1.023	75,39
2019	1.000	132	1.132	83,42
2020	1.087	129	1.216	89,61
2021	1.263	112	1.375	101,33
2022	1.439		1.439	106,04
2023	1.640		1.640	120,85

Fuente: GESTIB

TABLA 21
DISTRIBUCIÓN DEL TOTAL DE ALUMOS
POR AÑO ACADÉMICO Y ETAPA EDUCATIVA

Año Académico	Educación Secundaria	FP Básica	TOTAL	Evolución
2010	41.422		41.422	100,00
2011	42.058		42.058	101,54
2012	40.373		40.373	97,47
2013	40.870		40.870	98,67
2014	41.682	1.123	42.805	103,34
2015	42.540	1.703	44.243	106,81
2016	43.018	1.884	44.902	108,40
2017	44.186	1.914	46.100	111,29
2018	45.460	1.914	47.374	114,37
2019	46.655	1.986	48.641	117,43
2020	47.482	1.926	49.408	119,28
2021	48.173	1.890	50.063	120,86
2022	49.079		49.079	118,49
2023	49.448		49.448	119,38

Fuente: GESTIB

TABLA 22
PORCENTAJE DEL ALUMNADO MARROQUÍ
SOBRE EL TOTAL DE ALUMNOS
MALLORCA

Año Académico	Educación Infantil	Educación Primaria	Educación Secundaria	FP Básica	FP G.Medio	FP G. superior	Bachillerato	Total
2010	2,54	2,95	3,31		1,22	0,22	0,44	2,62
2011	2,57	2,74	3,22		1,44	0,42	0,44	2,52
2012	2,73	2,62	2,78		1,90	0,33	0,52	2,42
2013	3,03	2,49	2,54		2,20	0,36	0,69	2,41
2014	3,11	2,56	2,29	9,46	1,85	0,59	0,87	2,44
2015	3,34	2,81	2,19	8,14	1,85	0,63	0,89	2,57
2016	3,40	3,11	2,15	8,62	1,96	1,16	0,76	2,71
2017	3,65	3,27	2,11	7,07	2,31	1,13	0,77	2,81
2018	3,78	3,67	2,07	6,03	2,17	1,18	0,98	2,97
2019	4,06	4,17	2,24	6,96	2,10	1,10	0,86	3,23
2020	4,24	4,55	2,47	7,56	2,25	1,16	0,72	3,41
2021	4,26	4,86	2,80	6,51	2,15	1,15	0,83	3,61
2022	4,30	5,13	3,15		2,16	1,32	0,86	3,78
2023	4,18	5,40	3,55		2,44	1,40	0,98	3,95

Fuente: GESTIB

TABLA 23
PORCENTAJE DEL ALUMNADO MARROQUÍ
SOBRE EL TOTAL DE ALUMNOS
MENORCA

Año Académico	Educación Infantil	Educación Primaria	Educación Secundaria	FP Básica	FP G.Medio	FP G. superior	Bachillerato	Total
2010	1,07	1,49	2,42		1,38	1,82	0,70	1,55
2011	0,96	1,48	2,57		2,30	0,64	0,29	1,54
2012	1,08	1,50	1,83		2,56	0,70	0,90	1,46
2013	1,00	1,05	1,68		3,43	1,78	0,89	1,31
2014	0,96	0,98	1,24	4,55	2,25	2,58	1,47	1,19
2015	0,85	1,23	0,98	6,88	1,96	3,19	1,48	1,22
2016	1,29	1,28	0,92	6,63	1,96	1,59	0,97	1,28
2017	1,54	1,41	0,90	3,21	2,69	2,19	0,88	1,38
2018	1,62	1,57	1,27	1,46	1,04	3,06	0,55	1,45
2019	1,71	1,69	1,32	3,85	1,42	2,61	0,76	1,58
2020	1,76	2,26	0,97	4,64	1,98	2,58	0,62	1,73
2021	1,93	2,83	1,49	5,49	1,34	1,95	0,74	2,06
2022	1,83	3,09	1,67		1,28	1,90	0,51	2,11
2023	2,26	3,06	2,04		1,32	2,09	0,95	2,33

Fuente: GESTIB

TABLA 24
PORCENTAJE DEL ALUMNADO MARROQUÍ
SOBRE EL TOTAL DE ALUMNOS
IBIZA

Año Académico	Educación Infantil	Educación Primaria	Educación Secundaria	FP Básica	FP G.Medio	FP G. superior	Bachillerato	Total
2010	1,90	2,34	3,45		3,55	1,08	1,13	2,44
2011	2,19	2,22	3,31		5,11	1,60	1,06	2,46
2012	2,52	2,13	2,94		6,31	2,12	1,69	2,51
2013	2,52	2,10	2,64		5,60	2,26	2,05	2,45
2014	2,59	2,05	2,33	8,18	4,39	1,26	2,14	2,36
2015	3,21	2,19	2,03	6,67	4,95	1,38	1,24	2,44
2016	3,77	2,46	2,08	8,88	3,95	4,32	1,27	2,74
2017	4,22	2,57	2,04	8,86	3,88	3,25	1,49	2,88
2018	3,87	3,12	1,93	7,03	2,54	2,88	1,25	2,89
2019	3,54	3,48	1,96	6,98	1,88	3,31	1,34	2,94
2020	3,36	3,78	1,85	3,80	2,37	2,18	2,11	2,98
2021	3,99	3,88	2,13	3,19	2,77	1,86	2,06	3,22
2022	4,17	4,03	2,22		2,99	3,21	1,58	3,34
2023	4,12	4,31	2,43		3,46	4,01	1,21	3,49

Fuente: GESTIB

TABLA 25
PORCENTAJE DEL ALUMNADO MARROQUÍ
SOBRE EL TOTAL DE ALUMNOS
FORMENTERA

Año Académico	Educación Infantil	Educación Primaria	Educación Secundaria	FP Básica	FP G.Medio	FP G. superior	Bachillerato	Total
2010	1,58	4,30	7,24		3,23	0,00	1,35	4,03
2011	2,70	4,61	6,79		5,56	0,00	0,00	4,34
2012	3,71	3,66	5,14		12,50	0,00	1,32	4,00
2013	3,51	3,30	4,03		7,14		2,90	3,56
2014	5,83	3,94	3,57	0,00	14,29		2,17	4,41
2015	4,92	4,94	4,83	7,69	0,00		2,04	4,79
2016	6,72	4,75	5,99	7,69	0,00		4,26	5,59
2017	5,29	4,92	6,69	0,00	7,69		2,33	5,32
2018	6,17	5,45	5,76	0,00	15,38		5,41	5,80
2019	5,04	6,42	3,63	9,09	12,00		9,80	5,65
2020	5,40	6,61	4,29	0,00	5,66		5,13	5,61
2021	4,35	6,25	3,75	0,00	9,76		2,99	5,04
2022	6,09	6,90	4,06		16,67		3,85	6,11
2023	8,20	6,39	5,29		11,76		1,67	6,59

Fuente: GESTIB

TABLA 26
DISTRIBUCIÓN DEL ALUMNADO MARROQUÍ
POR AÑO ACADÉMICO, SEXO Y ETAPA EDUCATIVA

Año Académico	Sexo	Educación Infantil	Educación Primaria	Educación Secundaria	FP Básica	PF G.Medio	PF G. superior	Bachillerato	Total
2010	M	383	805	589		58	7	44	1.886
	H	421	925	768		36	10	28	2.188
2011	M	408	766	597		62	13	33	1.879
	H	465	863	748		59	9	35	2.179
2012	M	443	739	507		71	13	52	1.825
	H	502	840	594		94	9	39	2.078
2013	M	476	678	481		89	13	66	1.803
	H	561	823	535		103	15	44	2.081
2014	M	492	717	434	26	74	12	87	1.842
	H	566	856	489	72	83	25	46	2.137
2015	M	551	795	426	28	75	16	76	1.967
	H	608	965	461	105	76	24	47	2.286
2016	M	592	911	406	31	76	40	62	2.118
	H	649	1070	481	128	75	34	45	2.482
2017	M	642	969	406	32	89	47	73	2.258
	H	729	1140	493	100	90	31	37	2.620
2018	M	635	1125	424	32	85	47	81	2.429
	H	780	1264	491	76	76	39	46	2.772
2019	M	675	1275	473	37	93	50	82	2.685
	H	826	1410	527	95	76	35	43	3.012
2020	M	698	1347	524	29	125	66	72	2.861
	H	785	1534	563	100	98	37	51	3.168
2021	M	747	1430	610	31	107	63	87	3.075
	H	803	1657	653	81	103	37	44	3.378
2022	M	755	1496	676		113	74	84	3.198
	H	824	1753	763		101	40	44	3.525
2023	M	702	1598	758		146	77	106	3.387
	H	840	1775	882		107	51	43	3.698

Fuente: GESTIB

TABLA 27
DISTRIBUCIÓN PORCENTUADA DEL ALUMNADO MARROQUÍ
POR AÑO ACADÉMICO, SEXO Y ETAPA EDUCATIVA

Año Académico	Sexo	Educación Infantil	Educación Primaria	Educación Secundaria	FP Básica	PF G.Medio	PF G. superior	Bachillerato	Total
2010	M	47,64	46,53	43,40		61,70	41,18	61,11	46,29
	H	52,36	53,47	56,60		38,30	58,82	38,89	53,71
2011	M	46,74	47,02	44,39		51,24	59,09	48,53	46,30
	H	53,26	52,98	55,61		48,76	40,91	51,47	53,70
2012	M	46,88	46,80	46,05		43,03	59,09	57,14	46,76
	H	53,12	53,20	53,95		56,97	40,91	42,86	53,24
2013	M	45,90	45,17	47,34		46,35	46,43	60,00	46,42
	H	54,10	54,83	52,66		53,65	53,57	40,00	53,58
2014	M	46,50	45,58	47,02	26,53	47,13	32,43	65,41	46,29
	H	53,50	54,42	52,98	73,47	52,87	67,57	34,59	53,71
2015	M	47,54	45,17	48,03	21,05	49,67	40,00	61,79	46,25
	H	52,46	54,83	51,97	78,95	50,33	60,00	38,21	53,75
2016	M	47,70	45,99	45,77	19,50	50,33	54,05	57,94	46,04
	H	52,30	54,01	54,23	80,50	49,67	45,95	42,06	53,96
2017	M	46,83	45,95	45,16	24,24	49,72	60,26	66,36	46,29
	H	53,17	54,05	54,84	75,76	50,28	39,74	33,64	53,71
2018	M	44,88	47,09	46,34	29,63	52,80	54,65	63,78	46,70
	H	55,12	52,91	53,66	70,37	47,20	45,35	36,22	53,30
2019	M	44,97	47,49	47,30	28,03	55,03	58,82	65,60	47,13
	H	55,03	52,51	52,70	71,97	44,97	41,18	34,40	52,87
2020	M	47,07	46,75	48,21	22,48	56,05	64,08	58,54	47,45
	H	52,93	53,25	51,79	77,52	43,95	35,92	41,46	52,55
2021	M	48,19	46,32	48,30	27,68	50,95	63,00	66,41	47,65
	H	51,81	53,68	51,70	72,32	49,05	37,00	33,59	52,35
2022	M	47,82	46,04	46,98		52,80	64,91	65,63	47,57
	H	52,18	53,96	53,02		47,20	35,09	34,38	52,43
2023	M	45,53	47,38	46,22		57,71	60,16	71,14	47,81
	H	54,47	52,62	53,78		42,29	39,84	28,86	52,19

Fuente: GESTIB

TABLA 28
DISTRIBUCIÓN DEL TOTAL DEL ALUMNADO BALEAR
POR AÑO ACADÉMICO, SEXO Y ETAPA EDUCATIVA

Año Académico	Sexo	Educación Infantil	Educación Primaria	Educación Secundaria	FP Básica	PF G.Medio	PF G. superior	Bachillerato	Total
2010	M	16.925	30.390	19.894		3.104	2.166	7.291	79.770
	H	18.215	32.291	21.528		3.191	1.682	5.825	82.732
2011	M	17.664	30.611	20.186		3.181	2.161	7.355	81.158
	H	19.475	32.571	21.872		3.335	1.856	6.152	85.261
2012	M	17.615	30.886	19.683		3.281	2.409	7.159	81.033
	H	19.677	32.964	20.690		3.655	1.933	5.939	84.858
2013	M	17.746	31.054	19.989		3.396	2.499	6.840	81.524
	H	19.782	33.389	20.881		3.854	2.103	5.717	85.726
2014	M	17.450	31.644	20.361	336	3.361	2.603	6.868	82.623
	H	19.592	34.505	21.321	787	3.938	2.275	5.618	88.036
2015	M	17.682	31.981	20.788	485	3.368	2.560	6.914	83.778
	H	19.751	35.144	21.752	1.218	3.763	2.326	5.610	89.564
2016	M	17.801	32.453	21.085	586	3.425	2.774	6.997	85.121
	H	20.092	35.852	21.933	1.298	3.711	2.549	5.602	91.037
2017	M	18.163	32.648	21.523	617	3.284	3.056	7.114	86.405
	H	20.616	36.388	22.663	1.297	3.915	2.797	5.560	93.236
2018	M	18.404	32.646	22.086	592	3.435	3.244	7.283	87.690
	H	20.726	36.531	23.374	1.322	4.145	2.932	5.481	94.511
2019	M	18.850	32.286	22.611	568	3.756	3.331	7.572	88.974
	H	20.671	36.310	24.044	1.418	4.479	3.118	5.704	95.744
2020	M	18.325	31.516	22.729	597	4.788	4.105	7.747	89.807
	H	19.494	35.476	24.753	1.329	5.098	3.808	6.002	95.960
2021	M	18.611	31.665	23.113	585	4.688	4.215	7.478	90.355
	H	19.923	35.459	25.060	1.305	5.002	3.842	5.972	96.563
2022	M	18.722	31.699	23.323		4.715	4.063	7.587	90.109
	H	19.948	35.260	25.756		4.978	3.787	6.180	95.909
2023	M	18.419	31.583	23.319		4.866	4.101	8.146	90.434
	H	19.664	34.602	26.129		5.283	4.061	6.621	96.360

Fuente: GESTIB

TABLA 29
DISTRIBUCIÓN PORCENTUADA DEL TOTAL DEL ALUMNADO BALEAR
POR AÑO ACADÉMICO, SEXO Y ETAPA EDUCATIVA

Año Académico	Sexo	Educación Infantil	Educación Primaria	Educación Secundaria	FP Básica	PF G.Medio	PF G. superior	Bachillerato	Total
2010	M	48,16	48,48	48,03		49,31	56,29	55,59	49,09
	H	51,84	51,52	51,97		50,69	43,71	44,41	50,91
2011	M	47,56	48,45	48,00		48,82	53,80	54,45	48,77
	H	52,44	51,55	52,00		51,18	46,20	45,55	51,23
2012	M	47,24	48,37	48,75		47,30	55,48	54,66	48,85
	H	52,76	51,63	51,25		52,70	44,52	45,34	51,15
2013	M	47,29	48,19	48,91		46,84	54,30	54,47	48,74
	H	52,71	51,81	51,09		53,16	45,70	45,53	51,26
2014	M	47,11	47,84	48,85	29,92	46,05	53,36	55,01	48,41
	H	52,89	52,16	51,15	70,08	53,95	46,64	44,99	51,59
2015	M	47,24	47,64	48,87	28,48	47,23	52,39	55,21	48,33
	H	52,76	52,36	51,13	71,52	52,77	47,61	44,79	51,67
2016	M	46,98	47,51	49,01	31,10	48,00	52,11	55,54	48,32
	H	53,02	52,49	50,99	68,90	52,00	47,89	44,46	51,68
2017	M	46,84	47,29	48,71	32,24	45,62	52,21	56,13	48,10
	H	53,16	52,71	51,29	67,76	54,38	47,79	43,87	51,90
2018	M	47,03	47,19	48,58	30,93	45,32	52,53	57,06	48,13
	H	52,97	52,81	51,42	69,07	54,68	47,47	42,94	51,87
2019	M	47,70	47,07	48,46	28,60	45,61	51,65	57,04	48,17
	H	52,30	52,93	51,54	71,40	54,39	48,35	42,96	51,83
2020	M	48,45	47,04	47,87	31,00	48,43	51,88	56,35	48,34
	H	51,55	52,96	52,13	69,00	51,57	48,12	43,65	51,66
2021	M	48,30	47,17	47,98	30,95	48,38	52,31	55,60	48,34
	H	51,70	52,83	52,02	69,05	51,62	47,69	44,40	51,66
2022	M	48,41	47,34	47,52		48,64	51,76	55,11	48,44
	H	51,59	52,66	52,48		51,36	48,24	44,89	51,56
2023	M	48,37	47,72	47,16		47,95	50,25	55,16	48,41
	H	51,63	52,28	52,84		52,05	49,75	44,84	51,59

Fuente: GESTIB

TABLA 30
DISTRIBUCIÓN PORCENTUADA DEL ALUMNADO MARROQUÍ SOBRE EL TOTAL
DE ALUMNOS EN BALEARES POR AÑO ACADÉMICO, SEXO Y ETAPA EDUCATIVA

Año Académico	Sexo	Educación Infantil	Educación Primaria	Educación Secundaria	FP Básica	PF G.Medio	PF G. superior	Bachillerato	Total
2010	M	2,26	2,65	2,96		1,87	0,32	0,60	2,36
	H	2,31	2,86	3,57		1,13	0,59	0,48	2,64
2011	M	2,31	2,50	2,96		1,95	0,60	0,45	2,32
	H	2,39	2,65	3,42		1,77	0,48	0,57	2,56
2012	M	2,51	2,39	2,58		2,16	0,54	0,73	2,25
	H	2,55	2,55	2,87		2,57	0,47	0,66	2,45
2013	M	2,68	2,18	2,41		2,62	0,52	0,96	2,21
	H	2,84	2,46	2,56		2,67	0,71	0,77	2,43
2014	M	2,82	2,27	2,13	7,74	2,20	0,46	1,27	2,23
	H	2,89	2,48	2,29	9,15	2,11	1,10	0,82	2,43
2015	M	3,12	2,49	2,05	5,77	2,23	0,63	1,10	2,35
	H	3,08	2,75	2,12	8,62	2,02	1,03	0,84	2,55
2016	M	3,33	2,81	1,93	5,29	2,22	1,44	0,89	2,49
	H	3,23	2,98	2,19	9,86	2,02	1,33	0,80	2,73
2017	M	3,53	2,97	1,89	5,19	2,71	1,54	1,03	2,61
	H	3,54	3,13	2,18	7,71	2,30	1,11	0,67	2,81
2018	M	3,45	3,45	1,92	5,41	2,47	1,45	1,11	2,77
	H	3,76	3,46	2,10	5,75	1,83	1,33	0,84	2,93
2019	M	3,58	3,95	2,09	6,51	2,48	1,50	1,08	3,02
	H	4,00	3,88	2,19	6,70	1,70	1,12	0,75	3,15
2020	M	3,81	4,27	2,31	4,86	2,61	1,61	0,93	3,19
	H	4,03	4,32	2,27	7,52	1,92	0,97	0,85	3,30
2021	M	4,01	4,52	2,64	5,30	2,28	1,49	1,16	3,40
	H	4,03	4,67	2,61	6,21	2,06	0,96	0,74	3,50
2022	M	4,03	4,72	2,90		2,40	1,82	1,11	3,55
	H	4,13	4,97	2,96		2,03	1,06	0,71	3,68
2023	M	3,81	5,06	3,25		3,00	1,88	1,30	3,75
	H	4,27	5,13	3,38		2,03	1,26	0,65	3,84

Fuente: GESTIB

TABLA 31
DISTRIBUCIÓN PORCENTUAL DEL ALUMNADO MARROQUÍ
POR AÑO ACADÉMICO Y ETAPA EDUCATIVA

Año Académico	Educación Infantil	Educación Primaria	Educación Secundaria	FP Básica	A PF G.Medio	B PF G. superior	C PF Bachillerato	Total	A+B+C
2010	19,73	42,46	33,31	0,00	2,31	0,42	1,77	100,00	4,49
2011	21,51	40,14	33,14	0,00	2,98	0,54	1,68	100,00	5,20
2012	24,21	40,46	28,21	0,00	4,23	0,56	2,33	100,00	7,12
2013	26,70	38,65	26,16	0,00	4,94	0,72	2,83	100,00	8,50
2014	26,59	39,53	23,20	2,46	3,95	0,93	3,34	100,00	8,22
2015	27,25	41,38	20,86	3,13	3,55	0,94	2,89	100,00	7,38
2016	26,98	43,07	19,28	3,46	3,28	1,61	2,33	100,00	7,22
2017	28,11	43,23	18,43	2,71	3,67	1,60	2,26	100,00	7,52
2018	27,21	45,93	17,59	2,08	3,10	1,65	2,44	100,00	7,19
2019	26,35	47,13	17,55	2,32	2,97	1,49	2,19	100,00	6,65
2020	24,60	47,79	18,03	2,14	3,70	1,71	2,04	100,00	7,45
2021	24,02	47,84	19,57	1,74	3,25	1,55	2,03	100,00	6,83
2022	23,49	48,33	21,40	0,00	3,18	1,70	1,90	100,00	6,78
2023	21,76	47,61	23,15	0,00	3,57	1,81	2,10	100,00	7,48

Fuente: GESTIB

TABLA 32
DISTRIBUCIÓN PORCENTUAL DEL TOTAL DE ALUMOS
POR AÑO ACADÉMICO Y ETAPA EDUCATIVA

Año Académico	Educación Infantil	Educación Primaria	Educación Secundaria	FP Básica	A PF G.Medio	B PF G. superior	C PF Bachillerato	Total	A+B+C
2010	21,62	38,57	25,49	0,00	3,87	2,37	8,07	100,00	14,31
2011	22,32	37,97	25,27	0,00	3,92	2,41	8,12	100,00	14,45
2012	22,48	38,49	24,34	0,00	4,18	2,62	7,90	100,00	14,69
2013	22,44	38,53	24,44	0,00	4,33	2,75	7,51	100,00	14,59
2014	21,71	38,76	24,42	0,66	4,28	2,86	7,32	100,00	14,45
2015	21,59	38,72	24,54	0,98	4,11	2,82	7,23	100,00	14,16
2016	21,51	38,77	24,42	1,07	4,05	3,02	7,15	100,00	14,22
2017	21,59	38,43	24,60	1,07	4,01	3,26	7,06	100,00	14,32
2018	21,48	37,97	24,95	1,05	4,16	3,39	7,01	100,00	14,56
2019	21,40	37,14	25,26	1,08	4,46	3,49	7,19	100,00	15,14
2020	20,36	36,06	25,56	1,04	5,32	4,26	7,40	100,00	16,98
2021	20,62	35,91	25,77	1,01	5,18	4,31	7,20	100,00	16,69
2022	20,79	36,00	26,38	0,00	5,21	4,22	7,40	100,00	16,83
2023	20,39	35,43	26,47	0,00	5,43	4,37	7,91	100,00	17,71

Fuente: GESTIB

TABLA 33 A
DISTRIBUCIÓN DEL ALUMNADO MARROQUÍ DE FORMACIÓN PROFESIONAL DE GRADO MEDIO EN BALEARES POR ESPECIALIDAD, AÑO ACADÉMICO Y SEXO

Código	Especialidades	2010 M	2010 H	2011 M	2011 H	2012 M	2012 H	2013 M	2013 H	2014 M	2014 H	2015 M	2015 H	2016 M	2016 H
ACA21-LOGSE	Explotaciones agrarias extensivas														
ACA22-LOGSE	Explotaciones agrarias intensivas														
ACA24	Jardinería														
ACA25	Trabajos forestales y conservaciópn del Medio Natural									1					
ADG21	Gestión Administrativa			25	7	32	14	43	14	30	5	29	6	32	15
ADM21-LOGSE	Gestion administrativa	21	3	10	1	1		1							
AFD21	Guia en el medio natural y tiempo libre					3		3		3		1			
AFD21-LOGSE	Conducción de actividades físico-deportivas en el Medio rural														
AGA21	Producción agroecológica					2		1							
AGA22	Producción agroprecuária														
AGA23	Jardinería y floristería							2							
AGA25	Aprovechamiento y conservación del Medio Rural														
AMP22	Pesca y transporte marítimo									2		2		2	
ARG21	Preimpresión digital					1									
ARG22	Impresión en Artes Gráficas														
ARG23-LOGSE	Preimpresión en Artes Graficas														
ARG23	Preimpresión en Artes Graficas														
CIS21	Imagen y sonido. Laboratorio de imagen					1		1							
COM21	Técnico en Actividades comerciales	6	1	4	3	6	4	2		6	4	11	8	5	8
COM21-LOGSE	Comercio							3	1	2					
ELE21	Instalaciones eléctricas y automáticas		12		16		26		24		19	1	17		15
ELE22	Instalaciones de telecomunicaciones				3		5		5		5		4		
ELE22-LOGSE	Equipos e instalaciones eléctricas		1												
ELE23	Instalaciones de Telecomunicaciones		1												
EOC21	Acabados de construcción														
EOC22	Obras de albañilería														
FME21	Técnico en mecanización				2		2		5		4		2		
HOT21	Cocina y Gastronomía	2	1	2		3	3	3	1	3	1	1	1	4	1
HOT21-LOGSE	Cocina y Gastronomía														
HOT22	Servicios en restauración		1						2	2	4	2	4	1	4
HOT22-LOGSE	Pastelería y panadería														
HOT23-LOGSE	Servicio de Restauración y Bar														
IFC21	Sistemas microinformáticos y redes		4	1	4	2	8	2	11		13		9		6
IMA21	Técnico en iinstalaciones de producción de calor										1		2		1
IMA22	Técnico de instalaciones frigoríficas y de climatización						2		1		1				1
IMA23	Técnico en mantenimiento electro doméstico														1
IMP21	Técnico en estética y belleza														
IMP22	Técnico en peluquería y cosmética capilar					2		1		2		3		2	
IMP22-LOGSE	Estética y belleza														
IMP23	Peluquería	4		3		1									
IMS21	Video, disc-jockey y sonido														
INA21	Horno, repostería y confitería							1		1	1		1		
INA22	Elaboración de aceites y vinos														
INF21	Explotación de sistemas informáticos														
MAM21	Carpintería y mueble				1										
MAM22	Fabricación industrial de carpintería y mueble														1
MAP2-LOE	Mantenimiento y control de maquinaria embarcaciones														
MAP24	Navegación y pesca litoral														
MSP21-LOE	Instalaciones de producción de calor														
MSP22	Mantenimiento ferroviario														
MSP23	Montaje y mantenimiento de Instal. de Frío, Climatización y Calor		3		3		3			1					
MVA21-LOGSE	Carrocería														
MVA22-LOE	Electomecánica de automóviles		5		3										
SAN21	Emergencias sanitarias													1	
SAN22	Farmacia y Parafarmacia	3	1	1		2	1	7	1	7	2	5	1	4	2
SAN22-LOGSE	Farmacia														
SAN23	Cuidados auxiliares de enfermería	19	2	14	1	19	3	24	2	18	3	16	2	14	4
SEA21	Emergencias y protección civil														
SSC21	Atención a personas en situación de dependencia	3		2		1		2		3		7		12	1
SSC21-LOGSE	Atención a personas en situación de dependencia														
TMV21	Carrocería						1		10		6		2		4
TMV22	Electromecánica de vehículos y automóviles				10		15		19		11		15		11
TMV26	Mantenimiento de embarcaciones de recreo														
	TOTAL	58	35	62	59	71	94	89	103	74	83	75	76	75	75
	% M/H	62,4	37,6	51,2	48,8	43,0	57,0	46,4	53,6	47,1	52,9	49,7	50,3	50,0	50,0

Fuente: GESTIB

TABLA 33 B
DISTRIBUCIÓN DEL ALUMNADO MARROQUÍ DE FORMACIÓN PROFESIONAL DE GRADO MEDIO EN BALEARES POR ESPECIALIDAD, AÑO ACADÉMICO Y SEXO

Código	Especialidades	2017 M	2017 H	2018 M	2018 H	2019 M	2019 H	2020 M	2020 H	2021 M	2021 H	2022 M	2022 H	2023 M	2023 H
ACA21-LOGSE	Explotaciones agrarias extensivas														
ACA22-LOGSE	Explotaciones agrarias intensivas														
ACA24	Jardinería														
ACA25	Trabajos forestales y conservación del Medio Natural														
ADG21	Gestión Administrativa	31	11	30	7	41	10	47	13	38	18	33	19	56	19
ADM21-LOGSE	Gestión administrativa														
AFD21	Guía en el medio natural y tiempo libre					1	1					2		2	4
AFD21-LOGSE	Conducción de actividades físico-deportivas en el Medio rural							1	1	1					
AGA21	Producción agroecológica														
AGA22	Producción agropecuària														
AGA23	Jardinería y floristería			1			1			2		2			
AGA25	Aprovechamiento y conservación del Medio Rural														
AMP22	Pesca y transporte marítimo														
ARG21	Preimpresión digital														
ARG22	Impresión en Artes Gráficas														
ARG23-LOGSE	Preimpresión en Artes Graficas														
ARG23	Preimpresión en Artes Graficas														
CIS21	Imagen y sonido. Laboratorio de imagen														
COM21	Técnico en Actividades comerciales	6	8			5	1	7	3	7	3	6	3	7	3
COM21-LOGSE	Comercio														
ELE21	Instalaciones eléctricas y automáticas				23		21		21		20		30		25
ELE22	Instalaciones de telecomunicaciones				3		2		1		1		4		2
ELE22-LOGSE	Equipos e instalaciones eléctricas														
ELE23	Instalaciones de Telecomunicaciones														
EOC21	Acabados de construcción								1	1	2	2		1	3
EOC22	Obras de albañilería														2
FME21	Técnico en mecanización														1
HOT21	Cocina y Gastronomía	5	4	2	5	4	2	5	6	4	7	3	7	1	7
HOT21-LOGSE	Cocina y Gastronomia				1										
HOT22	Servicios en restauración							1	1	1	4		2		2
HOT22-LOGSE	Pastelería y panadería														
HOT23-LOGSE	Servicio de Restauración y Bar														
IFC21	Sistemas microinformáticos y redes				11	2	8		7		11		11		12
IMA21	Técnico en iinstalaciones de producción de calor				1		2		3		1		1		1
IMA22	Técnico de instalaciones frigoríficas y de climatización				1		2		4		6		6		3
IMA23	Técnico en mantenimiento electro doméstico			2			1				1		1		4
IMP21	Técnico en estética y belleza	1		1								1			
IMP22	Técnico en peluquería y cosmética capilar	1					1					1		1	
IMP22-LOGSE	Estética y belleza														
IMP23	Peluquería														
IMS21	Vídeo, disc-jockey y sonido						1				1		1		1
INA21	Horno, repostería y confitería	2		1						2		1	1	1	1
INA22	Elaboración de aceites y vinos														
INF21	Explotación de sistemas informáticos														
MAM21	Carpintería y mueble														
MAM22	Fabricación industrial de carpintería y mueble										1				
MAP22-LOE	Mantenimiento y control de maquinaria embarcaciones			1								1			
MAP24	Navegación y pesca litoral														
MSP21-LOE	Instalaciones de producción de calor														
MSP22	Mantenimiento ferroviario										1				
MSP23	Montaje y mantenimiento de Instal. de Frío, Climatización y Calor														
MVA21-LOGSE	Carrocería														
MVA22-LOE	Electomecánica de automóviles														
SAN21	Emergencias sanitarias				1		1			1	1		1		1
SAN22	Farmacia y Parafarmacia	5	1	8	1	6	2	18		18	2	20		27	2
SAN22-LOGSE	Farmacia														
SAN23	Cuidados auxiliares de enfermería	26	3	29	3	31	1	37	2	26	2	41	3	39	4
SEA21	Emergencias y protección civil														
SSC21	Atención a personas en situación de dependencia	12	1	5				5		12		8		12	1
SSC21-LOGSE	Atención a personas en situación de dependencia														
TMV21	Carrocería				4		5		5		4		1		2
TMV22	Electromecánica de vehículos y automóviles				14		25		12		13		9		9
TMV26	Mantenimiento de embarcaciones de recreo								4		4				
	TOTAL	89	90	78	85	91	76	125	98	107	103	113	101	146	107
	% M/H	49,7	50,3	47,9	52,1	54,5	45,5	56,1	43,9	51,0	49,0	52,8	47,2	57,7	42,3

Fuente: GESTIB

TABLA 33 C
DISTRIBUCIÓN DEL ALUMNADO MARROQUÍ DE FORMACIÓN PROFESIONAL DE GRADO MEDIO EN BALEARES POR ESPECIALIDAD Y SEXO (BALEARES, 2010-2023)

Código	Especialidades	Mujeres	Hombres	Total	% M	% H
ACA21-LOGSE	Explotaciones agrarias extensivas					
ACA22-LOGSE	Explotaciones agrarias intensivas					
ACA24	Jardinería					
ACA25	Trabajos forestales y conservaciópn del Medio Natural	0	1	1	0,00	100,00
ADG21	Gestión Administrativa	467	158	625	74,72	25,28
ADM21-LOGSE	Gestión administrativa	33	4	37	89,19	10.81
AFD21	Guía en el medio natural y tiempo libre	1	19	20	5,00	95,00
AFD21-LOGSE	Conducción de actividades físico-deportivas en el Medio rural	1	2	3	33,33	66,67
AGA21	Producción agroecológica	0	3	3	0,00	100,00
AGA22	Producción agroprecuària	0	0	0		
AGA23	Jardinería y floristería	0	8	8	0,00	100,00
AGA25	Aprovechamiento y conservación del Medio Rural	0	0	0		
AMP22	Pesca y transporte marítimo	0	6	6	0,00	100,00
ARG21	Preimpresión digital	1	0	1	100,00	0,00
ARG22	Impresión en Artes Gráficas	0	0	0		
ARG23-LOGSE	Preimpresión en Artes Graficas	0	0	0		
ARG23	Preimpresión en Artes Graficas	0	0	0		
CIS21	Imagen y sonido. Laboratorio de imagen	2	0	2	100,00	0,00
COM21	Técnico en Actividades comerciales	78	49	127	61,42	38.58
COM21-LOGSE	Comercio	5	1	6	83,33	16,67
ELE21	Instalaciones eléctricas y automáticas	1	294	295	0,34	99,66
ELE22	Instalaciones de telecomunicaciones	0	37	37	0,00	100,00
ELE22-LOGSE	Equipos e instalaciones eléctricas	0	1	1	0,00	100,00
ELE23	Instalaciones de Telecomunicaciones	0	1	1	0,00	100,00
EOC21	Acabados de construcción	4	9	13	30,77	69.23
EOC22	Obras de albañilería	0	2	2	0,00	100,00
FME21	Técnico en mecanización	0	16	16	0,00	100,00
HOT21	Cocina y Gastronomía	42	46	88	47,73	52,27
HOT21-LOGSE	Cocina y Gastronomía	0	1	1	0,00	100,00
HOT22	Servicios en restauración	7	27	34	20,59	79,41
HOT22-LOGSE	Pastelería y panadería	0	0	0		
HOT23-LOGSE	Servicio de Restauración y Bar	0	0	0		
IFC21	Sistemas microinformáticos y redes	7	126	133	5,26	94,74
IMA21	Técnico en iinstalaciones de producción de calor	0	14	14	0,00	100,00
IMA22	Técnico de instalaciones frigoríficas y de climatización	0	31	31	0,00	100,00
IMA23	Técnico en mantenimiento electro doméstico	0	7	7	0,00	100,00
IMP21	Técnico en estética y belleza	3	0	3	100,00	0,00
IMP22	Técnico en peluquería y cosmética capilar	13	3	16	81,25	18,75
IMP22-LOGSE	Estética y belleza	0	0	0		
IMP23	Peluquería	8	0	8	100,00	0,00
IMS21	Video, disc-jockey y sonido	0	5	5	0,00	100,00
INA21	Horno. repostería y confitería	10	6	16	62,50	37,50
INA22	Elaboración de aceites y vinos	0	0	0		
INF21	Explotación de sistemas informáticos	0	0	0		
MAM21	Carpintería y mueble	0	1	1	0,00	100,00
MAM22	Fabricación industrial de carpintería y mueble	0	2	2	0,00	100,00
MAP22-LOE	Mantenimiento y control de maquinaria embarcaciones	0	3	3	0,00	100,00
MAP24	Navegación y pesca litoral	0	0	0		
MSP21-LOE	Instalaciones de producción de calor	0	0	0		
MSP22	Mantenimiento ferroviario	0	1	1	0,00	100,00
MSP23	Montaje y mantenimiento de Instal. de Frío, Climatización y Calor	0	10	10	0,00	100,00
MVA21-LOGSE	Carrocería	0	0	0		
MVA22-LOE	Electomecánica de automóviles	0	8	8	0,00	100,00
SAN21	Emergencias sanitarias	2	5	7	28,57	71,43
SAN22	Farmacia y Parafarmacia	131	16	147	89,12	10,88
SAN22-LOGSE	Farmacia	0	0	0		
SAN23	Cuidados auxiliares de enfermería	353	35	388	90,98	9,02
SEA21	Emergencias y protección civil	0	0	0		
SSC21	Atención a personas en situación de dependencia	84	3	87	96,55	3.45
SSC21-LOGSE	Atención a personas en situación de dependencia	0	0	0		
TMV21	Carrocería	0	45	45	0,00	100,00
TMV22	Electromecánica de vehículos y automóviles	0	171	171	0,00	100,00
TMV26	Mantenimiento de embarcaciones de recreo	0	8	8	0,00	100,00
	TOTAL	1253	1185	2438	51,39	48,61
	% M/H	51,39	48,61	100,00		

Fuente: GESTIB

TABLA 34 A
DISTRIBUCIÓN DEL ALUMNADO MARROQUÍ EN BALEARES
DE FP DE GRADO MEDIO POR POR CURSO ESCOLAR Y SEXO

Año escolar	M	H	TOTAL	% M	% H	Evolución
2010	58	35	93	62,37	37,63	100,00
2011	62	59	121	51,24	48,76	130,11
2012	71	94	165	43,03	56,97	177,42
2013	89	103	192	46,35	53,65	206,45
2014	74	83	157	47,13	52,87	168,82
2015	75	76	151	49,67	50,33	162,37
2016	75	75	150	50,00	50,00	161,29
2017	89	90	179	49,72	50,28	192,47
2018	78	85	163	47,85	52,15	175,27
2019	91	76	167	54,49	45,51	179,57
2020	125	98	223	56,05	43,95	239,78
2021	107	103	210	50,95	49,05	225,81
2022	113	101	214	52,80	47,20	230,11
2023	146	107	253	57,71	42,29	272,04

Fuente: GESTIB

TABLA 34 B
DISTRIBUCIÓN DEL TOTAL DE ALUMNADO BALEAR
DE FP DE GRADO MEDIO POR CURSO ESCOLAR Y SEXO

Año escolar	M	H	TOTAL	% M	% H	Evolución
2010	3.104	3.191	6.295	49,31	50,69	100,00
2011	3.181	3.337	6.518	48,80	51,20	7008,60
2012	3.281	3.655	6.936	47,30	52,70	7458,06
2013	3.396	3.854	7.250	46,84	53,16	7795,70
2014	3.361	3.938	7.299	46,05	53,95	7848,39
2015	3.368	3.763	7.131	47,23	52,77	7667,74
2016	3.425	3.711	7.136	48,00	52,00	7673,12
2017	3.282	3.915	7.197	45,60	54,40	7738,71
2018	3.435	4.145	7.580	45,32	54,68	8150,54
2019	3.756	4.479	8.235	45,61	54,39	8854,84
2020	4.788	5.098	9.886	48,43	51,57	10.630,11
2021	4.688	5.002	9.690	48,38	51,62	10.419,35
2022	4.715	4.978	9.693	48,64	51,36	10.422,58
2023	4.866	5.279	10.145	47,96	52,04	10.908,60

Fuente: GESTIB

TABLA 35 A

DISTRIBUCIÓN DEL TOTAL DE ALUMNADO DE FORMACIÓN PROFESIONAL DE GRADO MEDIO EN BALEARES POR ESPECIALIDAD, AÑO ACADÉMICO Y SEXO

Código	Especialidades	2010 M	2010 H	2011 M	2011 H	2012 M	2012 H	2013 M	2013 H	2014 M	2014 H	2015 M	2015 H	2016 M	2016 H
ACA21-LOGSE	Explotaciones agrarias extensivas	2	15	2	10		1								
ACA22-LOGSE	Explotaciones agrarias intensivas		2												
ACA24	Jardinería	6	81	2	32		10		2						
ACA25	Trabajos forestales y conservaciópn del Medio Natural	10	48	4	52	4	50	5	59	5	50	1	21		4
ADG21	Gestión Administrativa			475	231	756	381	754	363	694	415	727	412	802	454
ADM21-LOGSE	Gestion administrativa	866	387	330	124	30	6	8	4						
AFD21	Guía en el medio natural y tiempo libre	48	210	51	198	44	249	66	264	71	269	86	281	83	299
AFD21-LOGSE	Conducción de actividades físico-deportivas en el Medio rural														
AGA21	Producción agroecológica		8	3	17	2	10								
AGA22	Producción agroprecuaria	3	2	5	8	12	21	11	33	6	41	8	39	7	28
AGA23	Jardinería y floristería			6	43	11	87	11	110	7	102	11	84	16	78
AGA25	Aprovechamiento y conservación del Medio Rural											3	17	3	27
AMP22	Pesca y transporte marítimo	1	73	1	73	1	77	1	76	1	69		33		10
ARG21	Preimpresión digital					15	21	27	29	21	39	21	37	25	39
ARG22	Impresión en Artes Gráficas	9	9	16	11	7	12	11	14	19	12	4	11	12	18
ARG23-LOGSE	Preimpresión en Artes Graficas					16	14	1	1			12	7	1	
ARG23	Preimpresión en Artes Graficas	21	28	28	32										
CIS21	Imagen y sonido. Laboratorio de imagen	41	42	53	38	49	39	41	37	34	30	7	4		
COM21	Técnico en Actividades comerciales	108	58	83	61	97	73	57	47	82	87	117	94	126	108
COM21-LOGSE	Comercio							42	34	8	2	3	1	1	
ELE21	Instalaciones eléctricas y automáticas	7	342	5	388	7	442	13	506	13	425	9	372	9	368
ELE22	Instalaciones de telecomunicaciones	1	51	2	112	3	144	1	129	5	118	4	83	3	89
ELE22-LOGSE	Equipos e instalaciones eléctricas	1	50		8		4	1	30						
ELE23	Instalaciones de Telecomunicaciones	2	91	3	43	1	25			1	30		14		
EOC21	Acabados de construcción														
EOC22	Obras de albañilería														
FME21	Técnico en mecanización		16		22		26		24		26		20		23
HOT21	Cocina y Gastronomia	110	214	136	262	157	268	169	314	175	346	164	313	146	258
HOT21-LOGSE	Cocina y Gastronomia	1	5												
HOT22	Servicios en restauración	31	50	42	57	52	79	90	102	103	126	94	120	86	94
HOT22-LOGSE	Pasteleria y panaderia	1	1	1											
HOT23-LOGSE	Servicio de Restauración y Bar	3	2		1		1								
IFC21	Sistemas microinformáticos y redes	46	465	62	534	47	524	46	595	38	630	51	671	59	709
IMA21	Técnico en iinstalaciones de producción de calor						12		17		19		17	1	20
IMA22	Técnico de instalaciones frigorificas y de climatización						51		65	2	65	1	57		37
IMA23	Técnico en mantenimiento electro doméstico					1	10	1	20		15		21		30
IMP21	Técnico en estética y belleza							40	1	66	1	74		80	1
IMP22	Técnico en peluqueria y cosmética capilar	67		57		92	7	115	8	118	15	116	12	99	12
IMP22-LOGSE	Estética y belleza					61		23		1		1			
IMP23	Peluqueria	119	5	128	10	53		6		1		1			
IMS21	Video, disc-jockey y sonido										10	5	27	7	39
INA21	Horno, reposteria y confiteria	5	11	16	16	25	11	65	20	94	23	82	22	71	23
INA22	Elaboración de aceites y vinos														
INF21	Explotación de sistemas informáticos	3	48	1	6		1								
MAM21	Carpinteria y mueble	1	17	2	20	1	10		2						
MAM22	Fabricación industrial de carpintería y mueble					1	16	4	21	1	22	1	16	2	11
MAP22-LOE	Mantenimiento y control de maquinaria embarcaciones												43		64
MAP24	Navegación y pesca litoral														
MSP21-LOE	Instalaciones de producción de calor		12	1	18	2	13	1	3	1					
MSP22	Mantenimiento ferroviario	2	22	1	8			1	1						
MSP23	Montaje y mantenimiento de Instal. de Frio, Climatización y Calor	2	113	2	98		50		8		3				
MVA21-LOGSE	Carroceria		1												
MVA22-LOE	Electomecánica de automóviles	1	249		103		24		4						
SAN21	Emergencias sanitarias	74	158	94	210	112	247	108	250	124	271	135	263	134	196
SAN22	Farmacia y Parafarmacia	263	65	283	57	295	73	325	69	373	76	355	62	345	73
SAN22-LOGSE	Farmacia	2		4											
SAN23	Cuidados auxiliares de enfermería	898	182	927	201	919	193	911	164	867	171	839	185	846	201
SEA21	Emergencias y protección civil													1	17
SSC21	Atención a personas en situación de dependencia	349	34	352	50	214	49	400	70	414	63	427	42	448	45
SSC21-LOGSE	Atención a personas en situación de dependencia					189	29	35	1	7					
TMV21	Carroceria		24	1	30		31		66	1	82	1	61	2	54
TMV22	Electromecánica de vehículos y automóviles			2	153	5	263	6	291	8	285	8	301	10	280
TMV26	Mantenimiento de embarcaciones de recreo														
	TOTAL	3.104	3.191	3.181	3.337	3.281	3.655	3.396	3.854	3.361	3.938	3.368	3.763	3.425	3.711
		49,3	50,7	48,8	51,2	47,3	52,7	46,8	53,2	46,0	54,0	47,2	52,8	48,0	52,0

Fuente: GESTIB

TABLA 35 B
DISTRIBUCIÓN DEL TOTAL DE ALUMNADO DE FORMACIÓN PROFESIONAL DE GRADO MEDIO EN BALEARES POR ESPECIALIDAD, AÑO ACADÉMICO Y SEXO

Código	Especialidades	2017 M	2017 H	2018 M	2018 H	2019 M	2019 H	2020 M	2020 H	2021 M	2021 H	2022 M	2022 H	2023 M	2023 H
ACA21-LOGSE	Explotaciones agrarias extensivas														
ACA22-LOGSE	Explotaciones agrarias intensivas														
ACA24	Jardinería														
ACA25	Trabajos forestales y conservaciópn del Medio Natural														
ADG21	Gestión Administrativa	753	449	805	524	842	621	1005	625	947	641	899	632	994	633
ADM21-LOGSE	Gestión administrativa														
AFD21	Guía en el medio natural y tiempo libre	107	354	103	380	106	449			64	287	122	496	148	556
AFD21-LOGSE	Conducción de actividades físico-deportivas en el Medio rural							125	475	52	191	3	6		
AGA21	Producción agroecológica	5	5	4	2	3	7	14	11	8	12	4	12	2	8
AGA22	Producción agroprecuária	6	33	7	30	4	22	4	41	7	45	10	33	14	24
AGA23	Jardinería y floristería	15	71	16	66	12	56	11	67	14	75	12	59	13	56
AGA25	Aprovechamiento y conservación del Medio Rural	2	32	1	38	2	43	3	37	2	28	3	25	4	19
AMP22	Pesca y transporte marítimo														
ARG21	Preimpresión digital	30	41	24	30	40	33	44	38	42	32	38	30	41	30
ARG22	Impresión en Artes Gráficas	8	19	9	25	18	22	24	13	26	8	28	13	22	14
ARG23-LOGSE	Preimpresión en Artes Graficas														
ARG23	Preimpresión en Artes Graficas														
CIS21	Imagen y sonido. Laboratorio de imagen														
COM21	Técnico en Actividades comerciales	129	127	139	124	143	120	164	143	155	142	154	126	184	153
COM21-LOGSE	Comercio														
ELE21	Instalaciones eléctricas y automáticas	6	379	6	406	7	478	10	551	14	543	16	497	15	572
ELE22	Instalaciones de telecomunicaciones	4	89	2	89	4	109	3	142	6	127	6	91	3	119
ELE22-LOGSE	Equipos e instalaciones eléctricas														
ELE23	Instalaciones de Telecomunicaciones														
EOC21	Acabados de construcción				6	2	12	6	18	2	27	1	27	7	26
EOC22	Obras de albañilería									12	7	17	19	20	31
FME21	Técnico en mecanización		30		30	2	30	1	27	1	31	1	27	1	29
HOT21	Cocina y Gastronomía	138	267	125	246	140	250	171	285	151	241	140	234	145	255
HOT21-LOGSE	Cocina y Gastronomía														
HOT22	Servicios en restauración	66	77	69	67	57	81	75	103	71	82	57	68	57	92
HOT22-LOGSE	Pastelería y panadería														
HOT23-LOGSE	Servicio de Restauración y Bar														
IFC21	Sistemas microinformáticos y redes	47	772	57	829	63	854	63	973	71	951	92	974	97	1034
IMA21	Técnico en instalaciones de producción de calor		17		22		19		27		31		25		29
IMA22	Técnico de instalaciones frigoríficas y de climatización		47		39	2	56	1	78		103		86	1	103
IMA23	Técnico en mantenimiento electro doméstico	1	42		45	1	43		31		24		23		35
IMP21	Técnico en estética y belleza	68		64	4	74		113	1	134	3	125	7	133	
IMP22	Técnico en peluquería y cosmética capilar	108	10	113	15	97	19	141	28	139	22	133	27	145	36
IMP22-LOGSE	Estética y belleza														
IMP23	Peluquería														
IMS21	Video, disc-jockey y sonido	8	57	12	72	16	76	21	76	24	72	23	68	30	78
INA21	Horno, repostería y confitería	40	11	32	8	32	15	44	26	41	21	42	19	57	22
INA22	Elaboración de aceites y vinos					5	10	12	15	8	12	2	9	4	14
INF21	Explotación de sistemas informáticos														
MAM21	Carpintería y mueble							2	12	4	24	4	25	5	19	3	29
MAM22	Fabricación industrial de carpintería y mueble	4	11	2	20	1	8	1	3		1	4	73	5	82
MAP22-LOE	Mantenimiento y control de maquinaria embarcaciones		68		78	4	87	5	80	2	78				
MAP24	Navegación y pesca litoral	3	17	5	36	4	35	6	44	4	36	3	40	3	38
MSP21-LOE	Instalaciones de producción de calor														
MSP22	Mantenimiento ferroviario														
MSP23	Montaje y mantenimiento de Instal. de Frío, Climatización y Calor														
MVA21-LOGSE	Carrocería														
MVA22-LOE	Electomecánica de automóviles														
SAN21	Emergencias sanitarias	123	175	115	182	138	173	242	255	183	270	198	276	180	266
SAN22	Farmacia y Parafarmacia	320	77	337	75	382	72	581	83	516	86	576	128	618	119
SAN22-LOGSE	Farmacia														
SAN23	Cuidados auxiliares de enfermería	830	210	910	200	1031	161	1263	105	1285	190	1273	198	1191	203
SEA21	Emergencias y protección civil	1	34	2	33	2	35	1	40	4	57	5	97	1	46
SSC21	Atención a personas en situación de dependencia	449	58	462	57	506	53	616	71	683	70	708	70	712	78
SSC21-LOGSE	Atención a personas en situación de dependencia														
TMV21	Carrocería	5	50	5	56	4	61	1	73	3	62	3	62	3	61
TMV22	Electromecánica de vehículos y automóviles	6	286	8	293	6	299	10	320	10	294	6	296	8	307
TMV26	Mantenimiento de embarcaciones de recreo			1	18	1	55	3	79	3	75	6	86	5	82
	TOTAL	3.282	3.915	3.435	4.145	3.756	4.479	4.788	5.098	4.688	5.002	4.715	4.978	4.866	5.279
		45,6	54,4	45,3	54,7	45,6	54,4	48,4	51,6	48,4	51,6	48,6	51,4	48,0	52,0

Fuente: GESTIB

TABLA 35 C
DISTRIBUCIÓN DEL TOTAL DE ALUMNADO DE FORMACIÓN PROFESIONAL DE GRADO MEDIO EN BALEARES POR ESPECIALIDAD Y SEXO (BALEARES, 2010-2023)

Código	Especialidades					
ACA21-LOGSE	Explotaciones agrarias extensivas	4	26	30	13,33	86,67
ACA22-LOGSE	Explotaciones agrarias intensivas	0	2	2	0,00	100,00
ACA24	Jardinería	8	125	133	6,02	93,98
ACA25	Trabajos forestales y conservaciópn del Medio Natural	29	284	313	9,27	90,73
ADG21	Gestión Administrativa	10.453	6.381	16.834	62,09	37,91
ADM21-LOGSE	Gestion administrativa	1.234	521	1.755	70,31	29,69
AFD21	Guia en el medio natural y tiempo libre	1.099	4.292	5.391	20,39	79,61
AFD21-LOGSE	Conducción de actividades físico-deportivas en el Medio rural	180	672	852	21,13	78,87
AGA21	Producción agroecológica	45	92	137	32,85	67,15
AGA22	Producción agroprecuária	104	400	504	20,63	79,37
AGA23	Jardinería y floristería	155	954	1.109	13,98	86,02
AGA25	Aprovechamiento y conservación del Medio Rural	23	266	289	7,96	92,04
AMP22	Pesca y transporte marítimo	5	411	416	1,20	98,80
ARG21	Preimpresión digital	368	399	767	47,98	52,02
ARG22	Impresión en Artes Gráficas	213	201	414	51,45	48,55
ARG23-LOGSE	Preimpresión en Artes Graficas	30	22	52	57,69	42,31
ARG23	Preimpresión en Artes Graficas	49	60	109	44,95	55,05
CIS21	Imagen y sonido. Laboratorio de imagen	225	190	415	54,22	45,78
COM21	Técnico en Actividades comerciales	1.738	1.463	3.201	54,30	45,70
COM21-LOGSE	Comercio	54	37	91	59,34	40,66
ELE21	Instalaciones eléctricas y automáticas	137	6.269	6.406	2,14	97,86
ELE22	Instalaciones de telecomunicaciones	47	1.492	1.539	3,05	96,95
ELE22-LOGSE	Equipos e instalaciones eléctricas	2	92	94	2,13	97,87
ELE23	Instalaciones de Telecomunicaciones	7	203	210	3,33	96,67
EOC21	Acabados de construcción	18	116	134	13,43	86,57
EOC22	Obras de albañilería	49	57	106	46,23	53,77
FME21	Técnico en mecanización	6	361	367	1,63	98,37
HOT21	Cocina y Gastronomía	2.067	3.753	5.820	35,52	64,48
HOT21-LOGSE	Cocina y Gastronomía	1	5	6	16,67	83,33
HOT22	Servicios en restauración	950	1.198	2.148	44,23	55,77
HOT22-LOGSE	Pastelería y panadería	2	1	3	66,67	33,33
HOT23-LOGSE	Servicio de Restauración y Bar	3	4	7	42,86	57,14
IFC21	Sistemas microinformáticos y redes	839	10.515	11.354	7,39	92,61
IMA21	Técnico en iinstalaciones de producción de calor	1	255	256	0,39	99,61
IMA22	Técnico de instalaciones frigoríficas y de climatización	7	787	794	0,88	99,12
IMA23	Técnico en mantenimiento electro doméstico	4	339	343	1,17	98,83
IMP21	Técnico en estética y belleza	971	18	989	98,18	1,82
IMP22	Técnico en peluquería y cosmética capilar	1.540	211	1.751	87,95	12,05
IMP22-LOGSE	Estética y belleza	86	0	86	100,00	0,00
IMP23	Peluquería	308	15	323	95,36	4,64
IMS21	Virtien, disc-jockey y sonido	146	575	721	20,25	79,75
INA21	Horno, repostería y confitería	646	248	894	72,26	27,74
INA22	Elaboración de aceites y vinos	31	60	91	34,07	65,93
INF21	Explotación de sistemas informáticos	4	55	59	6,78	93,22
MAM21	Carpintería y mueble	22	158	180	12,22	87,78
MAM22	Fabricación industrial de carpintería y mueble	26	284	310	8,39	91,61
MAP22-LOE	Mantenimiento y control de maquinaria embarcaciones	11	498	509	2,16	97,84
MAP24	Navegación y pesca litoral	28	246	274	10,22	89,78
MSP21-LOE	Instalaciones de producción de calor	5	46	51	9,80	90,20
MSP22	Mantenimiento ferroviario	4	32	36	11,11	88,89
MSP23	Montaje y mantenimiento de Instal. de Frio, Climatización y Calo	4	272	276	1,45	98,55
MVA21-LOGSE	Carrocería	0	1	1	0,00	100,00
MVA22-LOE	Electomecánica de automóviles	1	380	381	0,26	99,74
SAN21	Emergencias sanitarias	1.960	3.194	5.154	38,03	61,97
SAN22	Farmacia y Parafarmacia	5.569	1.115	6.684	83,32	16,68
SAN22-LOGSE	Farmacia	6	0	6	100,00	0,00
SAN23	Cuidados auxiliares de enfermería	13.993	2.657	16.650	84,04	15,96
SEA21	Emergencias y protección civil	17	359	376	4,52	95,48
SSC21	Atención a personas en situación de dependencia	6.740	810	7.550	89,27	10,73
SSC21-LOGSE	Atención a personas en situación de dependencia	231	30	261	88,51	11,49
TMV21	Carrocería	29	773	802	3,62	96,38
TMV22	Electromécanica de vehículos y automóviles	93	3.668	3.761	2,47	97,53
TMV26	Mantenimiento de embarcaciones de recreo	19	395	414	4,59	95,41
				0		
	TOTAL	52.646	58.345	110.991	47,43	52,57
		47,43	52,57	100		

Fuente: GESTIB

TABLA 36 A

DISTRIBUCIÓN DEL ALUMNADO MARROQUÍ EN BALEARES DE FP DE GRADO SUPERIOR POR POR CURSO ESCOLAR Y SEXO

Año escolar	M	H	TOTAL	% M	% H	Evolución
2010	7	10	17	41,2	58,8	100,00
2011	13	9	22	59,1	40,9	129,41
2012	14	9	23	60,9	39,1	135,29
2013	13	15	28	46,4	53,6	164,71
2014	12	25	37	32,4	67,6	217,65
2015	16	24	40	40,0	60,0	235,29
2016	41	34	75	54,7	45,3	441,18
2017	47	31	78	60,3	39,7	458,82
2018	46	39	85	54,1	45,9	500,00
2019	49	35	84	58,3	41,7	494,12
2020	66	36	102	64,7	35,3	600,00
2021	61	36	97	62,9	37,1	570,59
2022	74	41	115	64,3	35,7	676,47
2023	77	51	128	60,2	39,8	752,94
TOTALES	536	395				
%	57,57	42,43				

Fuente: GESTIB

TABLA 36 B
DISTRIBUCIÓN DEL TOTAL DE ALUMNOS DE BALEARES
DE FP DE GRADO SUPERIOR POR POR CURSO ESCOLAR Y SEXO

Año escolar	M	H	TOTAL	% M	% H	Evolución
2010	2.166	1.682	3.848	56,29	43,71	100,00
2011	2.161	1.856	4.017	53,80	46,20	104,39
2012	2.407	1.893	4.300	55,98	44,02	111,75
2013	2.508	2.103	4.611	54,39	45,61	119,83
2014	2.558	1.994	4.552	56,20	43,80	118,30
2015	2.556	2.326	4.882	52,36	47,64	126,87
2016	2.774	2.549	5.323	52,11	47,89	138,33
2017	3.060	2.797	5.857	52,25	47,75	152,21
2018	3.244	2.932	6.176	52,53	47,47	160,50
2019	3.332	3.118	6.450	51,66	48,34	167,62
2020	4.105	3.808	7.913	51,88	48,12	205,64
2021	4.215	3.842	8.057	52,31	47,69	209,38
2022	4.060	3.787	7.847	51,74	48,26	203,92
2023	4.101	4.061	8.162	50,25	49,75	212,11
TOTALES	43.247	38.748				
%	52,74	47,26				

Fuente: GESTIB

TABLA 37 A

DISTRIBUCIÓN DEL ALUMNADO MARROQUÍ DE FORMACIÓN PROFESIONAL DE GRADO SUPERIOR EN BALEARES POR ESPECIALIDAD, AÑO ACADÉMICO Y SEXO

Código	Especialidades	2010 M	2010 H	2011 M	2011 H	2012 M	2012 H	2013 M	2013 H	2014 M	2014 H	2015 M	2015 H	2016 M	2016 H
ACA32	TS en Gestión forestal y medio natural		1												
ADG31	TS en Asistencia a Dirección														
ADG32	TS en Administración y Finanzas														1
ADM31	TS en Administración y Finanzas	3	1	2		1	1	5	4	5	1	2	1	4	6
ADM32	TS en Secretariado			2		2		1			2	9	3	22	
AFD31	TS en Acondicionamiento Físico		1												
AFD32	Técnico Superior en Enseñanza y Animación Sociodeportiva														
AGA31	TS en Paisajismo y medio rural														
AMP31	TS en Navegación, Pesca y Transporte marítimo														
ARG32	TS en Diseño y edición de publicaciones impresas y multimedias														2
CIS31	TS en Imagen														
CIS33	TS en Realización de Audiovisuales y espectáculos	1		1											
COM31-LOGSE	TS en Márqueting y Publicidad			1											
COM31	TS en Márqueting y Publicidad														
COM32	TS en Servicios al consumidor					2									
COM33	TS en Gestión de ventas y espacios comerciales													4	
COM34	Ts en Comercio internacional														
ELE31	TS en Sistemas electrónicos y sistematizados						1		1						
ELE31-LOGSE	TS en Sistemas electrónicos y sistematizados		1						2		2		2		3
ELE32	TS en sistemas de telecomunicaciones e informáticos						1		2		2		1		5
ELE32-LOGSE	TS en sistemas de telecomunicaciones e informáticos														
ELE33	TS en Mantenimiento electrónico								1		1				1
ELE33-LOGSE	TS en Mantenimiento electrónico		2		2										
ELE34	TS en Automatización y robótica industrial						1		1						
ELE34-LOGSE	TS en Automatización y robótica industrial				3		1						2		3
ENA31	TS en Eficiencia energética y energía solar térmica										1				
ENA33	TS en Energías renovables														
EOC31	TS en Proyectos de edificación														
EOC31-LOGSE	TS en Proyectos de edificación														
EOC32	TS en Proyectos de obra civil							2		1			1		1
HOT31	TS en Gestión de alojamientos turísticos					1		2							1
HOT31-LOGSE	TS en Gestión de alojamientos turísticos	2		2		2									
HOT32	TS en Agencias de viajes y gestión de eventos													2	
HOT32-LOGSE	TS en Agencias de viajes y gestión de eventos													2	
HOT33	TS en Guías, información y asistencias turísticas														
HOT33-LOGSE	TS en Guías, información y asistencias turísticas											1			
HOT34	TS en Dirección de cocina													1	

HOT34-LOGSE TS en Dirección de cocina														
HOT35 TS en Dirección de servicios en Restauración														
IFC31 TS en Administración de sistemas informáticos en red														
IFC32 TS en Desarrollo de aplicaciones multiplataformas														
IFC33 TS en Desarrollo de aplicaciones webs														
IMA32 TS en Mantenimiento de instalaciones térmicas y de fluidos														
IMP31 TS en Estética integral y bienestar														
IMP33 TS en Asesoría de imagen personal y cooperativa														
IMS31 TS en Animación 3D, juegos y entornos interactivos														
IMS32 TS en Realización de proyectos audivisuales y espectáculos														
IMS34 TS en Sonido para audivisuales y espectáculos														
IMS35 TS en Iluminación, captación y tratamiento de imágenes														
INA31 TS en Vitivinicultura														
INF31 TS en Administración de Sistemas informáticos														
INF32 TS en Desarrollo de aplicaciones informáticas														
MAP32 TS en Transporte marítimo y pesca de altura														
MAP33 TS en Mantenimiento de buques y embarcaciones														
MSP33 TS en Mantenimiento y Montaje de Instal. de Edificio y Proceso														
MSP34 TS en Prevención de Riesgos Profesionales														
MVA31-LOGSE TS en Automoción														
MVA32 TS en Mantenimiento Aeromecánico														
QUI31 TS en laboratorio de análisis y control de calidad														
SAN310 TS en Anatomía patológica y citodiagnóstico														
SAN32 TS en Dietética														
SAN33 TS en Documentación y Adminsgtración sanitarias														
SAN33-LOGSE TS en Documentación y Adminsgtración sanitarias														
SAN34 TS en Higiene bucodental														
SAN34-LOGSE TS en Higiene bucodental														
SAN35 TS en Imagen para el diagnóstico y medicina nuclear														
SAN35-LOGSE TS en imagen para el diagnóstico y medicina nuclear														
SAN36 TS en Laboratorio clínico y biomédico														
SAN36-LOGSE TS en Laboratorio clínico y biomédico														
SAN38 TS en Prótesis dentales														
SSC31 TS en Educación Infantil														
SSC31-LOGSE TS en Educación Infantil														
SSC32 TS en Animación sociocultural y turística														
SSC33 TS en Integración social														
SSC33-LOGSE TS en Integración social														
SSC34 TS en Mediación comunicativa														
SSC34-LOGSE TS en Mediación comunicativa														
SSC35 TS en Promoción de la igualdad de género														
TMV31 TS en Automoción														
TMV32 TS en Manten. aeromecánico de aviones con motor de turbina														
TOTAL	7	10	13	9	14	9	13	15	12	25	16	24	41	34
% H/M	41.2	58.8	59.1	40.9	60.9	39.1	46.4	53.6	32.4	67.6	40	60	54.7	45.3

Fuente: GESTIB

TABLA 37 B

DISTRIBUCIÓN DEL ALUMNADO MARROQUÍ DE FORMACIÓN PROFESIONAL DE GRADO SUPERIOR EN BALEARES POR ESPECIALIDAD, AÑO ACADÉMICO Y SEXO

Código	Especialidades	2017 M	2017 H	2018 M	2018 H	2019 M	2019 H	2020 M	2020 H	2021 M	2021 H	2022 M	2022 H	2023 M	2023 H
ACA32	TS en Gestión forestal y medio natural														
ADG31	TS en Asistencia a Dirección	2		4	1	4	1	5	3	2	3	4	3	7	2
ADG32	TS en Administración y Finanzas	28	8	20	11	23	8	26	8	30	10	34	6	31	13
ADM31	TS en Administración y Finanzas														
ADM32	TS en Secretariado														
AFD31	TS en Acondicionamiento Físico						1	1	1		1	1	1	1	1
AFD2	Técnico Superior en Enseñanza y Animación Sociodeportiva														
AGA31	TS en Paisajismo y medio rural														
AMP31	TS en Navegación, Pesca y Transporte marítimo														
ARG32	TS en Diseño y edición de publicaciones impresas y multimedias														
CIS31	TS en Imagen														
CIS33	TS en Realización de Audiovisuales y espectáculos														
COM31-LOGSE	TS en Márqueting y Publicidad														
COM31	TS en Márqueting y Publicidad		2			1		3		6		6		2	2
COM32	TS en Servicios al consumidor							2		2	1	1	1	2	3
COM33	TS en Gestión de ventas y espacios comerciales				1			2		2	2	3	3	6	2
COM34	Ts en Comercio internacional		3		3		1		1		1		1		
ELE31	TS en Sistemas electrónicos y sistematizados						2				2				
ELE31-LOGSE	TS en Sistemas electrónicos y sistematizados								1		1				
ELE32	TS en sistemas de telecomunicaciones e informáticos		1		1		1				1				
ELE32-LOGSE	TS en sistemas de telecomunicaciones e informáticos														
ELE33	TS en Mantenimiento electrónico														
ELE33-LOGSE	TS en Mantenimiento electrónico														
ELE34	TS en Automatización y robótica industrial		2		1		1								1
ELE34-LOGSE	TS en Automatización y robótica industrial				1		2		2						
ENA31	TS en Eficiencia energética y energía solar térmica														
ENA33	TS en Energías renovables														
EOC31	TS en Proyectos de edificación		1					1		1		1	3	1	
EOC31-LOGSE	TS en Proyectos de edificación														
EOC32	TS en Proyectos de obra civil														
HOT31	TS en Gestión de alojamientos turísticos							1		1		3	1	2	2
HOT31-LOGSE	TS en Gestión de alojamientos turísticos	1			1										
HOT32	TS en Agencias de viajes y gestión de eventos					1		1		1					
HOT32-LOGSE	TS en Agencias de viajes y gestión de eventos	2	1												
HOT33	TS en Guías, información y asistencias turísticas					1		1		1					
HOT33-LOGSE	TS en Guías, información y asistencias turísticas														
HOT34	TS en Dirección de cocina														
HOT34-LOGSE	TS en Dirección de cocina														
HOT35	TS en Dirección de servicios en Restauración		1											1	1

Código	Ciclo													
IFC31	TS en Administración de sistemas informáticos en red									2		4	1	7
IFC32	TS en Desarrollo de aplicaciones multiplataformas									1				2
IFC33	TS en Desarrollo de aplicaciones webs									4		4	1	6
IMA32	TS en Mantenimiento de instalaciones térmicas y de fluidos	2				1	1			1		1		1
IMP31	TS en Estética integral y bienestar													
IMP33	TS en Asesoría de imagen personal y cooperativa													
IMS31	TS en Animación 3D, juegos y entornos interactivos										1			
IMS32	TS en Realización de proyectos audivisuales y espectáculos													
IMS34	TS en Sanidos para audivisuales y espectáculos													
IMS35	TS en Iluminación, captación y tratamiento de imágenes													1
INA31	TS en Vitivinicultura													
INF31	TS en Administración ce Sistemas informáticos													
INF32	TS en Desarrollo de aplicaciones informáticas											2		1
MAP32	TS en Transporte marítimo y pesca de altura													
MAP33	TS en Mantenimiento de buques y embarcaciones		7											
MSP33	TS en Mantenimiento y Montaje de Instal. de Edificio y Proceso		2		2									
MSP34	TS en Prevención de Riesgos Profesionales			2										
MVA31-LOGSE	TS en Automoción	1		1	1	1	1	1					1	1
MVA32	TS en Mantenimiento Aeromecánico													
QUI31	TS en laboratorio de análisis y control de calidad			1	2	1	2			1	2		1	
SAN310	TS en Anatomía patológica y citodiagnóstico			1				1		1	1	3		5
SAN32	TS en Dietética	1									3	1	3	
SAN33	TS en Documentación y Adminisgtración sanitarias				3		5			3				
SAN33-LOGSE	TS en Documentación y Adminisgtración sanitarias				1		1			1			6	
SAN34	TS en Higiene bucodental				1	1							1	1
SAN34-LOGSE	TS en Higiene bucodental													
SAN35	TS en Imagen para el diagnóstico y medicina nuclear	3		4										
SAN35-LOGSE	TS en Imagen para el diagnóstico y medicina nuclear													
SAN36	TS en Laboratorio clínico y biomédico									1	1		1	
SAN36-LOGSE	TS en Laboratorio clínico y biomédico													
SAN38	TS en Prótesis dentales	4	1	10	1	8	11	1		7		6	6	2
SSC31	TS en Educación Infantil									1			1	
SSC31-LOGSE	TS en Educación Infantil									1				
SSC32	TS en Animación sociocultural y turística	4		1	2	2	1	2		1		2	4	1
SSC33	TS en Integración social			3	3	1	3			1	2			
SSC33-LOGSE	TS en Integración social													
SSC34	TS en Mediación comunicativa													
SSC34-LOGSE	TS en Mediación comunicativa													
SSC35	TS en Promoción de a igualdad de género	1		1	1									
TMV31	TS en Automoción													
TMV32	TS en Manten. aeromecánico de aviones con motor de turbina					3		3		3				3
	TOTAL	47	31	46	39	49	35	66	36	61	36	74	41	77	51
	% H/M	60.3	39.7	54.1	45.9	58.3	41.7	64.7	35.3	62.9	37.1	64.3	35.7	60.2	39.8

Fuente: GESTIB

TABLA 37 C
DISTRIBUCIÓN DEL ALUMNADO MARROQUÍ DE FORMACIÓN PROFESIONAL DE GRADO SUPERIOR POR ESPECIALIDAD Y SEXO. BALEARES 2010-2023

Código	Especialidades	Mujeres	Hombres	Total	% M	% H
ACA32	TS en Gestión forestal y medio natural	0	1	1	0,00	100,00
ADG31	TS en Asistencia a Dirección	34	16	50	68,00	32,00
ADG32	TS en Administración y Finanzas	234	80	314	74,52	25,48
ADM31	TS en Administración y Finanzas	5	1	6	83,33	16,67
ADM32	TS en Secretariado	5	0	5	100,00	0,00
AFD31	TS en Acondicionamiento Físico	1	4	5	20,00	80,00
AFD32	Técnico Superior en Enseñanza y Animación Sociodeportiva	0	3	3	0,00	100,00
AGA31	TS en Paisajismo y medio rural	0	0	0		
AMP31	TS en Navegación, Pesca y Transporte marítimo	0	0	0		
ARG32	TS en Diseño y edición de publicaciones impresas y multimedias	0	2	2	0,00	100,00
CIS31	TS en Imagen	0	0	0		
CIS33	TS en Realización de Audiovisuales y espectáculos	0	0	0		
COM31-LOGSE	TS en Márqueting y Publicidad	20	4	24	83,33	16,67
COM31	TS en Márqueting y Publicidad	3	0	3	100,00	0,00
COM32	TS en Servicios al consumidor	5	1	6	83,33	16,67
COM33	TS en Gestión de ventas y espacios comerciales	17	7	24	70,83	29,17
COM34	Ts en Comercio Internacional	0	26	26	0,00	100,00
ELE31	TS en Sistemas electrónicos y sistematizados	0	0	0		
ELE31-LOGSE	TS en Sistemas electrónicos y sistematizados	0	17	17	0,00	100,00
ELE32	TS en sistemas de telecomunicaciones e informáticos	0	0	0		
ELE32-LOGSE	TS en sistemas de telecomunicaciones e informáticos	0	11	11	0,00	100,00
ELE33	TS en Mantenimiento electrónico	0	0	0		
ELE33-LOGSE	TS en Mantenimiento electrónico	0	15	15	0,00	100,00
ELE34	TS en Automatización y robótica industrial	0	1	1	0,00	100,00
ELE34-LOGSE	TS en Automatización y robótica industrial	0	5	5	0,00	100,00
ENA31	TS en Eficiencia energética y energía solar térmica	0	1	1	0,00	100,00
ENA33	TS en Energías renovables	3	4	7	42,86	57,14
EOC31	TS en Proyectos de edificación	0	1	1	0,00	100,00
EOC31-LOGSE	TS en Proyectos de edificación	11	6	17	64,71	35,29
EOC32	TS en Proyectos de obra civil	9	8	17	52,94	47,06
HOT31	TS en Gestión de alojamientos turísticos	0	0	0		
HOT31-LOGSE	TS en Gestión de alojamientos turísticos	8	1	9	88,89	11,11
HOT32	TS en Agencias de viajaes y gestión de eventos	0	0	0		
HOT32-LOGSE	TS en Agencias de viajaes y gestión de eventos	7	0	7	100,00	0,00
HOT33	TS en Guías, información y asistencias turísticas	0	0	0		
HOT33-LOGSE	TS en Guías, información y asistencias turísticas	0	5	5	0,00	100,00
HOT34	TS en Dirección de cocina					
HOT34-LOGSE	TS en Dirección de cocina					
HOT35	TS en Dirección de servicios en Restauración					

Código		H	M	Total	%H	%M
HOT35	TS en Dirección de servicios en Restauración	0	5	5	0,00	100,00
IFC31	TS en Administración de sistemas informáticos en red	5	35	40	12,50	87,50
IFC32	TS en Desarrollo de aplicaciones multiplataformas	0	7	7	0,00	100,00
IFC33	TS en Desarrollo de aplicaciones webs	7	54	61	11,48	88,52
IMA32	TS en Mantenimiento de instalaciones térmicas y de fluidos	0	24	24	0,00	100,00
IMP31	TS en Estética integral y bienestar	0	2	2	0,00	100,00
IMP33	TS en Asesoría de imagen personal y cooperativa	0	0	0		
IMS31	TS en Animación 3D, juegos y entornos interactivos	0	0	0		
IMS32	TS en Realización de proyectos audivisuales y espectáculos	0	0	0		
IMS34	TS en Sanidos para audivisuales y espectáculos	0	2	2		
IMS35	TS en Iluminación, captación y tratamiento de imágenes	0	0	0	0,00	100,00
INA31	TS en Vitivinicultura	0	0	0		
INF31	TS en Administración de Sistemas informátivos	0	0	0		
INF32	TS en Desarrollo de aplicaciones informáticas	0	7	7	0,00	100,00
MAP32	TS en Transporte marítimo y pesca de altura	0	0	0		
MAP33	TS en Mantenimiento de buques y embarcaciones	0	0	0		
MSP33	TS en Mantenimiento y Montaje de Instal. de Edificio y Proceso	1	2	3	33,33	66,67
MSP34	TS en Prevención de Riesgos Profesionales	0	0	0		
MVA31-LOGSE	TS en Automoción	0	3	3	0,00	100,00
MVA32	TS en Mantenimiento Aeromecánico	3	0	3	100,00	0,00
QUI31	TS en laboratorio de análisis y control de calidad	4	0	4	100,00	0,00
SAN310	TS en Anatomía patológica y citodiagnóstico	17	9	26	65,38	34,62
SAN32	TS en Dietética	4	0	4	100,00	0,00
SAN33	TS en Documentación y Adminisgtración sanitarias	5	0	5	100,00	0,00
SAN33-LOGSE	TS en Documentación y Adminisgtración sanitarias	18	1	19	94,74	5,26
SAN34	TS en Higiene bucodental	4	1	5	80,00	20,00
SAN34-LOGSE	TS en Higiene bucodental	0	0	0		
SAN35	TS en Imagen para el diagnóstico y medicina nuclear	15	0	15	100,00	0,00
SAN35-LOGSE	TS en Imagen para el diagnóstico y medicina nuclear	0	0	0		
SAN36	TS en Laboratorio clínico y biomédico	0	0	0		
SAN36-LOGSE	TS en Laboratorio clínico y biomédico	1	0	1	100,00	0,00
SAN38	TS en Prótesis dentales	67	6	73	91,78	8,22
SSC31	TS en Educación Infantil	0	0	0		
SSC31-LOGSE	TS en Educación Infantil	3	0	3	100,00	0,00
SSC32	TS en Animación sociocultural y turística	20	4	24	83,33	16,67
SSC33	TS en Integración social	0	0	0		
SSC33-LOGSE	TS en Integración social	0	0	0		
SSC34	TS en Mediación comunicativa	0	0	0		
SSC34-LOGSE	TS en Mediación comunicativa	0	0	0		
SSC35	TS en Promoción de la igualdad de género	0	18	18	0,00	100,00
TMV31	TS en Automoción	18	0	18		
TMV32	TS en Manten. aeromecánico de aviones con motor de turbina	0	0	0		
	TOTAL	536	395	931		
	% H/M	57,57	42,43	100,00		

Fuente: GESTIB

TABLA 38 A

DISTRIBUCIÓN DEL TOTAL DE ALUMNOS DE FORMACIÓN PROFESIONAL DE GRADO SUPERIOR EN BALEARES POR ESPECIALIDAD, AÑO ACADÉMICO Y SEXO

Código	Especialidades	2010		2011		2012		2013		2014		2015		2016	
		M	H	M	H	M	H	M	H	M	H	M	H	M	H
ACA32	TS en Gestión forestal y medio natural	20	97	20	84	11	48	4	16		33	1	41		67
ADG31	TS en Asistencia a Dirección							46	16	130		156	300	195	327
ADG32	TS en Administración y Finanzas	453	223	452	238	378	160	543	257	551	289	571		608	
ADM31	TS en Administración y Finanzas	70	18	70	15	220	112	62	24	13	6	2	1		
ADM32	TS en Secretariado					73	20	40	13	2					
AFD31	TS en Acondicionamiento Físico	54	210	58	240	68	269	64	286	69	314	71	326	86	346
AFD31-LOGSE	TS en Acondicionamiento Físico														
AFD32	Técnico Superior en Enseñanza y Animación Sociodeportiva					1	26	2	48	2	44	2	39	4	48
AGA31	TS en Paisajismo y medio rural														
AGA32	TS en Gestión forestal y Medio natural	1	41	3	48	2	25								
AMP31	TS en Navegación, Pesca y Transporte marítimo														
ARG32	TS en Diseño y edición de publicaciones impresas y multimedias														
CIS31	TS en Imagen	18	14	22	17	13	7	4	3		2		13		31
CIS33	TS en Realización de Audiovisuales y espectáculos	23	39	22	44	10	3	1	3	11	10	12		30	
COM31-LOGSE	TS en Marqueting y Publicidad					2					1	2	34	32	26
COM31	TS en Marqueting y Publicidad	17	11	6	8	59	45	4	5	5	39	33	18	18	15
COM32	TS en Servicios al consumidor	48	35	51	40			20	22	39	25	15			
COM33	TS en Gestión de ventas y espacios comerciales							20	26	14					
COM34	TS en Comercio internacional					10	9	13	19						
COM35	TS en Transporte y Logística														
ELE31	TS en Sistemas electrónicos y sistematizados		23	1	24		93	2	108	1	87	2	87	3	113
ELE31-LOGSE	TS en Desarrollo de Productos Electrónicos						9								
ELE32	TS en sistemas de telecomunicaciones e informáticos	7	101	1	54	1	38	1	70	1	84		71	1	62
ELE32-LOGSE	TS en instalaciones Electrotécnicas			3	49	1	17		2						
ELE33	TS en Mantenimiento electrónico		33		24	1	13	1	25	1	26	1	24		23
ELE33-LOGSE	TS en Mantenimiento electrónico						9								
ELE34	TS en Automatización y robótica industrial	4	69	3	64		24		28	1	28	1	23	1	32
ELE34-LOGSE	TS en Sistemas de Regulación y Control Automáticos						39		3				1		
ENA31	TS en Eficiencia energética y energía solar térmica												8		11
ENA33	TS en Energías renovables										8				
EOC31	TS en Proyectos de edificación	22	39	7	11	5	10	10	15	11	21	11	21	9	17
EOC31-LOGSE	TS en Desarrollo de Proy. Urbanísticos y Operac. Topográficas			14	12	5	2	2	1		1				
EOC32	TS en Proyectos de obra civil	8	24	5	19	3	8	2	9	4	7	4	7	4	12
EOC32-LOGSE	TS en Desarrollo y Aplicación de Proyectos de Construcción					6	1			1		1			
HOT31	TS en Gestión de alojamientos turísticos	46	22	54	38	107	54	140	66	141	74	139	67	123	62
HOT31-LOGSE	TS en Agencias de Viajes	3	3	1	1										
HOT32	TS en Agencias de viajes y gestión de eventos	20	7	37	11	57	15	76	20	90	26	65	22	63	19
HOT32-LOGSE	TS en Alojamiento	14	2	2											
HOT33	TS en Guías, información y asistencias turísticas	12	6	30	14	33	16	65	30	66	32	79	43	69	30
HOT33-LOGSE	TS en Animación Turística	18	3	3	1										
HOT34	TS en Dirección de cocina			7	10	22	32	45	55	56	69	58	67	45	64

Código	Descripción														Total
HOT34-LOGSE	TS en Información y Comercialización Turísticas	18			10	10	3	17	19	17	19	17	12	18	22
HOT35	TS en Dirección de servicios en Restauración	20	166		10	14	19	273	32	224	26	234	25	236	286
IFC31	TS en Administración de sistemas informáticos en red				32	320	29	56	5	69			3	86	103
IFC32	TS en Desarrollo de aplicaciones multiplataformas				6	51	4	31	27	152			36	230	243
IFC33	TS en Desarrollo de aplicaciones webs	1	38		5	32	11	42		47	44			38	29
IMA32	TS en Mantenimiento de instalaciones térmicas y de fluidos	40	1		1	47	39		16		1				
IMP31	TS en Estética integral y bienestar				44										3
IMP32	TS en Estilismo y Dirección de peluquería								20	2	30	2	35	1	43
IMP33	TS en Asesoría de imagen personal y cooperativa									6	2	14	5	30	64
IMS31	TS en Animación 3D, juegos y entornos interactivos								32	43	45	53	41	59	
IMS32	TS en Realización de proyectos audiovisuales y espectáculos						14	27							
IMS33	TS en Producción de Audiovisuales y Espectáculos								1	6	1	8		8	16
IMS34	TS en Sonidos para audivisuales y espectáculos						7	11	15	24	17	23	10	16	15
IMS35	TS en Iluminación, captación y tratamiento de imágenes														
INA31	TS en Vitivinicultura	2	104		5			1							
INF31	TS en Administración de Sistemas informáticos	3	33	1	17				1						
INF32	TS en Desarrollo de aplicaciones informáticas														
MAM31	TS en Diseño y amueblamiento						1	29	1	44	2	56	2	50	46
MAP32	TS en Transporte marítimo y pesca de altura		1												
MAP33	TS en Mantenimiento de buques y embarcaciones		42												
MSP33	TS en Mantenimiento y Montaje de Instal. de Edificio y Proceso	28	4		23	38	16	23	21	29	12	23	12	17	22
MSP34	TS en Prevención de Riesgos Profesionales		33			1		1							
MVA31-LOGSE	TS en Automoción					31		27	3	26	4	23	2	27	24
MVA32	TS en Mantenimiento Aeromecánico														
QUI31	TS en laboratorio de análisis y control de calidad	11	3		9	6	7	8	7	7	2	4	84	37	29
SAN310	TS en Anatomía patológica y citodiagnóstico	85	24		90	31	88	26	91	30	89	45	2	2	6
SAN32	TS en Dietética				15	1	26	2	30	2	35	6	19	4	
SAN33	TS en Documentación y Administración sanitarias														
SAN33-LOGSE	TS en Dietética	46	12		41	9	58	9	58	9	70	10	27	6	9
SAN34	TS en Higiene bucodental												40	8	6
SAN34-LOGSE	TS en Documentación Sanitaria	19	13		18	15	38	24	52	34	66	35	33	14	31
SAN35	TS en Imagen para el diagnóstico y medicina nuclear												33	17	
SAN35-LOGSE	TS en Higiene Bucodental	39	17		35	18	46	14	54	12	47	8	45	5	33
SAN36	TS en Laboratorio clínico y biomédico												31	5	1
SAN36-LOGSE	TS en Imagen para el Diagnóstico	20	19		20	14	23	10	28	6	24	3	20	7	9
SAN38	TS en Prótesis dentales	800	37		755	25	703	22	651	27	650	32	605	31	34
SSC31	TS en Educación Infantil	10													
SSC31-LOGSE	TS en Animación sociocultural	124	16		119	20	120	25	24	5	34	8	21	18	21
SSC32	TS en Animación sociocultural y turística								57	11	11	1	1		
SSC32-LOGSE	TS en Educación Infantil	42	19		43	16	39	16	56	13	134	26	167	39	45
SSC33	TS en Integración social								20	9			1		
SSC33-LOGSE	TS en Integración social				12	2	27	4	21	4	23	4	12	3	7
SSC34	TS en Mediación comunicativa												6	1	
SSC34-LOGSE	TS en interpretación de la Lengua de Signos														
SSC35	TS en Promoción de la igualdad de género		56		67			73	74		1	89		97	102
TMV31	TS en Automoción														
TMV32	TS en Manten. aeromecánico de aviones con motor de turbina														
	TOTAL	2.166	1.682	2.161	1.856	2.407	1.893	2.508	2.103	2.568	1.994	2.556	2.326	2.774	2.549
	% H/M	56,3	43,7	53,8	46,2	56,0	44,0	54,4	45,6	56,2	43,8	52,4	47,6	52,1	47,9

Fuente: GESTIB

TABLA 38 B

DISTRIBUCIÓN DEL TOTAL DE ALUMNOS DE FORMACIÓN PROFESIONAL DE GRADO SUPERIOR EN BALEARES POR ESPECIALIDAD, AÑO ACADÉMICO Y SEXO

Código	Especialidades	2017 M	2017 H	2018 M	2018 H	2019 M	2019 H	2020 M	2020 H	2021 M	2021 H	2022 M	2022 H	2023 M	2023 H
ACA32	TS en Gestión forestal y medio natural	200	95	226	110	228	93	305	110	302	100	296	105	276	139
ADG31	TS en Asistencia a Dirección	660	329	668	358	702	365	806	426	819	433	796	407	776	430
ADG32	TS en Administración y Finanzas														
ADM31	TS en Administración y Finanzas														
ADM32	TS en Secretariado														
AFD31	TS en Acondicionamiento Físico	112	425	121	466	44	169	94	353	119	369	92	310	71	282
AFD31-LOGSE	TS en Animación de Actividades Físicas y Deportivas					53	236	10	65	2	5		1		
AFD32	Técnico Superior en Enseñanza y Animación Sociodeportiva	3	46	7	39	15	61	32	160	35	195	25	160	30	168
AGA31	TS en Paisajismo y medio rural					5	36	13	38	22	34	16	21	12	19
AGA32	TS en Gestión forestal y Medio natural							3	22	6	43	8	48	10	44
AMP31	TS en Navegación, Pesca y Transporte marítimo														
ARG32	TS en Diseño y edición de publicaciones impresas y multimedias	7	9	11	10	23	12	23	23	23	23	28	17	38	7
CIS31	TS en Imagen														
CIS33	TS en Realización de Audiovisuales y espectáculos														
COM31-LOGSE	TS en Márqueting y Publicidad	55	49	63	47	81	57	100	78	119	79	114	71	125	90
COA31	TS en Márqueting y Publicidad														
COM32	TS en Servicios al consumidor														
COM33	TS en Gestión de ventas y espacios comerciales	33	31	30	39	28	38	35	45	39	38	28	41	30	37
COM04	TS en Comercio internacional	15	13	11	15	19	26	60	46	61	41	63	51	75	77
COM35	TS en Transporte y Logística							3	3	8	10	3	13	3	7
ELE31	TS en Sistemas electrónicos y sistematizados	3	109	4	111	3	108	2	121		129	2	116	3	117
ELE31-LOGSE	TS en Desarrollo de Productos Electrónicos														
ELE32	TS en sistemas de telecomunicaciones e informáticos		53	2	37	1	37	2	32	2	27	1	30	2	27
ELE32-LOGSE	TS en Instalaciones Electrotécnicas														
ELE33	TS en Mantenimiento electrónico		15	1	17	1	22	2	40	1	28		24		28
ELE33-LOGSE	TS en Mantenimiento electrónico														
ELE34	TS en Automatización y robótica industrial		33		28		37	1	36		34	1	28	3	41
ELE34-LOGSE	TS en Sistemas de Regulación y Control Automáticos														
ENA31	TS en Eficiencia energética y energía solar térmica		15		11		8		6	1	13	1	14	2	17
ENA33	TS en Energías renovables				5		22	2	31	2	30		26		27
EOC31	TS en Proyectos de edificación	6	19	13	23	14	27	15	28	12	25	50	56	53	65
EOC31-LOGSE	TS en Desarrollo de Proy. Urbanísticos y Operac. Topográficas														
EOC32	TS en Proyectos de obra civil	3	9	5	8	7	8	6	12	7	10	8	9	7	10
EOC32-LOGSE	TS en Desarrollo y Aplicación de Proyectos de Construcción														
HOT31	TS en Gestión de alojamientos turísticos	146	66	156	76	153	94	169	84	176	74	153	64	156	63
HOT31-LOGSE	TS en Agencias de Viajes														
HOT32	TS en Agencias de viajes y gestión de eventos	41	6	48	11	55	15	84	20	81	14	77	22	68	18
HOT32-LOGSE	TS en Alojamiento														
HOT33	TS en Guías, información y asistencias turísticas	80	38	86	30	99	46	97	39	81	30	63	17	42	24
HOT33-LOGSE	TS en Animación Turística														
HOT34	TS en Dirección de cocina	49	76	60	66	52	71	54	80	65	78	54	85	48	69
HOT34-LOGSE	TS en Información y Comercialización Turísticas														

Código	Descripción														
HOT35	TS en Dirección de servicios en Restauración	14	32	12	24	6	19	12	21	12	20	14	21	11	22
IFC31	TS en Administración de sistemas informáticos en red	30	302	30	315	35	347	43	416	53	418	45	427	52	504
IFC32	TS en Desarrollo de aplicaciones multiplataformas	8	123	10	131	6	154	19	200	31	250	38	290	56	349
IFC33	TS en Desarrollo de aplicaciones webs	20	265	33	252	46	274	69	348	84	388	71	405	85	475
IMA32	TS en Mantenimiento de instalaciones térmicas y de fluidos		41	17	37	12	30		44	15	49	28	43	21	42
IMP31	TS en Estética integral y bienestar		3		2		2	23					3	4	
IMP32	TS en Estilismo y Dirección de peluquería	45	3	42	2	41	1	47	64	44	2	36	3	33	2
IMP33	TS en Asesoría de imagen personal y cooperativa	11	46	10	58	12	45	16	64	16	59	21	60	38	73
IMS31	TS en Animación 3D, juegos y entornos interactivos	39	66	34	64	52	86	65	101	68	89	59	87	48	78
IMS32	TS en Realización de proyectos audiovisuales y espectáculos							5	1	5			7	4	8
IMS33	TS en Producción de Audiovisuales y Espectáculos		25	2	27	3	27	3	35	3	34	6	27	7	28
IMS34	TS en Sonidos para audiovisuales y espectáculos	17	17	19	22	18	31	25	34	21	33	29	27	23	17
IMS35	TS en Iluminación, captación y tratamiento de imágenes			1	5	2	11	6	12	10	15	3	11	3	11
INA31	TS en Vitivinicultura														
INF31	TS en Administración de Sistemas informáticos														
INF32	TS en Desarrollo de aplicaciones informáticas														
MAM31	TS en Diseño y amueblamiento	3	54	2	47	3	47	8	78	6	13	8	19	7	14
MAP32	TS en Transporte marítimo y pesca de altura	1	15	1	31	1	39		41	13	94	10	94	12	97
MAP33	TS en Mantenimiento de buques y embarcaciones									1	40	2	46	2	51
MSP33	TS en Mantenimiento y Montaje de Instal. de Edificio y Proceso	12	20	10	18	8	16	3	12						
MSP34	TS en Prevención de Riesgos Profesionales											1	1		
MVA31-LOGSE	TS en Automoción														
MVA32	TS en Mantenimiento Aeromecánico	2	35	2	32	2	31	2	30	1	6	1	18	17	20
QUI31	TS en laboratorio de análisis y control de calidad		5	12	5	18	16	25	24	21	17	21	7	82	19
SAN310	TS en Imagen para el diagnóstico y medicina nuclear	10	32	27	11	40	10	39	9	46	6	62	7	129	51
SAN32	TS en Dietética	112	125	125	51	117	49	160	64	165	60	141	57	8	5
SAN33	TS en Documentación y Adminisgtración sanitarias	12	17	17		28	4	22	8	25	10	27	7		
SAN33-LOGSE	TS en Dietética														
SAN34	TS en Higiene bucodental	134	14	133	22	134	19	148	19	141	20	151	28	162	25
SAN34-LOGSE	TS en Documentación Sanitaria														
SAN35	TS en Imagen para el diagnóstico y medicina nuclear	55	36	70	33	74	36	98	40	76	37	82	37	102	47
SAN35-LOGSE	TS en Higiene Bucodental														
SAN36	TS en Laboratorio clínico y biomédico	111	30	113	28	107	28	124	36	127	39	139	45	154	43
SAN36-LOGSE	TS en Imagen para el Diagnóstico														
SAN38	TS en Prótesis dentales	11	6	14	6	19	5	22	6	23	8	30	9	44	12
SSC31	TS en Educación Infantil	706	27	678	31	637	33	772	55	771	59	738	44	778	45
SSC31-LOGSE	TS en Animación sociocultural														
SSC32	TS en Animación sociocultural y turística	26	10	33	12	28	9	19	11	15	16	19	11	16	8
SSC32-LOGSE	TS en Educación Infantil														
SSC33	TS en Integración social	220	46	232	48	241	49	343	62	369	69	335	76	324	57
SSC33-LOGSE	TS en Integración social														
SSC34	TS en Mediación comunicativa	28	3	26	3	32	4	37	5	33	2	24	4	24	3
SSC34-LOGSE	TS en Interpretación de la Lengua de Signos	1	2												
SSC35	TS en Promoción de la igualdad de género	15	2	24	5	26	5	41	4	36	2	34	4	19	4
TMV31	TS en Automoción	3	101	3	101	1	103	1	114	1	100	3	104	3	108
TMV32	TS en Manten. aeromecánico de aviones con motor de turbina								16		26	1	39	3	37
	TOTAL	3.060	2.797	3.244	2.932	3.352	3.118	4.105	3.808	4.215	3.842	4.060	3.787	4.101	4.061
	% H/M	52.2	47.8	52.5	47.5	51.7	48.3	51.9	48.1	52.3	47.7	51.7	48.3	50.2	49.8

Fuente: GESTIB

TABLA 38 C

DISTRIBUCIÓN DEL TOTAL DE ALUMNOS DE FORMACIÓN PROFESIONAL DE GRADO SUPERIOR POR ESPECIALIDAD Y SEXO. BALEARES 2010-2023

Código	Especialidades	Mujeres	Hombres	Total	% M	% H
ACA32	TS en Gestión forestal y medio natural	56	245	301	18,60	81,40
ADG31	TS en Asistencia a la Dirección	2.360	909	3269	72,19	27,81
ADG32	TS en Administración y Finanzas	7.878	4.081	11959	65,88	34,12
ADM31	TS en Administración y Finanzas	1.200	604	1804	66,52	33,48
ADM32	TS en Secretariado	257	66	323	79,57	20,43
AFD31	TS en Acondicionamiento Físico	890	3.474	4364	20,39	79,61
AFD31-LOGSE	TS en Acondicionamiento Físico	298	1.198	1496	19,92	80,08
AFD32	Técnico Superior en Enseñanza y Animación Sociodeportiva	137	744	881	15,55	84,45
AGA31	TS en Paisajismo y medio rural	89	438	527	16,89	83,11
AGA32	TS en Gestión forestal y Medio natural	27	157	184	14,67	85,33
AMP31	TS en Navegación, Pesca y Transporte marítimo	6	114	120	5,00	95,00
ARG32	TS en Diseño y edición de publicaciones impresas y multimedias	153	100	253	60,47	39,53
CIS31	TS en Imagen	57	41	98	58,16	41,84
CIS33	TS en Realización de Audiovisuales y espectáculos	56	104	160	35,00	65,00
COM31-LOGSE	TS en Márqueting y Publicidad	2	5	7	28,57	71,43
COM31	TS en Márqueting y Publicidad	737	549	1286	57,31	42,69
COM32	TS en Servicios al consumidor	185	143	328	56,40	43,60
COM33	TS en Gestión de ventas y espacios comerciales	347	394	741	46,83	53,17
COM34	Ts en Comercio internacional	374	355	729	51,30	48,70
COM35	TS en Transporte y Logística	17	33	50	34,00	66,00
ELE31	TS en Sistemas electrónicos y sistematizados	26	1.346	1372	1,90	98,10
ELE31-LOGSE	TS en Desarrollo de Productos Electrónicos	0	9	9	0,00	100,00
ELE32	TS en sistemas de telecomunicaciones e informáticos	22	723	745	2,95	97,05
ELE32-LOGSE	TS en Instalaciones Electrotécnicas	4	68	72	5,56	94,44
ELE33	TS en Mantenimiento electrónico	9	342	351	2,56	97,44
ELE33-LOGSE	TS en Mantenimiento electrónico	0	9	9	0,00	100,00
ELE34	TS en Automatización y robótica industrial	15	505	520	2,88	97,12
ELE34-LOGSE	TS en Sistemas de Regulación y Control Automáticos	0	43	43	0,00	100,00
ENA31	TS en Eficiencia energética y energía solar térmica	1	111	112	0,89	99,11
ENA33	TS en Energías renovables	7	141	148	4,73	95,27
EOC31	TS en Proyectos de edificación	238	377	615	38,70	61,30
EOC31-LOGSE	TS en Desarrollo de Proy. Urbanísticos y Operac. Topográficas	21	16	37	56,76	43,24
EOC32	TS en Proyectos de obra civil	73	152	225	32,44	67,56
EOC32-LOGSE	TS en Desarrollo y Aplicación de Proyectos de Construcción	8	1	9	88,89	11,11
HOT31	TS en Gestión de alojamientos turísticos	1.849	904	2753	67,16	32,84
HOT31-LOGSE	TS en Agencias de Viajes	4	4	8	50,00	50,00
HOT32	TS en Agencias de viajes y gestión de eventos	862	226	1088	79,23	20,77
HOT32-LOGSE	TS en Alojamiento	17	3	20	85,00	15,00
HOT33	TS en Guías, información y asistencias turísticas	902	395	1297	69,55	30,45
HOT33-LOGSE	TS en Animación Turística	21	4	25	84,00	16,00
HOT34	TS en Dirección de cocina	615	822	1437	42,80	57,20

Código	Denominación					
HOT34-LOGSE	TS en Información y Comercialización Turísticas	31	33	64	48,44	51,56
HOT35	TS en Dirección de servicios en Restauración	178	264	442	40,27	59,73
IFC31	TS en Administración de sistemas informáticos en red	475	4.468	4943	9,61	90,39
IFC32	TS en Desarrollo de aplicaciones multiplataformas	190	1.862	2052	9,26	90,74
IFC33	TS en Desarrollo de aplicaciones webs	505	3.095	3600	14,03	85,97
IMA32	TS en Mantenimiento de instalaciones térmicas y de fluidos	2	571	573	0,35	99,65
IMP31	TS en Estética integral y bienestar	256	5	261	98,08	1,92
IMP32	TS en Estilismo y Dirección de peluquería	7	0	7	100,00	0,00
IMP33	TS en Asesoría de imagen personal y cooperativa	417	21	438	95,21	4,79
IMS31	TS en Animación 3D, juegos y entornos interactivos	138	496	634	21,77	78,23
IMS32	TS en Realización de proyectos audiovisuales y espectáculos	538	817	1355	39,70	60,30
IMS33	TS en Producción de Audiovisuales y Espectáculos	14	9	23	60,87	39,13
IMS34	TS en Sanidos para audiovisuales y espectáculos	26	241	267	9,74	90,26
IMS35	TS en Iluminación, captación y tratamiento de imágenes	210	270	480	43,75	56,25
INA31	TS en Vitivinicultura	25	65	90	27,78	72,22
INF31	TS en Administración de Sistemas informáticos	2	110	112	1,79	98,21
INF32	TS en Desarrollo de aplicaciones informáticas	4	51	55	7,27	92,73
MAM31	TS en Diseño y amueblamiento	21	46	67	31,34	68,66
MAP32	TS en Transporte marítimo y pesca de altura	60	736	796	7,54	92,46
MAP33	TS en Mantenimiento de buques y embarcaciones	8	263	271	2,95	97,05
MSP33	TS en Mantenimiento y Montaje de Instal. de Edificio y Proceso	0	1	1	0,00	100,00
MSP34	TS en Prevención de Riesgos Profesionales	156	260	416	37,50	62,50
MVA31-LOGSE	TS en Automoción	0	6	6	0,00	100,00
MVA32	TS en Mantenimiento Aeromecánico	21	326	347	6,05	93,95
QUI31	TS en laboratorio de análisis y control de calidad	114	100	214	53,27	46,73
SAN310	TS en Anatomía patológica y citodiagnóstico	342	95	437	78,26	21,74
SAN32	TS en Dietética	1.559	586	2145	72,68	27,32
SAN33	TS en Documentación y Administración sanitarias	257	62	319	80,56	19,44
SAN33-LOGSE	TS en Dietética	19	4	23	82,61	17,39
SAN34	TS en Higiene bucodental	1.413	211	1624	87,01	12,99
SAN34-LOGSE	TS en Documentación Sanitaria	46	9	55	83,64	16,36
SAN35	TS en Imagen para el diagnóstico y medicina nuclear	839	432	1271	66,01	33,99
SAN35-LOGSE	TS en Higiene Bucodental	33	17	50	66,00	34,00
SAN36	TS en Laboratorio clínico y biomédico	1.241	359	1600	77,56	22,44
SAN36-LOGSE	TS en Imagen para el Diagnóstico	39	6	45	86,67	13,33
SAN38	TS en Prótesis dentales	313	120	433	72,29	27,71
SSC31	TS en Educación Infantil	9.900	502	10402	95,17	4,83
SSC31-LOGSE	TS en Animación sociocultural	10	0	10	100,00	0,00
SSC32	TS en Animación sociocultural y turística	626	190	816	76,72	23,28
SSC32-LOGSE	TS en Educación Infantil	69	12	81	85,19	14,81
SSC33	TS en Integración social	2.748	581	3329	82,55	17,45
SSC33-LOGSE	TS en Integración social	25	9	34	73,53	26,47
SSC34	TS en Mediación comunicativa	325	48	373	87,13	12,87
SSC34-LOGSE	TS en Interpretación de la Lengua de Signos	9	1	10	90,00	10,00
SSC35	TS en Promoción de la igualdad de género	195	26	221	88,24	11,76
TMV31	TS en Automoción	16	1.289	1305	1,23	98,77
TMV32	TS en Manten. aeromecánico de aviones con motor de turbina	5	118	123	4,07	95,93
	TOTAL	43.247	38.748	81.995		
	% H/M	52,74	47,26			

Fuente: GESTIB

TABLA 39 A
DISTRIBUCIÓN DEL ALUMNADO MARROQUÍ DE BACHILLERATO EN BALEARES POR ESPECIALIDAD, AÑO ACADÉMICO Y SEXO

Especialidades	2010		2011		2012		2013		2014		2015		2016	
	D	H	D	H	D	H	D	H	D	H	D	H	D	H
1r B. Artisitco													2	2
1r B. Artisitco-LOMCE												1		
1r B. Artes Escénicas						1								
1r B. Artes Plásticas			1	1		2		3	1	3				
1r B. Ciencias											7	7	10	5
1r B. Ciencias-LOE											4			
1r B. Ciencias y Tecnología	11	7	10	9	15	14	16	6	12	10				
1r B. General														
1r B. Humanidades y Ciencias Sociales	14	13	7	7	21	13	20	15	37	20	29	15	30	14
1r B. Humanidades y Ciencias Sociales-LOE											1	1		
2n B. Artístico														1
2n B. Artes Escénicas														
2n B. Artes Plásticas			1		1		1	1		2				
2n B. Ciencias													7	5
2n B. Ciencias y TecnologiaT	5	4	5	6	6	7	9	11	16	6	9	8		
2n B. General														
2n B. Humanidades y Ciencias Sociales	14	2	10	12	8	3	17	11	17	10	26	15	13	18
B. Artístico														
B. Artes Escénicas														
B. Artes Plásticas														
B. Ciencias														
B. General														
B. Humanidades y Ciencias Sociales														
TOTALES	44	28	33	35	52	39	66	44	87	46	76	47	62	45
% M/H	61	39	61	39	61	39	61	39	61	39	61	39	61	39

TABLA 39 B
DISTRIBUCIÓN DEL ALUMNADO MARROQUÍ DE BACHILLERATO EN BALEARES POR ESPECIALIDAD AÑO ACADÉMICO Y SEXO

	2017		2018		2019		2020		2021		2022		2023		TOTAL
	D	H	D	H	D	H	D	H	D	H	D	H	D	H	
1r B. Artisitco	5		2				2	1							14
1r B. Artisitco-LOMCE															1
1r B. Artes Escénicas															1
1r B. Artes Plásticas											4				15
1r B. Ciencias	10	10	9	6	11	13	18	8	9	9	17	10	18	9	186
1r B. Ciencias-LOE															4
1r B. Ciencias y Tecnología															110
1r B. General											3	2	1	5	11
1r B. Humanidades y Ciencias Sociales	22	10	40	18	25	16	30	18	34	11	32	8	30	10	559
1r B. Humanidades y Ciencias Sociales-LOE															2
2n B. Artístico	2		3		5					1					12
2n B. Artes Escénicas															
2n B. Artes Plásticas													5		11
2n B. Ciencias	9	6	8	11	8	7	5	9	16	9	6	7	13	8	134
2n B. Ciencias y TecnologiaT															92
2n B. General													3		3
2n B. Humanidades y Ciencias Sociales	25	11	14	10	31	7	17	10	18	12	16	12	25	9	393
B. Artístico			1					1				1			3
B. Artes Escénicas															
B. Artes Plásticas													1		1
B. Ciencias			2				2	1	4	1	2		4	1	17
B. General													1		1
B. Humanidades y Ciencias Sociales			2	1	2			2	5	1	4	4	5	1	27
TOTALES	73	37	81	46	82	43	72	51	87	44	84	44	106	43	1.597
% M/H	61	39	61	39	61	39	61	39	61	39	61	39	61	39	

TABLA 40
DISTRIBUCIÓN PORCENTUAL DEL ALUMNADO MARROQUÍ DE BACHILLERATO EN BALEARES POR ESPECIALIDAD Y SEXO. PERIODO 2010-2023

Especialidades	TOTAL M	TOTAL H	TOTAL	% sobre TOTAL	% M	% H
1° B. Artísitco	10	4	14	1,55	71,43	28,57
1° B. Artísitco-LOMCE	0	1	1	0,11	0,00	100,00
1° B. Artes Escénicas	0	1	1	0,11	0,00	100,00
1° B. Artes Plásticas	13	2	15	1,66	86,67	13,33
1° B. Ciencias	109	77	186	20,60	58,60	41,40
1° B. Ciencias-LOE	4	0	4	0,44	100,00	0,00
1° B. Ciencias y Tecnología	64	46	110	12,18	58,18	41,82
1° B. Ciencias-LOE	4	7	11	1,22	36,36	63,64
1° B. Humanidades y Ciencias Sociales	371	188	559	61,90	66,37	33,63
1° B. Humanidades y Ciencias Sociales-LOE	1	1	2	0,22	50,00	50,00
Total 1er curso	576	327	903	100,00		
2° B. Artístico	10	2	12	1,86	83,33	16,67
2° B. Artes Escénicas	0	0				
2° B. Artes Plásticas	8	3	11	1,71	72,73	27,27
2° B. Ciencias	72	62	134	20,78	53,73	46,27
2° B. Ciencias y Tecnología	50	42	92	14,26	54,35	45,65
2° B. General	3	0	3	0,47	100,00	0,00
2° B. Humanidades y Ciencias Sociales	251	142	393	60,93	63,87	36,13
Total 2° curso	394	251	645	*100,00*		
B. Artístico	1	2	3	6,12	33,33	66,67
B. Artes Escénicas	0	0				
B. Artes Plásticas	1	0	1	2,04	100,00	0,00
B. Ciencias	14	3	17	34,69	82,35	17,65
B. General	1	0	1	2,04	100,00	0,00
B. Humanidades y Ciencias Sociales	18	9	27	55,10	66,67	33,33
Total *	35	14	49	100,00		
TOTALES	**1.005**	**592**	**1.597**	100,00		
% M/H	*62,93*	*37,07*				

Fuente: GESTIB
* Los datos nos fueron remitidos sin que estos alumnos tuviesen asignado un curso

TABLA 41

DISTRIBUCIÓN DEL ALUMNADO MARROQUÍ EN BALEARES DE BACHILLERATO POR POR CURSO ESCOLAR Y SEXO

Año escolar	M	H	TOTAL	Evolución
2010	44	28	72	100,00
2011	33	35	68	94,44
2012	52	39	91	126,39
2013	66	44	110	152,78
2014	87	46	133	184,72
2015	76	47	123	170,83
2016	62	45	107	148,61
2017	73	37	110	152,78
2018	81	46	127	176,39
2019	82	43	125	173,61
2020	72	51	123	170,83
2021	87	44	131	181,94
2022	84	44	128	177,78
2023	106	43	149	206,94
TOTALES	1.005	592	1.597	
%	62,93	37,07		
Media anual	72	42		

Fuente: GESTIB

TABLA 42 A

DISTRIBUCIÓN DEL TOTAL DE ALUMNADO DE BACHILLERATO EN BALEARES POR ESPECIALIDAD, AÑO ACADÉMICO Y SEXO

Especialidades	2010		2011		2012		2013		2014		2015		2016	
	M	H	M	H	M	H	M	H	M	H	M	H	M	H
1r B. Artísitco													403	185
1r B. Artisitco-LOMCE											311	153		
1r B, Artes Escénicas	86	60	75	72	78	58	66	54	81	44		1		
1r B. Artes Plásticas	283	174	294	160	273	158	234	124	268	139	24	17		
1r B. Ciencias											1.250	1.322	1.277	1.477
1r B. Ciencias-LOE											51	42		
1r B. Ciencias y Tecnología	1.177	1.460	1.187	1.456	1.162	1.398	1.214	1.365	1.197	1.367				
1r B. General														
1r B. Humanidades y Ciencias Sociales	2.278	1.564	2.297	1.596	2.199	1.501	1.937	1.372	2.023	1.414	1.887	1.292	2.032	1.344
1r B. Humanidades y Ciencias Sociales-LOE											99	104		
2n B. Artístico													311	141
2n B. Artes Escénicas	46	28	76	57	83	55	79	43	58	50	79	53		
2n B. Artes Plásticas	256	133	272	150	281	150	255	156	237	123	242	121		
2n B. Ciencias													1.192	1.265
2n B. Ciencias y TecnologiaT	1.023	1.133	1.055	1.307	1.060	1.307	1.101	1.313	1.137	1.303	1.115	1.272		
2n B. General														
2n B. Humanidades y Ciencias Sociales	2.142	1.273	2.099	1.354	2.023	1.312	1.954	1.290	1.867	1.178	1.856	1.233	1.782	1.190
B. Artístico														
B. Artes Escénicas														
B. Artes Plásticas														
B. Ciencias														
B. General														
B. Humanidades y Ciencias Sociales														
TOTALES	7.291	5.825	7.355	6.152	7.159	5.939	6.840	5.717	6.868	5.618	6.914	5.610	6.997	5.602
% M/H	55,6	44,4	54,5	45,5	54,7	45,3	54,5	45,5	55	45	55,2	44,8	55,5	44,5

TABLA 42 B
DISTRIBUCIÓN DEL TOTAL DE ALUMNADO DE BACHILLERATO EN BALEARES POR ESPECIALIDAD, AÑO ACADÉMICO Y SEXO

	2017		2018		2019		2020		2021		2022		2023		TOTAL
	M	H	M	H	M	H	M	H	M	H	M	H	M	H	
1r B. Artísitco	460	175	371	126	380	160	382	150	363	131					3.296
1r B. Artísitco-LOMCE															464
1r B. Artes Escénicas											86	35	76	35	907
1r B. Artes Plásticas											334	66	326	78	2.952
1r B. Ciencias	1.366	1.431	1.294	1.374	1.345	1.444	1.416	1.493	1.357	1.494	1.454	1.549	1.523	1.618	25.484
1r B. Ciencias-LOE															93
1r B. Ciencias y Tecnología															12.983
1r B. General											232	286	231	375	1.124
1r B. Humanidades y Ciencias Sociales	1.949	1.264	1.925	1.205	1.969	1.283	1.915	1.332	1.792	1.327	1.653	1.126	1.739	1.165	46.382
1r B. Humanidades y Ciencias Sociales-LOE															203
2n B. Artístico	330	150	356	135	353	113	370	164	348	116	353	121			3.361
2n B. Artes Escénicas													90	31	828
2n B. Artes Plásticas													317	62	2.755
2n B. Ciencias	1.171	1.377	1.249	1.325	1.272	1.299	1.260	1.332	1.318	1.338	1.256	1.421	1.395	1.470	20.940
2n B. Ciencias y TecnologíaT															14.126
2n B. General													200	230	430
2n B. Humanidades y Ciencias Sociales	1.838	1.163	1.816	1.095	1.794	1.092	1.859	1.162	1.637	1.091	1.617	1.093	1.612	1.069	42.491
B. Artístico			73	37	105	36	115	43	114	41	80	34			678
B. Artes Escénicas											11	3	29	8	51
B. Artes Plásticas											12	7	70	24	113
B. Ciencias			65	93	104	100	150	143	178	153	132	166	165	168	1.617
B. General											18	22	69	88	197
B. Humanidades y Ciencias Sociales			134	91	250	177	270	183	371	281	349	249	304	200	2.859
TOTALES	7.114	5.560	7.283	5.481	7.572	5.704	7.747	6.002	7.478	5.972	7.587	6.180	8.146	6.621	184.334
% M/H	56,13	43,87	56,13	43,87	56,13	43,87	56,13	43,87	56,13	43,87	56,13	43,87	56,13	43,87	

TABLA 43
DISTRIBUCIÓN PORCENTUAL DEL TOTAL DEL ALUMNADO DE BACHILLERATO EN BALEARES POR ESPECIALIDAD Y SEXO. PERIODO 2010-2023

Especialidades	TOTAL M	TOTAL H	TOTAL	% sobre TOTAL	% M	% H
1º B. Artísitco	2.369	927	3.296	3,51	71,88	28,12
1º B. Artísitco-LOMCE	311	153	464	0,49	67,03	32,97
1º B. Artes Escénicas	548	359	907	0,97	60,42	39,58
1º B. Artes Plásticas	2.036	916	2.952	3,14	71,88	28,12
1º B. Ciencias	12.282	13.202	25.484	27,14	67,03	32,97
1º B. Ciencias-LOE	51	42	93	0,10	60,42	39,58
1º B. Ciencias y Tecnología	5.937	7.046	12.983	13,83	68,97	31,03
1º B. Ciencias-LOE	463	661	1.124	1,20	48,19	51,81
1º B. Humanidades y Ciencias Sociales	27.595	18.787	46.382	49,40	54,84	45,16
1º B. Humanidades y Ciencias Sociales-LOE	99	104	203	0,22	45,73	54,27
Total 1er curso	51.691	42.197	93.888	100,00		
2º B. Artístico	2.421	940	3.361	3,96	41,19	58,81
2º B. Artes Escénicas	511	317	828	0,97	59,50	40,50
2º B. Artes Plásticas	1.860	895	2.755	3,24	48,77	51,23
2º B. Ciencias	10.113	10.827	20.940	24,66	72,03	27,97
2º B. Ciencias y Tecnología	6.491	7.635	14.126	16,63	61,71	38,29
2º B. General	200	230	430	0,51	67,51	32,49
2º B. Humanidades y Ciencias Sociales	25.896	16.595	42.491	50,03	48,30	51,70
Total 2º curso	47.492	37.439	84.931	100,00		
B. Artístico	487	191	678	12,29	45,95	54,05
B. Artes Escénicas	40	11	51	0,92	46,51	53,49
B. Artes Plásticas	82	31	113	2,05	60,94	39,06
B. Ciencias	794	823	1.617	29,32	71,83	28,17
B. General	87	110	197	3,57	78,43	21,57
B. Humanidades y Ciencias Sociales	1.678	1.181	2.859	51,84	72,57	27,43
Total *	3.168	2.347	5.515	100,00		
TOTALES	102.351	81.983	184.334	100,00		
% M/H	55,52	44,48				

Fuente: GESTIB
* Los datos nos fueron remitidos sin que estos alumnos tuviesen asignado un curso

TABLA 44
DISTRIBUCIÓN DEL TOTAL DE ALUMNADO EN BALEARES
DE BACHILLERATO POR POR CURSO ESCOLAR Y SEXO

Año escolar	M	H	TOTAL	Evolución
2010	7.291	5.825	13.116	100,00
2011	7.355	6.152	13.507	102,98
2012	7.159	5.939	13.098	99,86
2013	6.840	5.717	12.557	95,74
2014	6.868	5.618	12.486	95,20
2015	6.914	5.610	12.524	95,49
2016	6.997	5.602	12.599	96,06
2017	7.114	5.560	12.674	96,63
2018	7.283	5.481	12.764	97,32
2019	7.572	5.704	13.276	101,22
2020	7.747	6.002	13.749	104,83
2021	7.478	5.972	13.450	102,55
2022	7.587	6.180	13.767	104,96
2023	8.146	6.621	14.767	112,59
TOTALES	102.351	81.983	184.334	
%	55,52	44,48		
Media anual	7311	5856		

Fuente: GESTIB

TABLA 45
TOTAL DE ALUMNADO Y DE ALUMNADO MARROQUÍ UNIVERSITARIOS
Baleares, 2010-2021

Curso académico	Alumnado NO marroquí			Alumnado marroquí			Total General
	Hombre	Mujer	Total	Hombre	Mujer	Total	
2010-11	1.658	2.099	3.757	3	7	10	3.767
2011-12	1.535	2.017	3.552	6	6	12	3.564
2012-13	1.517	1.918	3.435	6	9	15	3.450
2013-14	1.386	1.771	3.157	3	4	7	3.164
2014-15	1.167	1.546	2.713	7	6	13	2.726
2015-16	1.116	1.454	2.570	3	8	11	2.581
2016-17	1.137	1.623	2.760	4	8	12	2.772
2017-18	1.103	1.594	2.697	8	9	17	2.714
2018-19	1.072	1.591	2.663	5	17	22	2.685
2019-20	1.225	1.731	2.956	3	7	10	2.966
2020-21	1.152	1.713	2.865	5	4	9	2.874
Total general	14.068	19.057	33.125	53	85	138	33.263
% H/M	42,47	57,53	100,00	38,41	61,59	100,00	

Fuente: UIB

TABLA 46
DISTRIBUCIÓN POR AÑO ACADÉMICO Y SEXO DEL ALUMNADO MARROQUÍ
INSCRITO EN LA UNIVERSITAT DE LES ILLES BALEARS (UIB)

	Alumnos graduados			Alumnos que abandonaron sus estudios			TOTAL ALUMNOS
	Hombre	Mujer	Total	Hombre	Mujer	Total	
2010-11	1	5	6	2	2	4	10
2011-12	3	2	5	3	4	7	12
2012-13	2	4	6	4	5	9	15
2013-14	1	3	4	2	1	3	7
2014-15	3	4	7	4	2	6	13
2015-16	1	7	8	2	1	3	11
2016-17	2	5	7	2	3	5	12
2017-18	3	3	6	5	6	11	17
2018-19	1	11	12	4	6	10	22
2019-20	1	5	6	2	2	4	10
2020-21		3	3	5	1	6	9
TOTALES	18	52	70	35	33	68	138
% H/M	25,71	74,29	100,00	51,47	48,53	100,00	
Tasa de abandono							49,28

Fuente: UIB

TABLA 47
DISTRIBUCIÓN POR AÑO ACADÉMICO Y SEXO DEL ALUMNADO NO MARROQUÍ
INSCRITO EN LA UNIVERSIAT DE LES ILLES BALEARS (UIB)

	Alumnos graduados			Alumnos que abandonaron sus estudios			TOTAL ALUMNOS
	Hombre	Mujer	Total	Hombre	Mujer	Total	
2010-11	858	1.265	2.123	800	834	1.634	3.757
2011-12	759	1.230	1.989	776	787	1.563	3.552
2012-13	738	1.159	1.897	779	759	1.538	3.435
2013-14	604	980	1.584	782	791	1.573	3.157
2014-15	533	949	1.482	634	597	1.231	2.713
2015-16	481	831	1.312	635	623	1.258	2.570
2016-17	524	1.042	1.566	613	581	1.194	2.760
2017-18	516	985	1.501	587	609	1.196	2.697
2018-19	548	1.026	1.574	524	565	1.089	2.663
2019-20	658	1.148	1.806	567	583	1.150	2.956
2020-21	641	1.074	1.715	511	639	1.150	2.865
	6.860	11.689	18.549	7.208	7.368	14.576	33.125
% H/M	36,98	63,02	100,00	49,45	50,55	100,00	
Tasa de abandono							44,00

Fuente: UIB

TABLA 48
PORCENTAJE ESTIMADO DE ALUMNOS MARROQUÍES
DE 4º DE ESO QUE TERMINAN UN GRADO UNIVERSITARIO
Baleares 2010-2021

Año Académico	Educación Secundaria	A Estimación alumnos 4º ESO	B Alumnos graduados en la UIB	% A/B
2010	1.357	305		
2011	1.345	303		
2012	1.101	248		
2013	1.016	229		
2014	923	208		
2015	887	200		
2016	887	200	7	2,29
2017	899	202	6	1,98
2018	915	206	12	4,84
2019	1.000	225	6	2,62
2020	1.087	245		
Media				2,94

Fuente: GESTIB y UIB

TABLA49
ALUMNADO MARROQUÍ GRADUADO EN LA UIB SEGÚN GRADO
Baleares 2010-2021

GRADOS	Mujer	Hombre	TOTAL
Administración de Empresas	6		6
Economía	1		1
Edificación	1	1	2
Educación Infantil (Plan 2009)	1		1
EducaciónInfantil (Plan 2013)	1		1
Educación Primaria (Plan 2013)	5		5
Educación Social	3	3	6
Ingeniería de Edificación		1	1
Ingeniería Informática (Plan 2010)	1		1
Ingeniería Telemática (Plan 2010)		4	4
Estudios Ingleses	1	1	2
História del Arte (Plan 2009)	1		1
Enfermería (Plan 2009)	1		1
Enfermería (Plan 2016)	2		2
Odontologia (Centro adscrito ADEMA)	1		1
Biología	1		1
Bioquímica	2	1	3
Derecho	10	4	14
Filosofía	1		1
Lengua y Literatura españolas	1		1
Pedagogía (PIna 2009)	1		1
Pedagogía (Plan 2016)	2		2
Psicología		1	1
Química	1		1
Relaciones Laborales (Plan 2010)	2		2
Trabajo Social	1		1
Turismo		1	1
Turismo (Centro adscrito del Consell Insular de Ibiza)	4	1	5
Turismo (Centro adscrito Felipe Moreno)	1		1
TOTALES *	**52**	**18**	**70**
% M/H	*74,29*	*25,71*	*100,00*

Fuente UIB
* Se han contabilizado los que terminaron el grado, incluyendo los que empezaron una especialidad, la abandonaron y se graduaron en otra diferente (Ver Tabla 47).

TABLA 50
ALUMNADO MARROQUÍ QUE COMENZÓ UNA ESPECIALIDAD, LA ABANDONÓ Y CAMBIÓ A OTRA. Baleares 2011-2019

	Grado	Sexo	Nuevo Grado	
2011-12	Derecho	Hombre	Lengua y Literatura españolas	1
2012-13	Administración de Empresas	Hombre	Turismo	1
2012-13	Derecho	Mujer	Trabajo Social	1
2013-14	Lengua y Litratura catalanas	Hombre	Lengua y Literatura españolas	1
2014-15	Matemáticas (Plna 2009)	Hombre	Administración de Empresas	1
2016-17	Administración de Empresas	Hombre	Derecho	1
2017-18	Administración de Empresas	Hombre	Historia	1
2017-18	Economía	Hombre	Derecho	1
2018-19	Estudios Ingleses	Mujer	Filosofía	1
2018-19	Historia	Hombre	Economía	1

Fuente: UIB

8

ANEXO DE LISTADO DE EXPERTOS

Las entrevistas a expertos tuvieron como objetivo recabar información cualitativa sobre las causas del abandono escolar prematuro. Como ya hemos comentado en el capítulo sobre la metodología utilizada, la elección de los mismos estuvo basada en la conveniencia de obtener la información de personas que desde su ámbito de actuación pudieran tener conocimiento de primera mano de la problemática que tratamos. Lo que sigue es el listado de la ficha de los expertos que intervinieron en los grupos de discusión de cada sector que establecimos: las asociaciones de las mezquitas, el profesorado, los trabajadores sociales y el alumnado.

1.- Asociaciones de las mezquitas

Nombre: **Asociación "Comunidad Islámica
               An-nour de Llucmajor"**
Localidad: Llucmajor
Entrevistados: Abdelkader Baghat Zayd (presidente)
               Amar Rahmouni (Vocal)

Nombre: **Asociación "Assalam"**
Localidad: Porreres
Entrevistados: Ahmed Zahraoui (presidente)
Mimoun Zahraoui (secretario)
Imad Atlassi (vocal)
Mouad Malki (imam profesor)

Nombre: **Asociación "Comunidad Islámica de Manacor, Attabchir y la cooperación"**
Localidad: Manacor
Entrevistados: Mahmoud El Hirech (imán de la mezquita)
Mohamed Ghaddari (presidente)
Ahmed Akkaoui (responsable)
Driss Ikken
Abdellah El Mekkioui
Redouan El Jamii
Dadda Mohamed (educador social)

Nombre: **Asociación "Ibn amazigh" mezquita**
Localidad: Sa Pobla
Entrevistados: Driss Bouhjira (presidente)
Mohand Hammouchi (imam de la mezquita)
Mimoun El hamdaoui
Boujemaa Hammout Aissaoui
(comisión de organización y financiación)

Nombre: **Mezquita Al oukhouwa de la Comunidad Santa Margalida**
Localidad: Santa Margalida
Entrevistados: Zouhair Hajji (presidente)
Mohamed El Haddouti (imam)

Nombre: **Asociación la comunidad islámica, arrahma**
Localidad: Muro
Entrevistados: Said Abbou (presidente de la asociación)
Sayeh Boujemaa (Imam de la mezquita)
Berkani Faouzi (vicepresidente)

Nombre: **Asociación Furqane**
Localidad: Palma
Entrevistados: Abidine Bouzidi (presidente)
Tarik Chami (secretario)

Nombre: **Asociación Al Ihssane**
Localidad: Palma
Entrevistados: Francisco Javier Jiménez Jiménez (presidente
de la asociación comunidad islámica al ihsan de les Illes
Balears, Presidente de la liga musulmana de les Illes
Balears)

2.- Profesorado

Nombre: **Laura Cuenca Cerdà**
Organización: Centro Escolar de Infantil y Primaria (CEIP) Son Basca
Localidad: Sa Pobla
Especialidad: Directora del centro
Años de experiencia: 15

Nombre: **Jesús Camargo Adrover**
Organización: Instituto de Enseñanza Secundaria (IES) Felanitx
Localidad: Felanitx
Especialidad: Filosofía / Ciencias Sociales
Años de experiencia: 30

Nombre: **Àngels Garcia Cunyat**
Organización: IES Arxiduc Lluis Salvador
Localidad: Palma
Especialidad: Profesora de catalán
Años de experiencia: 30

Nombre: **María Teresa Vidal Camarena**
Organización: IES Arxiduc Lluis Salvador
Localidad: Palma
Especialidad: Profesora de catalán
Años de experiencia: 27

Nombre: **Manel Santana Morro**
Organización: IES Mossén Alcover. Jefe de Estudios.
Localidad: Manacor
Especialidad: Ciencias Sociales. Doctor en Historia.
Años de experiencia: 24

Nombre: **Antoni Gayà Pascual**
Organización: IES Mossén Alcover. Director del centro.
Localidad: Manacor
Especialidad: Matemáticas
Años de experiencia: 38

3.- Trabajadores sociales

Nombre: **Amal Derdabi Bouker**
Organización: GREC (Grupo de Educadores de calle)
Localidad: Palma
Especialidad: Educadora social y Mediadora intercultural
Años de experiencia: 16

Nombre: **Zohra Lasroussi-Elkati Ben Abdallah**
Organización: Ayuntamiento de Manacor
Localidad: Manacor
Especialidad: Mediadora intercultural y T. S. de Integración Social
Años de experiencia: 29

4.- *Alumnado*

Nombre: **Yusef Chaib Hassan**
Edad: 31
Titulación académica: Graduado en Pisicología
Lugar de residencia: Palma
Lugar de nacimiento: Melilla

Nombre: **Hamza Ahmidan**
Edad: 17
Titulación académica: Bachillerato
Lugar de residencia: Palma
Lugar de nacimiento:

Nombre: **Adel Boul'Harrak Abed**
Edad: 29
Titulación académica: Graduado en ciencias Físicas
Lugar de residencia: Palma
Lugar de nacimiento: Palma

Nombre: **Najua Boul'Harrak Abed**
Edad: 25
Titulación académica: Graduada en Administración de empresas
Lugar de residencia: Palma
Lugar de nacimiento: Palma

Nombre: **Nezhaz Zouggalgai**
Edad: 28
Titulación académica: Graduada en Educación Social
Lugar de residencia: Palma
Lugar de nacimiento: Palma

Nombre: **Sara Zouggalgai**
Edad: 19
Titulación académica: Cursa Derecho
Lugar de residencia: Porreres
Lugar de nacimiento: Porreres

5.- Instituciones

Nombre: **Abdellah Bidoud**
Institución: Consulado de Marruecos en Baleares
Cargo: Cónsul General de Marruecos en Baleares

Nombre: **Catalina Maria Ginart Serrano**
Institución: Conselleria d'Educació i Universitats del Govern de
               les Illes Balears
Cargo: Direcció General de Planificació i Gestió Educatives

9

BIBLIOGRAFÍA

- ARNAIZ SÁNCHEZ, Pilar. "¿Fracaso escolar del alumnado perteneciente a grupos culturales minoritarios en la Región de Murcia? La realidad educativa en las etapas de educación primaria y secundaria". *Anales de Historia Contemporánea*, n° 21. Universidad de Murcia, 2005.
- BAYONA, Jordi y DOMINGO, Andreu. "El fracaso escolar de los descendientes de la inmigración en Cataluña: más que una asignatura pendiente". *Revista Perspectivas demográficas*, n°11. Ed. Centre d'Estudis Demogràfics, Barcelona, 2018.
- BISILLIAT JEANNE (DIR) VVAA, (1996). *Femme du sud, cheff de famille, Karthala.*
- BOURDIEU, P. I PASSERON, J.C. (1970). *La reproduction. Éléments pour une théorie du système d'ensegnement.* Les éditions de minuit.
- BOURDIEU, P. (1980). *Le sens practique.* Les édition de minuit.
- BOURDIEU, P. I PASSERON, J.C. (2003) *Los herederos. Los estudiantes y la cultura.* Ed. Siglo XXI.
- BOURDIEU, P. (2008). *Cuestiones de sociologia.* Ed. AKAL.
- CARABAÑA, J. El aprendizaje de los alumnos inmigrantes. Ponencia del curso "La escolarización de los inmigrantes". Curso de verano de la Universidad Complutense de Madrid, El Escorial, 2007.
- CARLIER, O. I MAROUF, N. (1995). *Espaces maghrébins. La force du "local"?.* L'harmattan.

- CARRASCO PONS, S., Pàmies Rovira, J. y Narciso, L. (2018). "Abandono escolar prematuro y alumnado de origen extranjero en España: ¿un problema invisible?" *Anuario CIDOB de la Inmigración* 2018, 211-236.
- CLADERA SALVÀ, J.V. "Principals factors de risc d'abandonament escolar prematur. El capital cultural i la desigualdad educativa". *Anuari de la Joventut.* Ed. Universitat de les Illes Balears (UIB), 2022.
- COBANO-DELGADO, Verónica y LLORENT-VAQQUERO, Mercedes. "Identidad cultural del alumnado marroquí: estado de la cuestión en los centros de educación secundaria públicos de Andalucía". *Rev. Pedagogía Social*, Universidad de Sevilla, 2017.
- COLECTIVO IOÉ. *La educación intercultural a prueba. Hijos de inmigrantes marroquíes en la escuela.* Universidad de Granada, 1994.
- DELORS, J. *La educación encierra un tesoro.* Informe a la UNESCO de la Comisión Internacional sobre la Educación en el siglo XXI. ED.96/WS/9. Ed, Santillana/UNESCO, Madrid 1999.
- EL MEJDOUBI, Hassan. "Aproximación a la realidad de la educación marroquí". *Revista Educación, Inclusiva*, n° 1. Universidad de Almería, 2008.
- FERNÁNDEZ CASTRO, Félix. "Desigualdad educativa. El alumnado inmígrate en el sistema educativo andaluz. Un estudio de caso". Praxis Sociológica, n° 17, Universidad de Castilla-La Mancha, Toledo 2013.
- FERNÁNDEZ ENGUITA, M., Mena, L. y Riviere, J. *Fracaso y abandono escolar en España.* Ed. Fundación "la Caixa Barcelona", Barcelona 2010.
- FUNDACIÓN IBN BATTUTA. *La situació educativa i laboral dels joves d'origen marroquí a cataluña,* 2020.
- HAMMOUDI, A. (2007). *Maestro y discípulo. Fundamentos culturales del autoritarismo en las sociedades árabes.* Ed. Anthropos.
- IBÁÑEZ, Jesús (1979). *Más allá de la sociología.* Madrid, Ed. Siglo XXI..
- IBÁÑEZ, Jesús (1985). *Del algoritmo al sujeto.* Madrid, Ed. Siglo XXI.
- IBÁÑEZ, Jesús (1990). «Autobiografía. los años de aprendizaje de Jesús Ibáñez». Ed. Anthropos (Barcelona) (113): 9-25. ISSN 0211-5611.
- IBÁÑEZ, Jesús (1994a). *El regreso del sujeto: la investigación social de segundo orden.* Madrid, Ed. Siglo XXI.

- IBÁÑEZ, Jesús (1994b). *Por una sociología de la vida cotidiana*. Madrid, Siglo XXI.
- IBÁÑEZ, Jesús (1997). *A contracorriente*. Madrid, ED. Fundamentos.
- LLORENT-BEDMAR, Vicente. "Panorama educativo del Reino de Marruecos ante los albores del siglo XXI: tiempo de Reformas". *Revista Española de Educación Comparada*, nº4. Ed. Universidad Nacional de Educación a distancia (UNED), 1998.
- LLORENT-BEDMAR, Vicente y LLORENT-VAQUERO, Mercedes. "Integración y relaciones interpersonales de los alumnos inmigrantes de origen marroquí de educación secundaria en Andalucía". *Papeles de Población*, nº91. Ed. Universidad Autónoma del Estado de México (UAEM), 2017.
- MARCHESI, A. "El fracaso escolar en España". *Documento de trabajo*, nº 11. Ed. Fundación Alternativas, Madrid 2003.
- MENA, L, FERNÁNDEZ, M. y RIVIERE, J. "Desenganchados de la educación: procesos, experiencias, motivaciones y estrategias del abandono y del fracaso escolar. *Revista de Educación*, número extraordinario 2010, Ed. Ministerio de Educación, Formación Profesional y Deportes, Madrid 2010.
- MIQUEL NOVAJRA, A. (1996). *Un soc al pla. una aproximació a la població magribí de Sa Pobla (Mallorca)*. Collecció Notextos. Govern Balear.
- MIQUEL NOVAJRA, A., REINA SEGURA, j.l., (2001) *Gatos blancos, gatos negros. Un estudio sobre cultura empresarial.* El Viejo Topo.
- MIQUEL NOVAJRA, A. (2023). "De la construcción discursiva del otro a la ociedad turística dependiente a partir de Edwar Saïd a Cañada, E. Murray, I. Marie Dit Chiron, C". *El malestar en la turistificación. Pensamiento crítico para una transformación del turismo*. Ed. Icaria.
- PÀMIES, Jordi. "Las identidades escolares y sociales de los jóvenes marroquíes en Cataluña". *Psicoperspectivas*, nº 10, Universidad Autónoma de Barcelona, 2011.
- REINA, J.L, MIQUEL, A. (1998) *Políticas de mano de obra en las empresas baleares* (5 TOMOS), Gabinete Técnico de CC.OO. Illes Balears.
- ROCA, M., ROGER, A., ARRANZ, C. (1983) *Marroquins a Barcelona. Vint i dos relats.* Ed. Laertes.

- TACINE, T., ROQUE. M.A., GHAKI, M., CJAFIK, M., ET AL. (2009). *Els amazics avui, la cultura berber.* Pagès Ed. IE Med. Agència catalana de cooperació al desenvolupament.
- TARABINI, A. "Abordant la desigualtat educativa: el rol de la pedagogía, el currículum i les creences docents". *Anuari de l'Educació de les Illes Balears.* Fundación Guillem Cifre de Colonya, 2021.
- VV.AA. *La población marroquí residente en Baleares. Una aproximación a sus necesidades y problemáticas sociales.* Ed. CCME, Rabat, 2015.

ESTE LIBRO SE TERMINÓ
DE IMPRIMIR EN EL MES
DE SEPTIEMBRE
DE 2025